Susanne Quinten, Stephanie Schroedter (Hg.)
Tanzpraxis in der Forschung – Tanz als Forschungspraxis

TanzForschung
hrsg. von der Gesellschaft für Tanzforschung | Band 26

Susanne Quinten, Stephanie Schroedter (Hg.)
Tanzpraxis in der Forschung –
Tanz als Forschungspraxis
Choreographie, Improvisation, Exploration

[transcript]

Jahrbuch Tanzforschung Bd. 26

Bibliografische Information der Deutschen Nationalbibliothek
Die Deutsche Nationalbibliothek verzeichnet diese Publikation in der Deutschen Nationalbibliografie; detaillierte bibliografische Daten sind im Internet über http://dnb.d-nb.de abrufbar.

© 2016 transcript Verlag, Bielefeld

Die Verwertung der Texte und Bilder ist ohne Zustimmung des Verlages urheberrechtswidrig und strafbar. Das gilt auch für Vervielfältigungen, Übersetzungen, Mikroverfilmungen und für die Verarbeitung mit elektronischen Systemen.

Umschlaggestaltung: Kordula Röckenhaus, Bielefeld
Umschlagabbildung: TranceForms Videoprojektionen,
    Foto Nadja Elisa Trimboli
Wissenschaftliche Beirätinnen:
    Sabine Karoß & Dr. Christiana Rosenberg-Ahlhaus
Satz: Francisco Bragança, Bielefeld
Printed in Germany
Print-ISBN 978-3-8376-3602-4
PDF-ISBN 978-3-8394-3602-8

Gedruckt auf alterungsbeständigem Papier mit chlorfrei gebleichtem Zellstoff.
Besuchen Sie uns im Internet: *http://www.transcript-verlag.de*
Bitte fordern Sie unser Gesamtverzeichnis und andere Broschüren an unter:
info@transcript-verlag.de

Inhalt

Vorwort | 9

TEIL I: THEORETISCHE UND HISTORISCHE GRUNDLAGEN

Künstlerisches Forschen in Wissenschaft und Bildung
Zur Anerkennung und Nutzung leiblich-sinnlicher Erkenntnispotenziale
Anke Abraham | 19

Kinästhetische Kommunikation und Intermediale Wissenstransformation als Forschungsmethoden in tanzkünstlerischen Kontexten
Susanne Quinten | 37

Das Erbe der Tanzmoderne im zeitgenössischen Kontext
Ein Beispiel kooperativer Praxisforschung
Claudia Fleischle-Braun | 49

TEIL II: KÜNSTLERISCH-KREATIVE KONTEXTE

Beyond the Ordinary
On Artistic Research and Subversive Actions through Dance
Efva Lilja | 63

Notation – Reflexion – Komposition
Die Etüde »Starting Point« von Jean Cébron
Stephan Brinkmann und Henner Drewes | 73

Write with Dance or We Are Lost
The Art of Movement as Practice as Research
Ciane Fernandes | 87

Zur Komplexität choreographischer Forschung: Forschungsvorstellungen, praxisimmanente Grenzziehungen und praktische Beglaubigungen
Eine praxeologische Untersuchung
Katarina Kleinschmidt | 99

TranceForms. Eine künstlerische Übersetzung des orientalischen Frauenrituals Zâr für die zeitgenössische Bühne
Verschriftlichung einer Lecture Performance
Margrit Bischof und Maya Farner | 111

Building Bodies – Parallel Practices
Ein Bericht aus der choreographischen und tanzwissenschaftlichen Forschung
Rosalind Goldberg und Anne Schuh im Dialog | 121

TEIL III: PÄDAGOGISCHE UND THERAPEUTISCHE KONTEXTE

Reimagining the Body
Attunement of Intentionality and Bodily Feelings
Einav Katan-Schmid | 135

Tanztechnik 2.0 – Der Lehr- und Lernansatz nach Dorothee Günther
Eine bewegungsreflexive Ausrichtung?
Dilan Ercenk-Heimann | 143

Praxis begreifen
Eine praxeologische Perspektive auf Praktiken und Episteme des Wissens und Forschens im Kontext tänzerischer Vermittlung
Yvonne Hardt | 155

Artistic Inquiry
Eine Forschungsmethode in den künstlerischen Therapien
Nicole Hartmann | 171

Physical Thinking as Research
Monica Gillette and Stefanie Pietsch | 183

Über Archive und heterotopische Orte
Einblicke in eine körper- und
bewegungsbasierte Biographieforschung
Lea Spahn | 197

Teil IV: Disziplinenüberschreitende Praxisforschung

Moving Musicians
Verkörperung von Musik als kreative Interpretation in dem
Practice as Research Projekt »Creative Embodiment of Music«
Sara Hubrich | 209

Mutual Composing
Practice-led Research: Improvisation in Dance and Music
Simon Rose | 217

Musikchoreographische Forschungspraxis
Eine Fallstudie zur Historiographie des Experimentellen im
Zusammenspiel von Tanz, Musik/Klang und Bildender Kunst
Stephanie Schroedter | 223

Biografien | 241

Vorwort

Seit dem Erscheinen des ersten Jahrbuches der Gesellschaft für Tanzforschung im Jahr 1990 liegt mit dem aktuellen Band *Tanzpraxis in der Forschung – Tanz als Forschungspraxis. Choreographie, Improvisation, Exploration* eine Ausgabe vor, die einen Einblick in die Vielfalt an Forschungszugängen und spezifischen Forschungsmethoden gibt, die Tanzpraxis bietet und die darüber hinaus auch erkenntnis- und wissenschaftstheoretische Aspekte von Tanz als Forschungspraxis explizit thematisiert. So erweitern beispielsweise Choreographie, Improvisation, Exploration, Imitation oder auch die sogenannten somatischen Verfahren herkömmliche *Methoden der Wissensgenerierung und Wissensvermittlung* um aisthetische Dimensionen der Bewegung, des Leiblichen, Sinnlichen und Affektiven. Diese Erweiterung fordert ein Neuüberdenken und Reformieren von in der traditionellen Forschungspraxis üblichen Konzeptionierung von Wissen, Denken, Reflektieren und Erinnern. Darüber hinaus steht auch der Forschungsbegriff selbst auf dem Prüfstand.

Die Beiträge des vorliegenden Jahrbuches gehen überwiegend aus der Tagung *Practice as Research in Dance* hervor, die vom 30. Oktober bis 1. November 2015 von der *Gesellschaft für Tanzforschung* (gtf) in Zusammenarbeit mit der Medical School Hamburg veranstaltet wurde. Besonderer Dank gebührt den Referentinnen und Referenten,[1] durch deren Präsentationen der fachliche Austausch aller Teilnehmenden angeregt und wesentlich getragen wurde, sowie den Organisatoren dieser Jahrestagung, allen voran Christiana Rosenberg-Ahlhaus, die das Tagungsthema grundsätzlich konzipierte und die Durchführung der Tagung federführend leitete, zudem Mariel Renz, die sich als Professorin für Performing Arts und soziale Veränderungsprozesse an der Medical School Hamburg für die Vermittlung der atmosphärisch stimmungsvollen Räumlichkeiten am Hamburger Kaiserkai mit Blick auf die Elbe einsetzte. Neben den beiden Herausgeberinnen dieses Bandes wirkten zudem auch Josephine Fen-

---

[1] | Im Folgenden wird aus Gründen eines angenehmeren Leseflusses eine Vereinheitlichung der genderspezifischen Endungen vorgenommen, die sämtliche Geschlechter umfasst.

ger und Astrid Langner-Buchholz tatkräftig an der Organisation und Durchführung der Tagung mit.

Das inhaltliche Spektrum der Beiträge spiegelt die vielschichtigen Ansätze und Aspekte wieder, die aus einer multiperspektivischen Sichtweise auf Tanzpraxis im Forschungskontext entstanden sind. Der Band gliedert sich in vier Teile, in denen die einzelnen Studien zu theoretischen und historischen Grundlagen einer tanzpraktisch ausgerichteten Forschung, sowie zu künstlerisch-kreativen, pädagogischen und therapeutischen Kontexten sowie zu disziplinenüberschreitenden Aspekten einer forschenden Tanzpraxis jeweils gebündelt sind. Im Folgenden werden zentrale Thesen dieser Ausführungen zur Orientierung und als Anregung zu einer vertiefenden Lektüre zusammengefasst.

TEIL I: THEORETISCHE UND HISTORISCHE GRUNDLAGEN

ANKE ABRAHAM schafft die theoretische Basis für eine Konzeption von Wissen im Kontext von Tanz und Forschung. Sie plädiert für einen Wissensbegriff, der als »gefühltes Wissen« (Julian Klein) auf leiblich-sinnlich-affektiven Zugängen zur Welt basiert und damit die Grenzen der traditionellen Wissenschaft überschreitet. Als Bezugstheorien werden leibphänomenologische Ansätze (Plessner, Merleau-Ponty) sowie die Verstehende Soziologie von Alfred Schütz zitiert, welcher den Erkenntnisgewinn an das körperleibliche Sensorium des Menschen gebunden sieht und die Möglichkeit eröffnet, Erkenntnisse zu gewinnen, die »ontogenetisch wie symboltheoretisch vor der Sprache liegen«. Welche Konsequenzen ein solches reformiertes Verständnis von Wissen sowohl für die Forschung, als auch für Lehr- und Lernkonzepte in Bildungskontexten hat, führt Abraham am Beispiel der qualitativen Biographieforschung bzw. anhand eines Weiterbildungsmasters *Kulturelle Bildung an Schulen* näher aus.

Mit grundlegenden Forschungsmethoden in tanzkünstlerischen Kontexten setzt sich SUSANNE QUINTEN in ihrem Beitrag zur Kinästhetischen Kommunikation und Intermedialen Wissenstransformation auseinander. Ausgehend von der Bedeutung, die dem impliziten Wissen sowie einer leibgebundenen, intersubjektiven Hermeneutik in der künstlerischen Forschung zukommt, erläutert sie die *Kinästhetische Kommunikation* und die *Intermediale Wissenstransformation* als Methoden, mit deren Hilfe in der künstlerischen und insbesondere tanzkünstlerischen Forschung an den Körper gebundenes implizites Wissen zwischen Forschern generiert und vermittelt wird. Erste Erklärungsansätze zum besseren Verständnis beider Methoden lassen sich innerhalb der Bewegungswissenschaften mit Rückgriff auf das Konzept der motorischen Simulation formulieren.

Historische Grundlagen zu einer diszipinüberschreitenden kooperativen Praxisforschung im Tanz erarbeitet CLAUDIA FLEISCHLE-BRAUN. Einführend wird dieser Forschungsansatz am Beispiel des Kölner Tagungsprojekts *Das Erbe der Tanz-Moderne im zeitgenössischen Kontext* (2015) als wissenschaftliche Forschungsstrategie genauer erläutert. Am Beispiel dreier Konzepte des Modernen Tanzes – *Chladek-System*, *Elementarer Tanz* und *Laban/Bartenieff-Bewegungsstudien* – untersucht Fleischle-Braun dann, in welcher Weise die jeweiligen Protagonisten dieser Ausdrucksformen des Modernen Tanzes ihre kooperativen Bewegungs- und Tanzforschungen durchgeführt haben.

TEIL II: KÜNSTLERISCH-KREATIVE KONTEXTE

EFVA LILJA verschriftlicht in *Beyond the Ordinary* den Kern ihres performativ geprägten Vortrags. Ihr Beitrag kann als Plädoyer für die Bedeutung der Kunst, im Speziellen der choreografischen Praxis, für gesellschaftliche Entwicklung, Bildungsprozesse und Forschung gelesen werden. Choreografisches Handeln regt an, hinter das Gesagte und Gesehene zu schauen – zu hinterfragen, was wir glauben zu wissen – und eröffnet so auch eine politische Dimension. Die Welt aus den Augen eines Künstlers zu betrachten bedeutet, nichts als gewiss anzusehen, es bedeutet Infragestellen, Überdenken und Erweiterung eigener Visionen. Durch bewegte künstlerische Praxis bildet sich basales kulturelles Verständnis aus, welches notwendig erscheint für die Entwicklung menschlicher Würde, Selbstachtung und nicht zuletzt Neugier, dem Motor jedes wissenschaftlichen Forscherdrangs.

STEPHAN BRINKMANN und HENNER DREWES beschreiben ein Projekt, das sich der Erarbeitung einer Tanzetüde von Jean Cébron (*Starting Point*) widmete, die neben Videoaufzeichnungen auch in der Kinetographie Laban dokumentiert wurde. Sie diente ursprünglich dazu, ein Thema aus der auf Kurt Jooss und Sigurd Leeder zurückgehenden Bewegungslehre aufzugreifen und motivisch zu verarbeiten, um technisch komplexes Material einzuüben und zu variieren. Neben der Neueinstudierung dieser Etüde mit Studierenden des B.A. Tanz der Folkwang Universität der Künste (Essen) bestand ein zentrales Anliegen dieses Projektes auch darin, kompositorische Prozesse in Gang zu setzen, um in der Auseinandersetzung mit einer einflussreichen Tanztradition gleichermaßen die eigene tänzerisch-choreographische Kreativität anzuregen wie theoretische und analytische Fähigkeiten zu fördern, letztlich ein bedeutendes Erbe in die Gegenwart zu holen, um neue künstlerische Wege in die Zukunft zu ebnen.

CIANE FERNANDES stellt mit *Somatic Performative Research* einen eigenen künstlerischen Ansatz von Tanzforschung vor, der auf einzelnen Aspekten der Bewegungstheorien von Laban, der *Laban/Bartenieff Movement Analysis*, dem

Authentic Movement und von Pina Bausch's *Tanztheater* basiert und damit auf einen vielschichtigen Wissensbegriff rekurriert, der in der Lage ist, die sensorischen, kognitiven, affektiven, motorischen und spirituellen Dimensionen von Wissen in die Forschung zu integrieren. Zur Veranschaulichung des Forschungsansatzes beschreibt Fernandes eine Reihe von Prinzipien und Verfahrensweisen. Sie veranschaulicht ihre Arbeitsweise am Beispiel einer Kurseinheit, bei der mit den *Bartenieff-Fundamentals* gearbeitet worden ist. Fernandes plädiert für eine Tanzforschung, die stärker im eigenen historischen Hintergrund wurzelt anstatt fachfremde Methoden aus anderen Wissenschaftsdisziplinen zu übernehmen. Mit dem Potenzial des Tanzes, auf dynamische Weise somatisches Wissen zu erschaffen, ohne gleichzeitig andere Wissensformen zu verleugnen, kann die Tanzforschung einen einzigartigen Beitrag zur traditionellen akademischen Forschung liefern.

Auch bei KATHARINA KLEINSCHMIDT steht das *Wissen der Künste* im Zentrum von Untersuchungen, die auf einem praxeologischen und produktionsästhetischen Ansatz zurückgehen. Am Beispiel des Produktionsprozesses zu *wallen* (2012) von Sebastian Matthias und Team ist sie bestrebt, »eine Ausdifferenzierung von Praktiken choreographischen Forschens sowie von damit verbundenen Wissensformen zu erreichen«. Dabei werden drei Befunde ausführlicher besprochen: 1. Die Akteure ziehen in der Praxis deutliche Grenzen zwischen Wissenschaft und Sprache einerseits sowie stillschweigendem Tanzwissen andererseits (praxisimmanente Grenzziehungen), wobei sich für »das stille Ausprobieren« allerdings ebenfalls Begriffsbildungen und verbalisierte Reflexionen nachweisen ließen. 2. Forschende Tänzer können »vermeintlich sich ausschließende Forschungsvorstellungen« zulassen und daher eine Vielfalt von Forschungsvorstellungen und deren Kombination entwickeln (eklektische Forschungsvorstellungen). 3. Tänzer und Choreograph bestätigen in der choreographischen Forschung permanent die Bedeutung und Validität der eigenen künstlerischen Forschung (Beglaubigungen).

Im Zentrum der Ausführungen von MARGRIT BISCHOF und MAYA FARNER steht das Zâr-Ritual, ein orientalisches Frauenritual, und dessen Transformation zu einer zeitgenössischen Inszenierung. Bei dem Beitrag handelt es sich um die Verschriftlichung einer Lecture Performance, in der besonders die ekstatische Dimension des Rituals in ihrer Bedeutung für neue kulturschöpferische Möglichkeiten ausgelotet wird. Der forschende Blick der beiden Autorinnen richtet sich dabei u.a. auf den Einbezug von Zuschauern in den Ritualprozess, auf die Bedeutung der autopietischen Feedback-Schleife sowie auf das Erleben von Liminalität.

Die Choreographin ROSALIND GOLDBERG und die Tanzwissenschaftlerin ANNE SCHUH schließlich diskutieren vor dem Hintergrund ihrer eigenen künstlerischen bzw. wissenschaftlichen Projekte in Dialogform über die Demokratisierung und Enthierarchisierung künstlerischer Forschung, über die soziokulturelle Situiertheit und physisch-sinnliche Materialität von Wissen sowie über Subjektivität und Fiktion als Gegenmomente eines rigiden Wissenschafts- und Wahrheitsverständnisses. Im Zentrum des ersten Teiles steht das Projekt *Bodybuilding-Parallel Practices* der Choreographin Goldberg, innerhalb dessen mit einer Vielzahl – *parallel* zueinander platzierter – physischer und intellektueller Wissenspraktiken wie tanzen, lesen oder schreiben operiert wird. Dabei werden alle Praktiken im Sinne einer Enthierarchisierung als gleichwertig betrachtet. Im zweiten Teil des Dialoges geht es um den Versuch, qualitative Aspekte des Tanzes, wie den Vollzug der Bewegung an sich methodisch zu erfassen. Beschrieben werden die praktizierte multiperspektivische Herangehensweise, bei der u.a. eigene Bewegungserfahrung, Notizen, sprachliche Bilder oder Zeichnungen zum Einsatz kommen«, sowie das von Schuh entwickelte Verfahren des »informierten Spekulierens«, welches die Aufführungs- und Inszenierungsanalyse durch den Einsatz von somatischen Techniken (z.B. Body Mind Centering oder Ideokinese) erweitern kann.

TEIL III: PÄDAGOGISCHE UND THERAPEUTISCHE KONTEXTE

EINAV KATAN-SCHMID regt in ihrem Beitrag an, bisherige eher intrumentelle Vorstellungen über Körper, Körperbewegungen, Bewegungslernen und Improvisation im Tanz zu überdenken. Durch seine sensorischen Potenziale wird der Körper zu einer Wissensquelle, die maßgeblich für die Organisation und Gestaltung von Tanzbewegungen zuständig ist. Katan plädiert für eine Stärkung der Körperbewusstheit, die es ermöglicht, diese sensorischen Informationen und die Intentionalität im Bewegungsvollzug besser in Einklang zu bringen. Der Vorstellungskraft (Imagination) im Tanz wird dabei eine besondere innovative Funktion zugeschrieben. Das Habitus-Konzept von Pierre Bourdieu sowie die Wahrnehmungskonzeptionen von Merleau-Ponty und John Dewey bilden theoretische Grundlagen für die Betrachtungen.

DILAN ERCENK-HEIMANN beschäftigt sich in ihrem Beitrag mit dem Konzept der Reflexion im Tanzbildungskontext. In den meisten neueren Bildungskonzeptionen von Tanz wird die Bedeutung von Reflexion zwar hervorgehoben, allerdings fehlt bisher eine explizite Diskussion und Erläuterung des jeweiligen Begriffsverständnisses. Mit Rückgriff auf die Reflexionsmodelle von Schürmann und Temme plädiert Ercenk-Heimann für die Einführung der *praktischen Reflexion* bzw. *Bewegungsreflexivität* als einem zentralen Bildungsaspekt im Tanz. Am Beispiel der Improvisationspraktik der Anpassung – einer von Maja Lex und Graziella Padilla entwickelte Methode im Lehr- und Lernkonzept des *Elementaren Tanzes* – wird veranschaulicht, wie im Sinne einer solchen Bewegungsreflexivität das Reflektieren nicht ausschließlich als kognitiver Akt zu fassen ist.

Die aktuellen Forschungen von YVONNE HARDT fokussieren auf Praktiken tänzerischer Vermittlung und zielen darauf ab, diese in ihrer Verwobenheit mit Körper- und Wissensepistemen genauer zu untersuchen. Aufgrund der Tatsache, dass tänzerische Vermittlungspraxis eben nicht nur tanztechnische Fähigkeiten vermittelt, sondern immer auch »Ort der Recherche, der Wissensfindung und -produktion« ist, sei sie besonders gut geeignet, »an die aktuelle Diskussion von *Practice as Research* anzuknüpfen«. Dies wird anhand eigener Beobachtungen im Rahmen der fünften *Biennale Tanzausbildung* aus einer praxeologischen Perspektive heraus beleuchtet.

NICOLE HARTMANN nähert sich aus der Perspektive der Psychologie und künstlerischer Therapien dem Themenspektrum *Künstlerischer Forschung*. Anhand verschiedener theoretischer Modelle zeigt sie Möglichkeiten auf, wie künstlerisches Handeln den Prozess der Wissensgenerierung und damit den Diskurs in der Psychologie erweitern kann. Der Mehrwert künstlerischer Forschungsansätze besteht für Hartmann vor allem darin, dass sie die Künste als sinnstiftendes Medium und den Körper im Sinne von Embodiment und Enaktivismus als Wissensproduzenten verstehen. Wie ein solcher künstlerischer Forschungsprozess im psychologisch-therapeutischen Kontext in der Praxis verläuft, wird von der Autorin anhand des von ihr konzipierten und geleiteten Seminars *Artistic Inquiry* mit Studierenden des Studiengangs *Tanz- und Bewegungstherapie* an der SRH Hochschule Heidelberg veranschaulicht.

In ihrem Beitrag *Physical Thinking as Research* präsentieren MONICA GILETTE und STEFANIE PIETSCH jeweils aus der Perspektive einer Tanzkünstlerin und aus der Perspektive einer Wissenschaftlerin Ergebnisse aus ihren interdisziplinären Forschungsprojekten. *Artistic Research* dient hier dem vertieften Verständnis von Bewegungsstörungen bei Parkinson und dem Generieren anderer, neuer Forschungsfragen durch das körperliche Explorieren z.B. mittels Symptom Scores (reflektiertes Bewegen von Krankheitssymptomen wie Tremor oder Verlangsamung der Motorik). Der Körper wird dabei als »Suchmaschine« verstanden: Durch das »physical thinking«, d.h. durch den bewegten Reflexionsprozess findet der Körper selbst neue Bewegungs- und Denkmöglichkeiten, die für betroffene Personen und Wissenschaftler gleichermaßen nützlich sind. Die Bedeutung, die der Körper und die Körperwahrnehmung der Forscherin selbst für das eigene Denken und für den Forschungsprozess haben, wird deutlich.

LEA SPAHN geht in ihrem Beitrag der Frage nach, inwiefern körper- und bewegungsbasierte Biographiearbeit in einer tänzerisch basierten Forschung angewendet werden kann und welche Arten von Wissen in diesem Prozess freigelegt werden können. Den Ausgangspunkt bildet das Forschungsprojekt *Narben als Körperarchiv*, das auf leibphänomenologischen Überlegungen basiert und in dem die *Grounded Theory* den zentralen forschungsmethodischen

Zugang bildet. Die Forschungspraxis selbst wie auch Ausschnitte des empirischen Materials werden dargestellt.

Teil IV: Disziplinenüberschreitende Praxisforschung

Im Mittelpunkt des Forschungsinteresses von SARA HUBRICH steht die Frage, wie Instrumentalisten über die Realisation einer Partitur hinaus beim Interpretieren derselben kreativ sein können. Interpretation wird hier – in der Tradition eines Verständnisses von Interpretation als Performance – als eine Form der Verkörperung von Musik betrachtet, indem auch theatrale und tänzerische Gestaltungsmittel verwendet werden. Eine besondere Bedeutung der performativen Interpretation eines Musikstückes liegt darin, dass die Ausführenden selbst zu Mitschöpfern werden. Wie künstlerische Praktiken von solchen interdisziplinär ausgerichteten Arbeiten aussehen, untersucht Hubrich in ihrem Projekt *Creative Embodiment of Music* (2015), in dessen Rahmen eigene disziplinenüberschreitende Produktionen wie z.B. *Nu Pavane* (2001) und *Sleeping Beauty's last three* days (2003) entstanden sind. Das Forschungsdesign ist dabei an Robert Nelson (2013) orientiert und ermöglicht das Generieren von Vorformen allgemein zugänglichen Wissens, welches aus der Reflexion der erfahrungsmäßigen, haptischen und performativen Praxis resultiert. Erkenntnisse aus dem Forschungsprojekt liefern Aufschlüsse über die Auswirkungen dieser interdisziplinären Projektarbeit auf die beteiligten Tänzer und Musiker. Zudem werden Konsequenzen der Befunde dieses *Practice as Research*-Projektes für die Aus- und Weiterbildung von Musikern diskutiert.

SIMON ROSE berichtet über Befunde eines praxisgeleiteten Forschungsprojektes zum gemeinsamen simultanen Improvisieren in den Medien Musik und Tanz. Improvisation wird hier als künstlerischer Prozess und ebenso als ein interdisziplinäres Forschungsinstrument verstanden, welches die Entwicklung der künstlerischen Praxis unterstützt. Den besonderen Herausforderungen, die bei der Erforschung eines solchen hoch komplexen Improvisationsprozesses bestehen, wird mittels eines kollaborativen, phänomenologischen, praxisgeleiteten Forschungszuganges Rechnung getragen. Dieser führte zu einem vertieften, teilweise auch stillschweigenden Verständnis der Künstler gegenüber der jeweils anderen Disziplin. Bei der Untersuchung der komplexen Frage nach einer nicht-hierarchischen, unabhängigen Beziehung zwischen Musikimprovisation und Tanzimprovisation wird auf die Arbeiten von John Cage, insbesondere in seiner Zusammenarbeit mit dem Tänzer und Choreographen Merce Cunningham, sowie auf die von Marcel Duchamp (1957) eingebrachte Idee der Bedeutung des Zuschauers als Teil des Improvisationsprozesses Bezug genommen.

STEPHANIE SCHROEDTER widmet sich Besonderheiten einer musikchoreographischen Forschungspraxis am Beispiel der Trilogie Im *(Goldenen) Schnitt* (1989) von Gerhard Bohner, die letztere auch eigens inszeniert, somit explizit ausstellt. In diesem Spätwerk verarbeitet Bohner sein auf sehr unterschiedliche Tanzströmungen zurückgehendes Körper- und Bewegungswissen. Um zu einem höheren Abstraktionsgrad seiner bewegungsbiografischen Erfahrungen zu gelangen, wählte er für seine Choreographie eine Komposition aus, der ein ähnlicher Forschungsprozess zugrunde lag: Während Bach mit seinem *Wohltemperierten Klavier* systematisch den Ton-Raum der seinerzeit neuartigen, gleichschwebenden Stimmung abschritt, sucht Bohner bei seinen systematisch-analytischen Recherchen nach ausgewogen proportionierten Bewegungen »durch den Körper, durch den Raum«. Bemerkenswert ist der Transfer des auf der Basis von Bachs Komposition gewonnenen Bewegungsmaterials in eine elektroakustische Klang-Raum-Installation im dritten Teil des *(Goldenen) Schnitts*, in der Bachs Musik nun nicht mehr hörbar ist, jedoch sichtbar wird, während Bohners Tanz nicht nur sichtbar ist, sondern auch hörbar wird. Bohner erweist sich hiermit (und ebenso durch seine in diesem Kontext entwickelten Narrationsstrategien) als ein Pionier eines spezifisch deutschen, postmodernen Tanzes, der allerdings nicht dezidiert mit der Tradition bricht, sondern ohne die Kenntnis von Praktiken des Ausdruckstanzes Wigmann'scher Prägung, des russisch-expressionistischen Balletts der Nachkriegsjahre, des im Umfeld von Pina Bausch entstandenen Tanztheaters und eines modernen Tanzes deutscher Provenienz (als dessen Vertreter Bohner sich sah) nicht denkbar wäre.

Abschließend gebührt nochmals ein großer Dank allen, die zu diesem Buch substanziell beigetragen haben – vor und hinter den Kulissen: Neben den Autorinnen und Autoren, die überaus kooperativ an dem Gelingen dieser Publikation mitwirkten, verdienen auch die wissenschaftlichen Beirätinnen Christiana Rosenberg-Ahlhaus und Sabine Karoß eigens hervorgehoben zu werden. Ohne ihre tatkräftige Unterstützung hätte dieses Buch nicht in dieser Form und schon gar nicht rechtzeitig zu Beginn des nächsten Großprojekts der *Gesellschaft für Tanzforschung* anlässlich ihres 30jährigen Bestehens erscheinen können. Wir freuen uns, schon an dieser Stelle auf den nächsten Band der gtf aufmerksam machen zu dürfen, der Präsentationen der Tagung *Sound – Traces – Moves: Klangspuren in Bewegung* am Orff-Institut der Universität Mozarteum Salzburg im Herbst 2016 dokumentieren wird.

Die Herausgeberinnen, Juli 2016

Teil I: Theoretische und historische Grundlagen

Künstlerisches Forschen
in Wissenschaft und Bildung
Zur Anerkennung und Nutzung
leiblich-sinnlicher Erkenntnispotenziale

Anke Abraham

Mit Begründung der neuzeitlichen Wissenschaft wird *Forschung* genuin als dem Feld der Wissenschaft zugehörig aufgefasst und in der Regel als ein zielgerichteter, systematischer und objektiver bzw. objektivierbarer Prozess der Herstellung von Erkenntnissen beschrieben – dass auch Künstler *forschen* oder dass in und durch die Kunst Wissen und Erkenntnisse generiert werden, ist dagegen bisher weniger beachtet oder systematisch erschlossen worden. Im Zuge einer Aufwertung der Künste, die u.a. befeuert wird durch eine deutlich verstärkte Sichtbarmachung und Nutzung künstlerischer Potenziale für eine *Kulturelle Bildung*[1], verändert sich diese Abstinenz jedoch. Und auch in der Wissenschaft – insbesondere in den Geistes-, Kultur- und Sozialwissenschaften sowie im Rahmen qualitativer Forschungsverfahren – steigt die Tendenz, »Grenzgänge« (Valerie/Ingrisch 2014) zu wagen und sich ästhetische und künstlerische Zugangsweisen zur Welt nutzbar zu machen. Ansätze dazu hat es bereits seit den 1970er und 1980er Jahren, etwa im Rahmen der sogenannten Alltagswende in den Sozialwissenschaften (Hammerich/Klein 1978; Gerdes 1979) und der Kritik am Primat des Rationalen bzw. einer instrumentellen Vernunft (Duerr 1981; Junge/Subar/Gerber 2008) oder auch in einer bildungs-

---

1 | Die Aufwertung *Kultureller Bildung* zeigt sich in umfangreichen Initiativen zur Beförderung Kultureller Bildung in formalen, non-formalen und informellen Lernorten (Bundes-, Landes-, Stiftungsprogramme), einer deutlich gestiegenen Forschungsförderung zur Kulturellen Bildung (Bundesministerium für Bildung und Forschung, Länder, Stiftungen), in Publikationsoffensiven (wie etwa dem *Handbuch Kulturelle Bildung*), in der Gründung eines *Deutschen Kulturrats* und eines *Rats für Kulturelle Bildung*; vgl. Deutscher Kulturrat 2005; Bockhorst/Reinwand/Zacharias 2012.

und ästhetiktheoretisch ausgerichteten Pädagogik (Rumpf 1994; Rittelmeyer 2007; Euler 2010; Abraham 2013) gegeben.

Vor diesem Hintergrund wendet sich der Beitrag dem Phänomen *Künstlerische Forschung* zu und fragt, in Anlehnung an Julian Klein (Klein 2009 und 2011), nicht (nur): »Was ist künstlerische Forschung?«, sondern vor allem: »*Wann* ist Forschung künstlerisch?« (Klein 2011: 1). Dies ist verbunden mit der Intention, die besonderen Potenziale künstlerischer Haltungen und Verfahrensweisen deutlich zu machen und anzuregen, sie (noch) nachhaltiger in Wissenschaft und Bildung einzusetzen.

1. Künstlerisches Forschen

Zunächst scheint es nötig, ins Bewusstsein zu rufen, dass *Forschung* in Kombination mit Wissenschaft oftmals einseitig und sehr eng ausgelegt wird – wie es eingangs angedeutet wurde. Beruft man sich auf die UNESCO-Definition, so bezeichnet Forschung ein deutlich weiteres Feld; Forschung ist dort: »jede kreative systematische Betätigung zu dem Zweck, den Wissensstand zu erweitern [...] sowie die Verwendung dieses Wissens in der Entwicklung neuer Anwendungen« (*OECD Glossary of Statistical Terms 2008* zit.n. Klein 2011: 1). Forschung wird hier als eine kreative, etwas Neues, Anderes erzeugende – mithin *schöpferische* – Tätigkeit beschrieben, die ein Wissen generiert, das bisher nicht existiert hat. Eine solche Beschreibung eröffnet die Möglichkeit, all jene menschlichen Aktivitäten als *forschende* Tätigkeiten anzuerkennen, die auf eine insistierende (sprich: *systematische*) Weise an einem Prozess des Entdeckens und der Gewinnung von neuen Einsichten interessiert sind, um diese (ggf.) für weitergehende Entwicklungen fruchtbar zu machen. Selbstverständlich ist bei einer solchen Sicht dann nicht nur das wissenschaftlich gerahmte Experimentieren, Messen, Testen, Hypothesen bilden, Argumentieren und Interpretieren ein Forschen oder bringt Forschungsergebnisse hervor, sondern gerade auch das *künstlerische Tun* ist ein Forschen – mit der besonderen Stärke, in kreativer Weise auf *neue Einfälle* zu kommen und mit der weiteren Stärke, das *gesamte Spektrum menschlicher Erkenntnisfähigkeiten* einzusetzen, wobei diese beiden Stärken der Kunst bzw. ästhetisch-künstlerischer Zugangsweisen sehr eng zusammenhängen und wechselseitig aufeinander verweisen.

Im Zuge der Beantwortung der Frage »*Wann* ist Forschung künstlerisch?« markiert Julian Klein wesentliche Stärken eines Forschens, das sich als *künstlerisch* versteht bzw. *künstlerische* Haltungen, Verfahren und Zugänge zur Welt nutzt. Diese Stärken macht er fest am Modus des ästhetischen Erlebens, am Modus der *künstlerischen Erfahrung* und am *künstlerischen Wissen*. Im ästhetischen Erleben, so Klein, wird »Wahrnehmung sich selbst präsent, opak und fühlbar« (Klein 2011: 2). Im Modus des ästhetischen Erlebens wenden wir uns den Formen und Qualitäten des Akts des Wahrnehmens zu – was eine besondere Einstellung zur Welt bedeutet und durch Momente des Retardierens, des Fokussierens und des Intensivierens der Aufmerksamkeit nach innen und nach außen begünstigt, begleitet oder allererst ermöglicht wird. Analog hierzu bestimmt Klein die künstlerische Erfahrung als den »Modus gefühlter interferierender Rahmungen« (Klein 2011: 2), der dadurch gekennzeichnet ist, dass wir uns mit einer besonderen Einstellung oder Rahmengebung auf etwas einlassen und dabei sowohl Teil des durch die Rahmung Gegebenen werden, als auch außerhalb dieser Rahmung stehende Betrachtende sind (Klein 2009). Künstlerische Erfahrung ist nach Klein ein »aktiver, konstruktiver und aisthetischer Prozess« (Klein 2011: 2), der ohne das ästhetische Erleben nicht möglich ist und »in dem Modus (das *Wie* des Gewahrens; d. V.) und Substanz (das *Was* des Gewahrens; d. V.) untrennbar miteinander verschmolzen sind« (Klein 2011: 2). Zentral ist, dass die künstlerische Erfahrung – nach Klein – nicht erst im Nachhinein reflexiv als eine Erfahrung eingeholt werden muss, sondern bereits reflexiv *ist*, indem sie Spürbarkeit, Widerhall, Resonanz erzeugt. Plausibel wird diese Einschätzung, wenn folgende Annahmen mitgedacht werden:

- Ästhetisches Erleben und künstlerische Erfahrung bilden *generelle Elemente von Wahrnehmung*, sind ständig verfügbar und überall – auch jenseits der Kunst – einsetzbar; beispielsweise in allen Phasen wissenschaftlichen Arbeitens oder auch in Prozessen des Lehrens und Lernens bzw. der Bildung.
- Ästhetisches Erleben und künstlerische Erfahrung sind *an das Subjekt gebunden* und damit – notwendiger Weise – *subjektiv*; dies schließt keinesfalls aus, dass sie intersubjektiv vermittelbar sind.
- Das durch ästhetisches Erleben und künstlerische Erfahrung erzeugte *künstlerische Wissen* kann nur durch eine *sinnliche* und *emotionale Wahrnehmung* erworben werden, es ist ein »embodied knowledge«, ein »*gefühltes Wissen*« (Klein 2011: 3).

Insbesondere die zuletzt genannte Annahme macht deutlich, dass künstlerisches Wissen sich von einem kognitiv erworbenen und verbal kommunizierten Wissen deutlich unterscheidet und dass hier sein Wesen und seine besondere Stärke liegen: Künstlerisches Wissen ist ein Wissen, das sich zentral unserer leiblich-sinnlich-affektiven Vermögen und Resonanzen verdankt; dieses Wissen kann durch gedankliche Aktivitäten (mit-)konstruiert werden (und wird es in der Regel auch) und kann ebenso verbalisiert werden, aber es bezieht seine Stärke aus den Potenzialen leiblich-sinnlich-affektiver Wahrnehmungs- und Erkenntnistätigkeiten, die auch ohne kognitive Unterstützungen oder verbale Übersetzungen *wirken* – sowohl auf das Subjekt wie auch auf die materiale und soziale Umwelt – und *Erkenntnisse* erzeugen. Ganz in diesem Sinne schließt

Klein: »Das Wissen, nach dem künstlerische Forschung strebt, ist ein *gefühltes Wissen*« (Klein 2011: 3).

2. PLÄDOYER FÜR DIE ANERKENNUNG LEIBLICH-SINNLICH-AFFEKTIVER WISSENSFORMEN

Im Kontext der traditionellen akademischen Wissenschaft ist ein *gefühltes Wissen* kein *Wissen* – denn es genügt nicht den Kriterien der Vermittelbarkeit, der Überprüfbarkeit, der maximalen Genauigkeit, der logischen Herleitung oder einer klassischen *Objektivität*[2] (um nur einige zentrale der tradierten wissenschaftlichen Gütekriterien zu nennen). Mit dieser Einschätzung wird die kulturell, politisch und ethisch gewichtige Frage berührt, welche Art von Wissen von wem und warum eine *Anerkennung* zu- oder abgesprochen wird.

Ich möchte im Folgenden zeigen, dass das traditionelle Wissenschaftsverständnis wie auch ein traditionelles Verständnis von Lehren und Lernen einer Revision bedürfen – die vielerorts bereits im Gange ist – und dass eine Anerkennung und systematische Ansprache der leiblich-sinnlich-affektiven Dimensionen des Menschseins dabei eine tragende Rolle spielen. Dazu wende ich mich zunächst einem Ausschnitt wissenschaftlicher Forschung zu und beleuchte die Chancen einer leiblich-sinnlich-affektiv aufgeschlossenen qualitativen biographischen Forschung; dann zeige ich am Beispiel pädagogisch-didaktischer Vorgehensweisen im Weiterbildungsmaster *Kulturelle Bildung an Schulen*, wie zentrale Haltungen eines ästhetisch-künstlerischen Forschens, die Ansprache des *Körpers*[3] und die Fokussierung der biographischen Dimension hier eingesetzt werden.

---

2 | Ausgesprochen instruktive Hinweise zu einem anderen Objektivitätsverständnis, zur Stärkung der Subjektivität im und zur Einbeziehung des Körpers bzw. des Leibes in den wissenschaftlichen Forschungsprozess – die sich mit den in diesem Beitrag akzentuierten Positionen decken – finden sich bei Franz Breuer (Breuer 2000; Breuer/Mey/Mruck 2011).

3 | Wenn im Folgenden vom Körper die Rede ist, so ist hiermit das Bild verbunden, dass uns der Körper in einer Doppelaspektivität als Körperleib gegeben ist, die einen körperlichen Aspekt im Sinne des Dinghaften des Körpers umfasst sowie einen leiblichen Aspekt, der den Körper als spürend Seiendes adressiert (siehe dazu Plessner 1975 sowie Gugutzer 2004 und 2012; Abraham 2002 und 2011).

2.1 Der Körper als Erkenntnisquelle in der Wissenschaft

Im Folgenden werde ich den Körper als *Subjekt* adressieren und ihn *in dieser Eigenschaft* als ein Moment qualitativer Forschung im Hinblick auf seine wissenschaftlichen Erkenntnispotenziale diskutieren. Dazu ist es wichtig, der Frage des Subjektstatus des Körpers nachzugehen, weil mit dieser Frage wesentliche methodologische Einsichten, Chancen und Probleme verbunden sind: Was bedeutet es, vom Körper als Subjekt zu sprechen?

Den Körper als ein Subjekt aufzufassen, ist weder selbstverständlich noch wissenschaftlich übergreifender Konsens. In naturwissenschaftlicher Perspektive gilt der Körper als ein *Objekt* oder *Ding*, das von außen betrachtet, befühlt, in Grenzfällen auch berochen werden kann, das man messen und analytisch wie real zergliedern kann, in das man eindringen, das man in Aufbau und Funktionsweise verstehen und an dem man Veränderungen vornehmen kann. Der Körper erscheint aus einer solchen Perspektive als ein letztlich beherrschbarer, dekonstruierbarer und neu oder anders wieder herstellbarer Gegenstand. Auch in sozialwissenschaftlicher Betrachtung ist der Körper bisher vornehmlich als *Objekt* behandelt worden: etwa als Ort der Zivilisierung, der Disziplinierung, der sozialen Einschreibung sowie als Gegenstand und Material kollektiver und individueller Selbstkonstitution. Nur allmählich findet in den Sozialwissenschaften – bzw. genauer: im Rahmen einer sich ausdifferenzierenden Soziologie des Körpers – auch eine andere Seite der Körperlichkeit eine wachsende Lobby: die Seite des seienden, spürenden und gemäß einer Eigenlogik agierenden und reagierenden Körpers (Meuser 2002 und 2004; Abraham 2002 und 2011). Mit einer solchen Sicht auf den Körper wird zugestanden, dass der Körper als Organismus und in seiner Materialität über Qualitäten, Funktionsweisen und Kenntnisse bzw. ein Wissen verfügt, die ihm den Status eines eigenständigen Akteurs geben. Zugleich verbindet eine solche Sichtweise den Körper auf das Engste mit dem hoch komplexen Gefüge des Menschseins und der spezifisch körperlich-leiblich-sinnlich-affektiven Konstitution des Menschen – die aber, so eine phänomenologische Einsicht, letztlich nie ganz ergründbar ist: Sie bleibt uns ein Geheimnis.

Mit Helmuth Plessner (Plessner 1975) können wir annehmen, dass der Mensch als ein körperlich-leiblich gebundenes Wesen existiert, das seinen Körper wie ein Objekt haben kann, das zugleich aber immer auch sein Körper *ist*. Dieses Körper-Sein lässt sich mit der Figur des Leibes fassen, wie sie etwa vom frühen Alfred Schütz (1981) mitgedacht, vor allem aber in phänomenologischen Traditionen – Merleau-Ponty (1966) und Schmitz (2003, 2007 und 2011) sind hier zu nennen – ausführlich entfaltet wurde (Gugutzer 2012). Kernidee leibphänomenologischer Überlegungen (im Anschluss an Merleau-Ponty) ist, dass der Leib als eine fungierende Größe mit einer ihm eigenen Begabung des Spürens und der Intentionalität zu denken ist. Der Modus *Leiblichkeit* ermöglicht dem Menschen qua seiner körperlich-sinnlichen Ausstattung den Zugang zur Welt und die Orientierung in der Welt. Durch die Offenheit des Leibes zur Welt hin wird ermöglicht, dass wir Welt nicht nur distanziert und registrierend wahrnehmen, sondern dass sie sich in unsere Leiber einsenkt und wir uns leiblich – durch Modalitäten des Spürens, Empfindens und Fühlens – innerlich mit der äußeren und inneren Welt verbinden.

Der spürende und reagierende Leib bzw. Körperleib ist eng mit den affektiven und kognitiven Fähigkeiten des Menschen verbunden – was durch entwicklungspsychologische sowie neuro- und hirnphysiologische Erkenntnisse zunehmend genauer belegt werden kann (Damasio 1997; Fuchs 2009). Der erste Kontakt mit der Welt ist ein leiblicher, über die leiblich wahrgenommenen Empfindungen bilden sich im Rahmen einer Reifungs- und Sozialisationsgeschichte diskretere Gefühle und kognitive Schemata heraus, wobei das Denken und Handeln lebenslang durch die fundierenden Schichten früher sowie aktueller Empfindungen und leiblich-affektiver Impulse strukturiert und beeinflusst bleibt (Piaget 1975; Stern 1985; Lorenzer 2002). Ich fasse zusammen: Den Körper als Subjekt zu denken beinhaltet:

a. Den Körperleib in seiner *Eigenlogik* anzuerkennen und als einen *eigenständigen Akteur* zu respektieren und
b. den Körperleib in seiner unentrinnbaren Verwobenheit mit den emotionalen und kognitiven Symbolisierungsleistungen des Menschen als ein *konstitutives Moment menschlicher Subjektivität* zu begreifen.

Mit diesen körperleiblichen Voraussetzungen im Hinterkopf wende ich mich nun den Erkenntnismöglichkeiten des Körpers im Rahmen einer qualitativ ausgerichteten sozialwissenschaftlichen Forschung zu. Ich werde eine Unterscheidung zwischen Erkenntnispotenzialen und Erkenntnisgewinnen vornehmen: Als *Erkenntnispotenziale* des Körpers begreife ich alle Möglichkeiten, die der Mensch in seiner körperleiblichen Verfasstheit mitbringt, um auf Welt zu reagieren und in ihr zu agieren; als *Erkenntnisgewinne* kennzeichne ich solche Einsichten, die wir zusätzlich gewinnen können, wenn wir uns im Forschungsprozess *systematisch* und *selbstreflexiv* unserer körperleiblichen Erkenntnisfähigkeit bedienen. Ich betone »systematisch« und »selbstreflexiv«, weil jeder kognitiv-analytische Akt auch der körperleiblichen Erkenntnisfähigkeit bedarf und diese in allen Erkenntnisprozessen ständig implizit mitläuft. Für einen zusätzlichen wissenschaftlichen Erkenntnisgewinn ist allerdings entscheidend, dass diese körperleibliche Erkenntnisfähigkeit bewusst, in geschulter Weise und mit einer reflexiven Haltung eingesetzt wird – hier unterscheiden sich Wissenschaft und Kunst zumindest graduell, denn dem künstlerischen Wissen genügt bereits *auch* das implizite, *gefühlte* Wissen (was eine Transformation in ein deskriptives oder theoretisches Wissen keinesfalls ausschließt, aber eben auch nicht zwingend vorgibt; Klein 2011). Zentrale *Erkenntnispotenziale* des Körperleibs liegen in folgender Hinsicht vor:

- In der sinnlichen Ausstattung des Menschen, die es erlaubt, äußere wie innere Vorgänge zu gewahren durch das Sehen, Hören, Riechen, Tasten, Schmecken, den Gleichgewichtssinn und die Propriozeptoren, die uns über Spannung und Stellung der Körperglieder informieren;
- in der Fähigkeit des Körperleibs, die sinnlichen Eindrücke mit Resonanzen des Empfindens und der emotionalen Besetzung zu verknüpfen sowie
- in der Fähigkeit, solche sinnlich-affektiven Kombinationen als Empfindungs- und Gefühlsmuster im Gehirn sowie in allen Fasern seiner organismischen Konstitution (Muskeln, Sehnen, Nervenzellen, Stoffwechsel, Tonuslagen, Körperrhythmen etc.) abzulegen, womit der Körperleib als ein Gedächtnisraum und eine Gedächtnisstütze fungiert (Damasio 1997; Fuchs 2009).

Diese Vorgänge greifen auf archaische Dispositionen der Gedächtnisbildung zurück und vollziehen sich zumeist spontan sowie unterhalb der Schwelle kognitiver Kontrolle oder eines rationalen Kalküls, Das bedeutet nicht, dass solche Empfindungs- und Gefühlsmuster nicht auch bewusst gemacht werden könnten oder, dass sie sich jenseits sozialer Beeinflussung vollziehen würden: Sie können – zumindest in Annäherungen – bewusst gemacht werden und sie werden gerahmt oder sogar allererst hervorgebracht durch die je kulturell und biographisch bereit gestellten Empfindungsgelegenheiten und durch körperbezogene Deutungsmuster, in die das körperleibliche Sein und das emotionale Erleben eingebettet sind. Durch den Einsatz der Sinne sowie die Bildung gefühlsmäßiger Resonanzen ist der körperleiblich konstituierte Mensch in der Lage, die Spuren eines unbelebten wie belebten Gegenübers aufzunehmen und sich in Letzteres einzufühlen. Dieses empathische Vermögen ist eine wesentliche Voraussetzung für ein *Verstehen* des Anderen wie für ein Selbstverstehen. Sofern das Verstehen eine zentrale Leitfigur qualitativer Sozialforschung darstellt, ist zu fragen, was genau verstanden werden soll und welche Rolle der Körperleib dabei spielen könnte. Mit der Beantwortung dieser Frage wechsele ich die Ebene und widme mich möglichen *Erkenntnisgewinnen* durch den Körperleib.

In Anlehnung an die *Verstehende Soziologie* im Anschluss an Alfred Schütz (1993) gehe ich davon aus, dass das Verstehen der Symbolisierungsleistungen sozialer Subjekte in einem je vorfindbaren sozialen Raum im Zentrum des Forschungsinteresses steht, wobei je nach Spielart mehr die Symbolisierungsleistungen selbst, mehr das Subjekt in seiner Genese und seinen Handlungsstrukturen oder mehr die Interessen, Regeln und Machtgefüge des sozialen

Raums fokussiert werden. Schütz hat deutlich gemacht, dass ein Verstehen des Sinns des Anderen (Fremdverstehen) ebenso möglich wie unmöglich ist: Es ist *möglich* aufgrund der strukturellen Ähnlichkeiten von Alter und Ego, denn beide sind körperleiblich verfasste und symbolisierungsfähige Wesen, die mit der Fähigkeit zur Interaktion und Einfühlung begabt sind; es ist *unmöglich*, weil die je individuellen biographischen Kombinationen und Aufschichtungen körperleiblicher, affektiver und kognitiver Erinnerungsspuren und Deutungsschemata eine derartige Einmaligkeit besitzen, dass sie dem Anderen partiell stets fremd bleiben müssen.

Durch die Nutzung des körperleiblichen Sensoriums ergeben sich – trotz der unaufhebbaren generellen Erkenntnisschranken – erhebliche Erkenntnisgewinne. Setzt der oder die Forschende das körperleibliche Sensorium differenziert und selbstreflexiv ein, so können Erkenntnisse gewonnen werden, die ontogenetisch wie symboltheoretisch *vor* der Sprache liegen. Gemeint ist damit der riesige Bereich des Empfindens, Fühlens und Ahnens, der sich speist aus multiplen sich überlagernden, verdichtenden und wieder verflüchtigenden Eindrücken, aus Empfindungen in den Eingeweiden, taktilen Sensationen, huschenden inneren Bildern, einem plötzlichen Aufmerken oder Innehalten, einer inneren Anziehung, einer schroffen Abwendung. Diese vorsprachlichen Ereignisse haben das Selbst, das es – insbesondere im Rahmen einer biographischen Forschung, aber nicht nur dort – zu erforschen gilt, in einer fundierenden und fundamentalen Weise konstituiert, weil sich die Sedimente körperleiblicher, sinnlicher und affektiver Widerfahrnisse und ihre emotionalen Bedeutungsspuren im Vollzug des Lebens in den Körper einlassen und die leiblich-affektive Geschichte des Subjekts schreiben.[4] Dies gilt nicht nur für das forschende, sondern auch für das beforschte Subjekt. An diese untergründige, höchst wirkmächtige und sprachlich nur bedingt zugängliche Geschichte kommen wir nur heran, wenn wir uns als Forschende unseres leiblich-affektiven Sensoriums bedienen und unsere Antennen auf den Empfang von körperleiblich vermittelten Atmosphären und Ausdrucksweisen richten. Dabei geht es darum, das Gegenüber soweit in uns hinein zu nehmen, dass wir in uns seinen *Widerhall* spüren können. Diesen Widerhall des Anderen in uns gilt es sinnlich wahrzunehmen, in seinen körperlichen und emotionalen Qualitäten zu registrieren, innerlich zu dokumentieren und später im Verbund mit weiteren sprachlichen Daten zu interpretieren.

Dieser *Widerhall des Anderen in uns* hat es jedoch in sich: Es ist eine Kunst, Herausforderung und Klippe, genau zu differenzieren, mit *welchem* Widerhall

---

4 | Zum Zusammenhang von Körperlichkeit/Leiblichkeit und Biographie Keil/Maier (1984) oder Alheit et al. (1999) sowie das von Pierre Bourdieu entwickelte Habitus-Konzept und die Figur der »Inkorporierung« sozialer Strukturen (Bourdieu 1993 und 2001).

ich es da zu tun habe. Ist es der Widerhall des Gefühls des Anderen in mir – etwa wenn ich sein Stöhnen nachempfinde – oder ist es der Widerhall meines Gefühls auf sein Stöhnen (etwa eine Besorgnis, ein Unwohlsein, eine Ungeduld)?

Mit Rekurs auf die *Biographieforschung* möchte ich nun schlaglichtartig illustrieren, in welchen Phasen des Forschungsprozesses der Körper des oder der Forschenden zum Einsatz kommen kann. Exemplarisch wende ich mich einem Strang der Biographieforschung zu, der in hohem Maße an der Selbstauslegung des Subjekts, an der Genese seiner Geschichte und an biographisch geronnenen Handlungsstrukturen und Deutungsmustern des Falles interessiert ist. Ein typisches Setting ist hier das biographisch-narrative Interview, das intendiert, dass der oder die Forschende einen einladenden Gesprächsrahmen bereit stellt, der dem Forschungssubjekt einen breiten Entfaltungsraum bietet, den es nach den eigenen Darstellungswünschen und Relevanzen erzählend füllen kann (Fischer-Rosenthal/Rosenthal 1997; Rosenthal 2005).

Methodologisch aussichtsreich ist hier, dass sich die Akteure in eine sprachlich vermittelte Interaktion begeben, bei der *beide* konkret anwesend sind, sich wechselseitig körperleiblich wahrnehmen und parallel zum verbalen Austausch auch spüren können. Hier kann jenseits des *Inhalts* des Gesagten (dem *Was* der sprachlichen Aussage) in besonderer Weise das *Wie* des Sprechens und sich Gebarens eingeholt werden. Und gerade in diesem *Wie* liegt der Zugang zu dem oben skizzierten riesigen Bereich der vorsprachlichen, körperleiblich situierten und affektiv aufgeladenen Geschichte.

Als eine günstige Forscherhaltung erweist sich eine *freischwebende Aufmerksamkeit*, die sich offen hält für das, was einen da im Kontakt und in der Situation *anweht*. Damit ist eine Haltung bezeichnet, die nicht nach Anzeichen oder Zeichen sucht, sondern die Differenzen wahrnimmt. Je feiner solche Differenzen, Nuancen, Abweichungen, Schattierungen wahrgenommen werden können, desto genauer können die Qualitäten des Gezeigten und Gefühlten registriert und später eingeordnet und bewertet werden.

Neben der unmittelbaren Begegnung im Gespräch, gibt auch der Akt des Erstellens des schriftlichen Protokolls (Transkription) sowie das minutiöse mehrstufige Durchforsten des Protokolls reichhaltig Gelegenheit, das körperleibliche Sensorium bewusst einzusetzen. Es ist erstaunlich, so konnte ich immer wieder feststellen, wie intensiv das im konkreten Gespräch Erlebte – der Widerhall des Anderen in mir und die eigenen äußeren und inneren Reaktionen auf den Anderen – im Akt des Hörens des akustischen Protokolls, im Akt der Verschriftlichung und in den Akten des Interpretierens erneut wiederbelebt wurden (Abraham 2002). Das Abhören des Tonprotokolls und der Akt des Transkribierens sind leiblich-sinnliche Akte besonderer Güte, weil wir durch das Hören der Stimmen weitaus mehr hören als das gesprochene Wort – das akustische

Zeichen steht wie ein Pars-pro-toto für die gesamte *Szene*, in der wir selbst als Forschende im Forschungskontakt mit gelebt haben und sie lässt vor uns diese Szene wieder lebendig werden, mit allen leiblich-sinnlichen, emotionalen, atmosphärischen und geistigen Konnotationen, die sie ausgezeichnet haben.

Dies funktioniert sogar nach Jahren noch und auch ohne ein vorliegendes Protokoll. So habe ich sofort wieder eine Gesprächspartnerin in ihrer Energie und Ausstrahlung vor mir, wenn ich an ihr zischendes Sprechen denke. Oder mir wird eine andere Gesprächspartnerin sofort präsent, wenn ich im Geiste das Haus abwandere, in dem sie gelebt hat, obwohl ich es in seinen hellen und anheimelnden sowie in seinen düsteren und geheimnisvollen Seiten nur für einen Nachmittag erlebt habe. Diese Beispiele zeigen, wie intensiv sich leiblich-affektive Spuren in uns verankern können – vorausgesetzt, dass wir uns für diese Spuren offen halten und sie intensiv und differenziert aufnehmen. Hinzu kommt, dass durch die Chance der Verlangsamung und die mehrfache Wiederholung, die das Vor- und Rückspulen des Tonbands erlaubt, ein vertieftes und überprüfendes Hinhören sowie ein noch differenzierteres Abwägen möglich wird: Was höre ich da genau? Wie könnte ich es auch hören? Liege ich mit meiner spontanen ersten Wahrnehmung richtig? Wie passt meine spontane Wahrnehmung zu anderen Daten? Und auch im geschriebenen Protokoll werden diese leiblich-sinnlichen und affektiven Spuren wieder belebt; wobei das Schriftstück eine ganz besondere methodologische Chance einräumt – die Chance zu einer noch deutlicheren *Distanznahme* durch das Medium Schrift und die Chance zu einem unendlich wiederholbaren, verlangsamten, verfremdenden analytischen Blick auf die expliziten Aussagen und impliziten Botschaften des Textes. In Kombination mit den leiblich-affektiven Daten, die ganz wesentlich für die Erschließung der latenten und impliziten Sinnschichten sind, kann ein facettenreiches und umfassendes Bild der Strukturen entstehen. Zugleich bietet das schriftliche Protokoll die überaus gewichtige Chance der *selbstreflexiven* Stellungnahme: Entlastet vom Handlungsdruck entsteht die nötige Zeit und innere Ruhe, das Geschehen sowie die Qualität der eigenen inneren und äußeren Reaktionen in der Interaktionssituation und ihre Wirkungen danach erneut anzusehen und zu analysieren.

Mit einem selbstreflexiven Vorgehen löst die qualitative Forschung ein wesentliches Gütekriterium ein: Sie bemüht sich um Klärung der subjektiven Position, von der aus etwas in den Blick fällt, zu einem Datum wird und eine Aussage gemacht wird. Tut sie dies unter Einbeziehung der *körperleiblichen Erkenntnisquellen* (Abraham 2002, besonders Kapitel 6), so erhöht sie die Chance, dass das forschende Subjekt eigene Anteile auch in solchen Dimensionen aufklärt, die bei einem herkömmlichen kognitiv-analytischen Vorgehen übersehen werden, obwohl gerade sie, wie oben angedeutet, den biographischen und epistemologischen *Grund* – und das meine ich bewusst in einem doppelten Wortsinn – jeglichen Ahnens, Gewahrens und Erkennens darstellen. Aus einer solchen Sicht spricht also alles dafür, gerade in qualitativen Forschungssettings, aber nicht nur da, das ganze Sensorium menschlicher Erkenntnistätigkeit und -fähigkeit a) einzusetzen und b) immer wieder selbstreflexiv zu wenden. Das klingt nun alles (vermutlich) recht logisch und plausibel – es ist aber ungemein schwerer, es auch zu realisieren. Warum der Einsatz des leiblich-sinnlichen Sensoriums und eine selbstreflexive Wendung so selten systematisch angewandt und dokumentiert wird, hat vielfältige Ursachen. Hierzu möchte ich abschließend im Sinne einer Problemdiagnose Stellung nehmen:

Das herkömmliche und dominierende Wissenschaftsverständnis ist auf das Messbare, Sagbare und Logische konzentriert; quantifizierende und objektivierende Verfahren gelten vielfach immer noch als Richtschnur, als die *wahre* Wissenschaft, und werden entsprechend öffentlich gefördert. Analog dazu werden solche Formen von Wissenschaft belächelt oder marginalisiert, die sich offensiv dem *Problem der Subjektzentriertheit* stellen (was objektivierende Wissenschaften umgehen, aber genauso nötig hätten) und systematisch das subjektbezogene Erkenntnispotenzial einsetzen. In Korrespondenz zu diesem dominierenden Wissenschaftsverständnis sitzen westliche Kulturen nach wie vor einem einseitig objektivierenden und den Körper instrumentalisierenden Körperverhältnis auf und haben eine Sensibilität für die leiblich-sinnlichen und leiblich-affektiven Konnotationen des Lebens bisher nur begrenzt – etwa in leiborientierten pädagogischen oder psychotherapeutischen Settings – kultiviert. Entsprechend dieser allgemeinen Kultivierungslücke fällt es auch Forschenden schwer, überhaupt auf die Idee zu kommen, den eigenen Leib als ein Sensorium *systematisch* zu entdecken und zu pflegen. Um den Körper als eine Erkenntnisquelle einsetzen zu können, bedarf es der Bereitschaft, sich auf den eigenen Körper und die eigene Körpergeschichte einzulassen, und es Bedarf der Erprobung, Nutzung und Verfeinerung der Spürantennen im Sinne einer Schärfung und Ausdifferenzierung des körperleiblichen Sensoriums. Solche Übungsgelegenheiten fehlen bisher in der wissenschaftlichen Ausbildung.

Hinzu kommt, dass selbstreflexive Prozesse ausgesprochen anspruchsvoll sind. Sie kosten enorm viel Zeit und bedürfen der inneren Ruhe und Gelassenheit – beides ist im dichten Forschungsalltag schwer zu haben. Vor allem aber bedürfen sie der inneren Bereitschaft und des Mutes, sich selbst zur Disposition zu stellen. Der größte Hemmschuh ist hier vermutlich eine Sorge, die unter der Dominanz eines auf Objektivität ausgerichteten Wissenschaftsverständnisses immer wieder Nahrung erhält – die aber im Kern völlig unangemessen ist: Die Sorge, dass *meine* Erkenntnis weniger Wert oder gar unwissenschaftlich ist, wenn ich sie als eine Erkenntnis *von meinem Standpunkt aus* ausweise. Das Gegenteil ist der Fall: Die Reflexion meines Erlebens und Handelns im Forschungsprozess sowie die Offenlegung der biographischen Hintergründe und Motive meines Erlebens und Handelns *schmälern* nicht die

Güte meiner Erkenntnisse, sondern *erhöhen* sie, weil sie die Erkenntnisse einschätzbarer und verständlicher werden lassen.

Ich postuliere daher: Selbstreflexionen informieren über forschungsbezogene Widerfahrnisse einer entdeckungsfreudigen und sensiblen Person in einem spezifischen Ausschnitt lebendiger Wirklichkeit. Einen angemesseneren und wertvolleren Zugang zur sozialen Wirklichkeit als über das gut informierte, neugierige und den eigenen körperleiblichen Wahrnehmungen gegenüber aufgeschlossene Subjekt kann ich mir nicht vorstellen. Wenn wir uns diese Einschätzungen selbstbewusst zu eigen machen, dürfte es leichter fallen, sich den Herausforderungen der Selbstreflexion – einschließlich seiner körperleiblichen Dimensionen – im Forschungsprozess zu stellen. Denn es ist das Subjekt – und nur das Subjekt –, das andere Subjekte und die von ihnen hervorgebrachten Symbolisierungsleistungen (zumindest näherungsweise) verstehen kann – bei allen Einschränkungen und Erkenntnisschranken, die sich da auftun.

2.2 Prinzipien *Künstlerischen Forschens* im Weiterbildungsmaster

Im Folgenden möchte ich die *Potenziale* Künstlerischen Forschens und die mit ihnen assoziierten Möglichkeiten der bewussten Ansprache und Nutzung leiblich-sinnlicher Vermögen im Feld der Bildung beleuchten. Exemplarisch ziehe ich hierzu den Weiterbildungsstudiengang *Kulturelle Bildung an Schulen* der Philipps-Universität Marburg heran und werde die Potenziale Künstlerischen Forschens anhand der Arbeitsweise in der Einstiegswoche des Studienganges veranschaulichen:

Der universitäre Weiterbildungsmaster *Kulturelle Bildung an Schulen* bewegt sich im Feld der berufsbegleitenden Weiterbildung und nimmt die besonderen Aufgaben und Herausforderungen der Erwachsenenbildung und des lebenslangen Lernens ernst. Ziel des Masters ist es, die Teilnehmenden in die Lage zu versetzen, von ihrem biographisch erworbenen Erfahrungs- und Erkenntnisschatz aus in Kooperation mit anderen, neue Wege des Umgangs mit strukturellen, systemischen und inhaltlichen Fragen kultureller Bildung an Schulen und außerschulischen Lernorten zu entwickeln. Durch diesen Anspruch und unterstützt durch das Gegenstandsfeld *Kulturelle Bildung* fühlt sich der Master verpflichtet, zum einen sorgfältig und anerkennend mit den jeweiligen biographischen Dispositionen zu arbeiten und dabei zum anderen von Anfang an die Chancen ästhetischen Erlebens und ästhetisch-künstlerischen Forschens einzusetzen. Mit diesem biographisch-ästhetischen oder ästhetisch-biographischen Zugang werden die Teilnehmenden auf einer persönlichen Ebene angesprochen und erhalten die Chance, die eigenen leiblich-sinnlich-affektiven Potenziale und Resonanzen zu gewahren, anzuerkennen, zu artikulieren und zu reflektieren. Der Master beginnt mit einer intensiven

Kompaktwoche, in der sich die Studierenden erstmals begegnen und erste Kontakte zueinander sowie – in dieser Konstellation – zum Gegenstandsfeld der ästhetischen Erfahrung und kulturellen Bildung aufnehmen. Zentrale Elemente der Arbeit in dieser Einstiegswoche sind daher:

- die Chance der Verlangsamung, des Innehaltens, des Zur-Ruhe-Kommens und des Sich-Öffnens für leiblich-sinnlich-affektive Erfahrungen im Modus des Ästhetischen;
- die leiblich-sinnlich-affektive Auseinandersetzung mit Gegenständen und Orten, die ästhetisch und künstlerisch erlebt und gestaltet werden können;
- die Hinwendung zur eigenen Person und zu biographischen Erfahrungen, die für das Feld *Kulturelle Bildung*, den eigenen Weg im Feld, die eigenen Präferenzen, mögliche Stärken und Schwächen, die eigenen Wünsche und Ziele bedeutsam sind;
- die wechselseitige Wahrnehmung des ästhetischen Erlebens und biographischer Erfahrungen der Teilnehmenden untereinander, was eine hohe Bedeutung für die Gruppenkohäsion besitzt und zugleich den Blick auf die je eigene Biographie schärft und anreichert, mitunter auch neu justiert;
- das Führen eines Prozesstagebuchs, das die stille Verbalisierung ermöglicht und ein Dokument darstellt, das Erfahrungen verdichtet, wieder auffindbar macht, konstruiert und rekonstruierbar macht (Abraham 2014).

Als ein *universitärer* Masterstudiengang ist der Weiterbildungsmaster zwingend auf eine fachwissenschaftlich fundierte Auseinandersetzung mit dem Gegenstandsfeld angewiesen sowie auf eine professionsorientierte und professionelle Qualifizierung für das Feld ausgerichtet. Der Umgang mit Fachliteratur ist ein selbstverständlicher und konstitutiver Bestandteil der Weiterbildung. Im Folgenden soll gezeigt werden, dass auch mit Texten ein ästhetisches[5] bzw. künstlerisches und biographisch akzentuiertes Forschen möglich ist und dass eine Herangehensweise an Texte im Modus des Ästhetischen zu besonders intensiven und nachhaltigen Erkenntnissen führen kann, denn: Texte bleiben auf diese Weise nicht äußerlich oder eine lästige Pflicht, sondern können »mit Haut und Haar« angeeignet werden, tangieren die Person, berühren oder entzünden etwas, verlangen eine Haltung, Positionierung, Stellungnahme im leiblich-sinnlich-affektiven *und* kognitiven Sinne. Am Beispiel der Inszenierung und persönlichen Ausgestaltung einer »Lesereise« kann diese Form der Erzeugung von Erlebnis, Erfahrung, Erkenntnis und Wissen illustriert werden:

---

5 | Zur Ausgestaltung der Idee eines *Ästhetischen Forschens* siehe etwa das Konzept von *Kultur.Forscher!* (Leuschner/Knoke 2012).

Lesereise – ein ästhetisch-biographisch forschender Umgang mit Texten

Die Ausgangslage: Die Teilnehmenden stehen als Lehrer, Künstler und Kulturvermittelnde voll im Beruf und haben überwiegend kaum oder selten Gelegenheit, sich systematisch mit aktueller Fachliteratur auseinander zu setzen. Das eigene Studium liegt meist weit zurück und wenn Bücher genutzt werden, so im engen Kreis der unmittelbar nötigen Anforderungen im jeweiligen Feld – ein Überblick über das breite Spektrum der Diskurse im Gegenstandsfeld und die Chancen zum Entdecken neuer Zusammenhänge oder zum Vertiefen fachlich relevanter Fragen ist gering. Die *Lesereise* bietet Gelegenheit, das Diskursfeld zu entdecken und zu erforschen.

Das Arrangement: Auf dem freien Boden eines Saals liegen 100 fachlich einschlägige Bücher zum Gegenstandsfeld, als sich windende Schlange angeordnet, farblich abgestuft von hell nach dunkel oder umgekehrt – je nach Blickrichtung; die Teilnehmenden können zu beiden Seiten an den Büchern entlang gehen, sie übersteigen, sich entfernen oder wieder annähern, und sind eingeladen, eine *Lesereise* für sich zu gestalten. Dafür steht ein ganzer Nachmittag zur Verfügung und die Bücher dürfen selbstverständlich in die Hand genommen, genutzt und sogar – für die Dauer des Nachmittags – aus dem Saal *entführt* werden. Die Teilnehmenden erhalten zwei Anregungen:

Anregung I: »Lasst geschehen, was zwischen Euch und den Büchern passiert.«

Anregung II: »Beobachtet den Prozess und macht Euch zu Schlüsselmomenten Notizen.«

Die Erfahrungen im Prozess und besondere *Beutestücke* – Reisebeschreibungen, Schlüsselmomente im Erleben oder Fundstellen in Texten – werden am Abend in einer Gesprächsrunde am Kamin vorgestellt und *mit geteilt*.

Bewegungen: Die Teilnehmenden gehen auf eine je eigene Weise mit dem Angebot um. Sie schreiten zügig oder langsam an den Büchern vorbei, nähern sich zögernd oder rasch, bleiben stehen, verweilen, lassen den Blick schweifen, betrachten flüchtig, lassen sich anziehen oder wenden sich ab, beugen sich hinab, ergreifen ein Buch, legen es wieder hin, blättern, überfliegen, bleiben hängen, lesen wieder, blättern, lesen intensiver, tauchen ein, lassen sich erfassen, streunen umher, können sich nicht entscheiden, wirken unschlüssig, wechseln rasch. Im Laufe des Nachmittags sehen wir Teilnehmende auf dem Boden, in Fensternischen, auf Treppenstufen und Fluren, im Park oder im nahen Wäldchen sitzend oder auch gehend lesen, flüstern, diskutieren, sich Notizen machen, innehalten, pausieren, versinken in einem Werk, zurückkehren in den Saal, sich erneut einen Überblick verschaffen, suchen, finden und so weiter ...

Erlebens-, Erfahrungs- und Erkenntnisgewinne: Die Inszenierung der *Lesereise* und ihre persönliche Ausgestaltung durch die Teilnehmenden eröffnen vielfältige Erlebens-, Erfahrungs- und Erkenntnismöglichkeiten – wie im Folgenden exemplarisch gezeigt wird:

a. Die Teilnehmenden erleben mit großer Dankbarkeit, dass sie einen *sinnlich konkreten Einblick* in die Materialfülle aktueller Diskurse erhalten und zugleich *selbst steuern* dürfen, wie sie den Umgang mit diesem Material für sich gestalten – einige fühlen sich aber auch gerade damit überfordert. Hier taucht die biographisch bedeutsame Frage auf, wie ich im unwegsamen oder einschüchternden Gelände einen Weg für mich finde oder auch, was genau mich einschüchtert oder überfordert und mit welchen Lösungen ich darauf antworte.

b. Die Teilnehmenden erleben es als überaus bereichernd, die Bücher *in die Hand* und *mit sich nehmen* zu können – ein leiblich-sinnlich-affektiver Akt der Aneignung – sowie ohne konkreten inhaltlichen Auftrag stöbern zu dürfen – die Chance, sich von den Büchern und den Inhalten finden zu lassen, ihre Anziehung oder ihre Abstoßung zu spüren. Biographisch bedeutsam ist hier die Frage, ob und wie dieses Sich-Überlassen oder Treibenlassen gelingt oder ob ein anderer Gestus, etwa der des gezielten Suchens oder der skeptischen Distanz, der des Versinkens oder der des Ordnens und Systematisierens überwiegt, wie der Gestus erlebt wird und was die Dominanz eines bestimmten Gestus jeweils aus der Situation *Lesereise* macht bzw. gemacht hat.

Mit Pierre Bourdieu (Bourdieu 1993, 2001) kann im Anschluss an seine Habitustheorie gesagt werden: Insgesamt wird hier virulent, was als *Habitus* im Umgang mit (vertrauten oder neuen) *Dingen* biographisch eingeübt und auf der körperleiblichen Ebene *inkorporiert* ist. Dieser Habitus kann über das Gewahren des eigenen Fühlens, Denkens und Handelns während der Reise erlebt werden sowie darüber hinaus auch kognitiv zugänglich und bewusst gemacht werden, etwa indem das Erleben auf den Ebenen des Fühlens, Denkens, Handelns niedergeschrieben, ausgesprochen oder mitgeteilt wird. Diese Bewusstmachung ermöglicht es, das eigene Fühlen, Denken und Handeln biographisch einzuordnen, zu verstehen und als gewordene Disposition anzuerkennen. Darauf aufbauend kann gefragt werden, welche anderen Handlungsweisen vorstellbar wären, und welche neuen Spielräume sie möglicherweise eröffnen könnten. Zu sehen, zu hören und zu spüren, wie andere die Lesereise für sich gestaltet haben – zum Beispiel mit mehr Gelassenheit, größerer Neugier, weniger Angst, individuellen Tempowechseln –, kann dabei ausgesprochen hilfreich sein.

Die Frage, *wie ich habituell auf Welt zugehe*, ist eine Schlüsselfrage ästhetischer Bildung und künstlerischen Forschens – und zwar in doppelter Hinsicht: In der Frage nach dem *Wie* des Zugangs zur Welt steckt der Modus einer ästhetischen Einstellung, die nach Qualitäten des Fühlens, Denkens, Handelns und Seins forscht, und in der Frage nach dem *Habitus* steckt die Frage nach dem biographisch gewordenen Subjekt, das aufgrund seiner sozio-kulturell gerahmten Erfahrungen in einer spezifischen Weise spürt, fühlt, denkt, handelt.

Beide Dimensionen sind Dreh- und Angelpunkt kultureller Bildung, sofern sich kulturelle Bildung aufmacht, in einem umfassenden Sinne ästhetisch-biographisch bildend zu agieren. Dies meint: *erstens* das körperleibliche Sensorium der Subjekte ernst zu nehmen, anzusprechen und weitergehend zu kultivieren, *zweitens* den Konnex zwischen körperleiblichen und biographischen Dispositionen anzuerkennen und verantwortungsvoll damit zu arbeiten und *drittens* dabei behilflich zu sein, neue Möglichkeiten und Spielräume im Zugang auf und im Umgang mit Welt zu erschließen. Prozesse des ästhetisch-künstlerischen Forschens und einer ästhetisch-biographischen Reflexivität bieten hierzu aussichtsreiche Möglichkeiten.

LITERATUR

Abraham, Anke (2002): *Der Körper im biographischen Kontext. Ein wissenssoziologischer Beitrag*, Wiesbaden: WDV.

Abraham, Anke (2011): Der Körper als heilsam begrenzender Ratgeber? Körperverhältnisse in Zeiten der Entgrenzung, in: Reiner Keller/Michael Meuser (Hg.), *Körperwissen*, Wiesbaden: VS Verlag, S. 31-52.

Abraham, Anke (2013): Wie viel Körper braucht die Bildung? Zum Schicksal von Leib und Seele in der Wissensgesellschaft, in: Reiner Hildebrandt-Stramann/Ralf Laging/Klaus Moegling (Hg.), *Körper, Bildung und Schule*. Teil 1: *Theoretische Grundlagen*, Immenhausen: Prolog, S. 16-35.

Abraham, Anke (2014): Das Prozesstagebuch als eine wissenschaftlich-ästhetische Methode zur Reflexivierung der Entwicklung innovativer Programme, in: Susanne Maria Weber/Michael Göhlich/Andreas Schröer/Jörg Schwarz (Hg.), *Organisation und das Neue*, Wiesbaden: Springer VS, S. 311-319.

Alheit, Peter/Dausien, Bettina/Fischer-Rosenthal, Wolfram/Hanses, Andreas/Keil, Annelie (Hg.) (1999): *Biographie und Leib*. Gießen: Psychosozial-Verlag.

Bockhorst, Hildegard/Reinwand, Vanessa-Isabelle/Zacharias, Wolfgang (Hg.) (2012): *Handbuch Kulturelle Bildung*, München: kopaed.

Bourdieu, Pierre (1993): *Sozialer Sinn. Kritik der theoretischen Vernunft*, Frankfurt a.M.: Suhrkamp.

Bourdieu, Pierre (2001): *Meditationen. Zur Kritik der scholastischen Vernunft*, Frankfurt a.M.: Suhrkamp.

Breuer, Franz (2000): Wissenschaftliche Erfahrung und der Körper/Leib des Wissenschaftlers. Sozialwissenschaftliche Überlegungen, in: Wischermann, Clemens/Haas, Stefan (Hg.), *Körper mit Geschichte. Der menschliche Körper als Ort der Selbst- und Weltdeutung*, Stuttgart: Franz Steiner Verlag, S. 33-50.

Breuer, Franz/Mey, Günter/Mruck, Katja (2011): Subjektivität und Selbst-/Reflexivität in der Grounded-Theory-Methodologie, in: *Grounded Theory Reader*, Wiesbaden: VS Verlag, S. 427-448.

Damasio, Antonio R. (1997): *Descartes‹ Irrtum. Fühlen, Denken und das menschliche Gehirn*, München: dtv.

Deutscher Kulturrat (Hg.) (2005): *Kulturelle Bildung in der Bildungsreformdiskussion*. www.kulturrat.de/dokumente/studien/konzeption-kb3.pdf. (letzter Zugriff: 23.3. 2016).

Duerr, Hans Peter (Hg.) (1981): *Der Wissenschaftler und das Irrationale* (2 Bände), Frankfurt a.M.: Syndikat.

Euler, Peter (2010): Verstehen als Menschenrecht versus Kapitalisierung lebenslangen Lernens oder: Lehre als Initiierung lebendiger Verhältnisse von Sache und Subjekt, in: Karl-Josef Pazzini/Marianne Schuller/Michael Wimmer (Hg.), *Lehren bildet? Vom Rätsel unserer Lehranstalten*, Bielefeld: transcript, S. 125-146.

Fischer-Rosenthal, Wolfram/Rosenthal, Gabriele (1997): Narrationsanalyse biographischer Selbstpräsentationen, in: Ronald Hitzler/Anne Honer (Hg.), *Sozialwissenschaftliche Hermeneutik*, Opladen: Leske+Budrich, S. 133-164.

Fuchs, Thomas (2009): *Das Gehirn – ein Beziehungsorgan. Eine phänomenologisch-ökologische Konzeption*, Stuttgart: Kohlhammer.

Gerdes, Klaus (Hg.) (1979): *Explorative Sozialforschung*, Stuttgart: Klett-Cotta.

Gugutzer, Robert (2004): *Soziologie des Körpers*, Bielefeld: transcript.

Gugutzer, Robert (2012): *Verkörperungen des Sozialen. Neophänomenologische Grundlagen und soziologische Analysen*, Bielefeld: transcript.

Hammerich, Kurt/Klein, Michael (Hg.) (1978): *Materialien zur Soziologie des Alltags. Kölner Zeitschrift für Soziologie und Sozialpsychologie* (Sonderheft 20), Opladen: WDV.

Junge, Kay/Subar, Daniel/Gerber Gerold (Hg.)(2008): *Erleben, Erleiden, Erfahren. Die Konstitution sozialen Sinns jenseits instrumenteller Vernunft*, Bielefeld: transcript.

Keil, Annelie/Maier, Herbert (1984): Körperarbeit als Wiederaneignung von Lebensperspektive, in: Michael Klein (Hg.), *Sport und Körper*, Reinbek: Rowohlt, S. 111-126.

Klein, Julian (2009): Zur Dynamik bewegter Körper. Die Grundlagen der ästhetischen Relativitätstheorie«, in: Julian Klein (Hg.): *per.SPICE! – Wirklichkeit und Relativität des Ästhetischen*, Berlin, 104-134.

Klein, Julian (2011): Was ist künstlerische Forschung?, in: *kunsttexte.de/Auditive Perspektiven*, Nr. 2, www.kunsttexte.de (letzter Zugriff: 2.4. 2016).

Leuschner, Christina/Knoke, Andreas (Hg.) (2012): *Selbst entdecken ist die Kunst. Ästhetische Forschung in der Schule*, München: kopaed.

Lorenzer, Alfred (2002): *Die Sprache, der Sinn, das Unbewusste*, Stuttgart: Klett-Cotta.

Merleau-Ponty, Maurice (1966): *Phänomenologie der Wahrnehmung*, Berlin/New York: de Gruyter.

Meuser, Michael (2002): Körper und Sozialität. Zur handlungstheoretischen Fundierung einer Soziologie des Körpers, in: Kornelia Hahn/Meuser Michael (Hg.), *Körperrepräsentationen. Die Ordnung des Sozialen und der Körper*, Konstanz: UVK, S. 19-44.

Meuser, Michael (2004): Zwischen »Leibvergessenheit« und »Körperboom«. Die Soziologie und der Körper, in: *Sport und Gesellschaft*, Jg. 1, Heft 3, S. 197-218.

Piaget, Jean (1975): *L'équilibration des structures cognitives*, Paris: Presses Universitaires de France.

Plessner, Helmuth (1975): *Die Stufen des Organischen und der Mensch. Einleitung in die philosophische Anthropologie*, Berlin/New York: de Gruyter. [zuerst 1928]

Rittelmeyer, Christian (2007): *Kindheit in Bedrängnis. Zwischen Kulturindustrie und technokratischer Bildungsreform*, Stuttgart: Kohlhammer.

Rosenthal, Gabriele (2005): *Interpretative Sozialforschung. Eine Einführung*, Weinheim, München: Juventa.

Rumpf, Horst (1994): *Die übergangene Sinnlichkeit. Drei Kapitel über die Schule*, Weinheim, München: Juventa.

Schmitz, Hermann (2003): *Was ist Neue Phänomenologie?*, Rostock: Koch.

Schmitz, Hermann (2007): *Der Leib, der Raum und die Gefühle*, Bielefeld/Locarno: Edition Sirius.

Schmitz, Hermann (2011): *Der Leib*, Berlin/Boston: de Gruyter.

Schütz, Alfred (1981): *Theorie der Lebensformen*. Hg. und eingeleitet von Ilja Srubar, Frankfurt a.M.: Suhrkamp.

Schütz, Alfred (1993): *Der sinnhafte Aufbau der sozialen Welt. Eine Einleitung in die verstehende Soziologie*, Frankfurt a.M.: Suhrkamp [zuerst 1932].

Stern, Daniel (1985): *The interpersonal world of the infant*, New York: Basic.

Valerie, Susanne/Ingrisch, Doris (2014): *Kunst_Wissenschaft. Don't Mind the Gap! Ein grenzüberschreitendes Zwiegespräch*, Bielefeld: transcript.

Kinästhetische Kommunikation und Intermediale Wissenstransformation als Forschungsmethoden in tanzkünstlerischen Kontexten[1]

Susanne Quinten

VORBEMERKUNGEN

Practice as Research im Tanz berührt Fragen, die die Bewegungswissenschaften sowie die Tanzforschung im Besonderen noch lange beschäftigen werden. Eine dieser Fragen betrifft die Verständigung durch Bewegung sowie die Generierung und Vermittlung von Wissen, das an Tanzbewegung gebunden ist (Brandstetter 2007; Gehm/Husemann/von Wilcke 2007; Huschka 2009 und 2014). Ein Konzept, auf das in diesem Zusammenhang oft Bezug genommen wird, ist das implizite Wissen, welches häufig mit Intuition, unbewusster Verhaltenssteuerung, Nichtverbalisierbarkeit oder Erfahrung in Verbindung gebracht wird (Neuweg 1999)[2]. Die Vielzahl an Ansätzen, die sich mit dem impliziten Wissen beschäftigen, fasst Neuweg unter tacit-knowing-view (1999: 21f.) zusammen. Mit dem Konstrukt des impliziten Wissens ist dasjenige Wissen gemeint, das in Handlungsmustern »stillschweigend« (Schön 1983: 49, zit. in Neuweg 1999: 14) enthalten ist. Es ist nur zu Teilen bewusstseinsfähig, aber nicht grundsätzlich bewusstseinspflichtig. Tanzkunst ist besonders geeignet, um solche außerhalb der verbalen Sprache liegenden Formen des Wissens zu untersuchen und zu entwickeln. Dabei bedarf es auch einer um die nicht-

---

1 | Claudia Fleischle-Braun danke ich herzlich für die Anregungen, die ich aus dem fachlichen Austausch mit ihr im Rahmen der Kölner Tagung *Das Erbe der Tanz-Moderne im zeitgenössischen Kontext* 2015 sowie der Hamburger Tagung »Practice as Research« der *Gesellschaft für Tanzforschung* gewonnen habe.

2 | Zur Bedeutung des *impliziten Wissens* in der Kunst allgemein siehe den Aufsatz von Eva-Maria Jung, *Die Kunst des Wissens und das Wissen der Kunst. Zum epistemischen Status der künstlerischen Forschung* (2016).

sprachliche Dimension erweiterten Hermeneutik, in der Sichtbares, Hörbares, Spürbares, Bilder und Zeichen eine Rolle spielen – eine Hermeneutik, »die offen ist für die ›tacit dimension‹ des sprachlosen Raumes (Polanyi 1966). [...] Sie muß den Sinn der ›reinen Geste‹, den Gehalt einer Bewegung, den Ausdruckswert einer Haltung (Plessner 1967, 1968) [...] zu erfassen vermögen [...]« (Petzold 1993: 92-93). Es braucht eine integrative Konzeption von Hermeneutik, die das Sprachliche übersteigt, »ohne daß sie je auf die Sprache verzichten könnte [...]« (Petzold 1993: 93)[3]. Eine solche, um die nichtsprachliche Dimension erweiterte, Hermeneutik findet schon lange in therapeutischen Zusammenhängen oder in rehabilitations- bzw. sozialpädagogischen Kontexten beispielsweise in Begegnungen mit Menschen mit sprachlichen oder kognitiven Einschränkungen Anwendung. Sie erfordert besondere Wahrnehmungsfähigkeiten, Empathievermögen sowie eine differenzierte Bandbreite an eigenen nichtsprachlichen Ausdruckserfahrungen. Grundlegend für das Gelingen eines die Sprache übersteigenden Erkennens und Verstehens ist eine innere Einstellung der beobachtenden Person, die interessiert und wertschätzend den nichtsprachlichen Ausdruck erfassen und verstehen möchte.

Neuere Erkenntnisse aus den Bewegungs- und Neurowissenschaften weisen dem motorischen System eine grundlegende Funktion beim vorbegrifflichen und vorsprachlichen bzw. nichtbegrifflichen und nichtsprachlichen Verstehen zu. Entgegen früherer Annahmen spielt das motorische System nicht nur bei der Ausführung von Handlungen die entscheidende Rolle, sondern es übernimmt auch bei Wahrnehmungs- und Verstehensprozessen wichtige Funktionen. Das motorische System besteht aus einem »Mosaik von frontalen und parietalen Bereichen [...], die eng mit den visuellen, auditorischen und taktilen Bereichen verbunden sind« (Rizzolatti/Sinigaglia 2008: 12). Das Anfang der 1990er Jahre entdeckte Spiegelneuronensystem als Teil des motorischen Systems ermöglicht es, Handlungen, Intentionen und Emotionen anderer unmittelbar zu erkennen und zu verstehen, ohne explizit darüber nachzudenken (ebd.).

Die Frage nach den Formen des Wissens im Tanz, ihrer Kommunizierbarkeit und Überführung in berichtbares Wissen ist eine der zentralen Aufgaben, denen sich eine auf Praxis beruhende Tanzforschung stellen muss. In diesem Beitrag werden zwei Forschungsmethoden skizziert, die in der tanzkünstlerischen Forschungspraxis zur Anwendung kommen und im Schnittfeld einer integrativen Hermeneutik, die auf dem motorischen System basiert, stehen: die *Kinästhetische Kommunikation* und die *Intermediale Wissenstransformation*. Obwohl sie bisher nicht explizit als Forschungsmethoden bezeichnet worden sind, können sie als solche interpretiert werden unter der Voraussetzung, dass sie zielgesteuert neue Erkenntnisse und unbekannte Fakten auf systemati-

---

3 | Ausführlich siehe Petzold/Orth 1991.

sche und planvolle Weise zu gewinnen versuchen (vgl. ForschungsGruppe der Deutschen Forschungsgemeinschaft 2015).

Historisch betrachtet sind beide Methoden prototypisch für die tanzkünstlerische Arbeitsweise in den Tanzlaboratorien und Künstlerkolonien des beginnenden zwanzigsten Jahrhunderts.[4] Viele der heute bekannten Techniken von Wissensgenerierung und -vermittlung im Tanz, die im Rahmen der *Kinästhetischen Kommunikation* realisiert werden, sind auch in dieser Zeit praktiziert worden – so beispielsweise Zeigen und Beobachten tänzerischer Bewegungen, Übertragung von Bewegungsimpulsen oder von Gewichtsverlagerungen im direkten Körperkontakt, Wecken von Interesse an dem tänzerischen Ausdruck, Aufrufen einer grundsätzlichen Bereitschaft zum Verstehen eines Bewegungsausdrucks, akustische Begleitung von Bewegungsabläufen, u.v.a.m. Auch die *Intermediale Wissenstransformation* findet sich als Arbeits- und Forschungsstrategie in der Ausdruckstanzbewegung. So wurde beispielsweise in der von Rudolf von Laban im Jahr 1913 auf dem Monte Vérita gegründeten *Sommerschule für Tanz-, Ton-, Wort- und Formkunst* mit vielen künstlerischen Medien experimentiert und in medialen Quergängen durch die einzelnen Künste Wissen im und über Tanz angereichert.

Festzuhalten bleibt, dass die *Kinästhetische Kommunikation* und die *Intermediale Wissenstransformation* implizites, nichtsprachliches und vor- bzw. nichtbegriffliches Wissen im Tanz generieren und vermitteln können. Darin mag die Tatsache begründet sein, dass der Tanz seit alters her wichtige Funktionen als Heilmittel und in jüngerer Zeit auch als wissenschaftliche Forschungsmethode übernimmt. Auch wenn die genauen Mechanismen nicht endgültig geklärt sind, so sind ihre Nützlichkeit und Wirksamkeit empirisch evident. Bis zur Entdeckung der Spiegelneuronen wurden Verstehensprozesse in sozialen Interaktionen häufig mit Hilfe des Einfühlungskonzeptes erklärt (Coplan/Goldie 2011; Curtis/Koch 2009). Das Verdienst, Einfühlungsprozesse mit der Kinästhesie zu verbinden, gebührt Theodor Lipps. Ihm zufolge basiert Einfühlung auf der inneren Nachahmung einer beobachteten Bewegung, wie er am Beispiel eines Akrobaten auf dem Hochseil veranschaulicht. Auch wenn der erste Stimulus visuell ist, wird die beobachtete Bewegung durch die Aktivierung des Subjekts in einer solchen inneren Nachahmung gefühlt (Lipps 1920, zit. in Reynolds/Reason 2013). In der deutschen Sprache hat sich für den Begriff der Einfühlung der Begriff Empathie eingebürgert, insbesondere, wenn es um emotionale Übereinstimmung bei zwischenmenschlichen Ereignissen geht (Coplan/Goldie 2011). In der aktuellen Debatte wird Empathie auch als ein Weg zur Wissensgenerierung diskutiert, wobei dieser Weg sowohl unmittelbar quasi automatisch auf der Basis der Spiegelmechanismen als auch durch bewusstes Nachdenken und rekonstruktive Prozesse verlaufen kann (Rizzolatti/Sinigaglia 2008; Matravers 2011).

---

4 | Vgl. hierzu den Beitrag von Fleischle-Braun in diesem Band.

Kinästhetische Kommunikation

Die *Kinästhetische Kommunikation* ist eine Form der nichtsprachlichen Kommunikation, die im Kern auf dem motorischen System und dessen Beteiligung an Prozessen des Einfühlens in physische, mentale und emotionale Zustände anderer Menschen basiert. Charakteristisch dabei ist, dass alle Kommunizierenden ganzkörperlich beteiligt sind. Bei der *Kinästhetischen Kommunikation* wird mittels Bewegung zwischen mindestens zwei Personen, die zur selben Zeit am selben Ort sind,[5] gemeinsam Wissen generiert und ausgetauscht. Diese Austauschprozesse verlaufen in der Regel nicht bewusst, sind aber teilweise bewusstseinsfähig und können dann reflektiert werden. Die Überführung in berichtbares Wissen ist ebenfalls nur zum Teil möglich. Die Vermittlung impliziten Wissens im Tanz wird nach Brinkmann (2013) dadurch gefördert, dass Tänzer persönlich im Tanzsaal zusammentreffen und Bewegungen austauschen.

Tanz als kinästhetische Kunstform

Tanz als Kunstform ist im Wesentlichen kinästhetisch geprägt (Daly 1992). Der Begriff *Kinästhesie* (gr. κινεῖν – kinein – bewegen, αἴσθησις – aisthesis – Empfindung) wurde erstmals von Charles Bastian 1880 für die Bewegungswahrnehmung verwendet (Day 2014; Paterson 2013). An der Bewegungswahrnehmung sind neben dem propriozeptiven System[6] weitere Rezeptorsysteme wie das taktile, visuelle und auditive System beteiligt, die miteinander verbunden sind. Die Wahrnehmung der eigenen wie der fremden Tanzbewegung gründet also auf dem Zusammenspiel der verschiedenen sensorischen Systeme. Für letztere liefern Ergebnisse aus einer Forschungsstudie, die sich mit der Interferenz visueller und auditiver Information bei der Tanzwahrnehmung beschäftigen, empirische Hinweise auf dieses intersensorische Zusammenspiel. Ein als Atem wahrgenommener Sound scheint die sonst eher übliche visuelle Distanz zu den Tänzern auf der Bühne zu untergraben. Die Grenzen zwischen dem

---

5 | Welche Rolle die »leibhaftige Ko-Präsenz« (Fischer-Lichte 2004) von Beobachter und Beobachteten spielt im Vergleich zur Beobachtungssituation vermittels visueller Medien wie Video- oder Fernsehaufnahmen, ist nicht endgültig geklärt (Calvo-Merino et al. 2005; Curtis 2009). In diesem Beitrag wird *Kinästhetische Kommunikation* an die leibliche Ko-Präsenz im ersteren Sinne geknüpft.
6 | Das propriozeptive System befindet sich in Muskeln, Sehnen und Gelenkkapseln. Es informiert über Muskelspannung, Kontraktionsgeschwindigkeit, Gelenkbewegungen, Tiefendruck, Gleichgewichtsgefühl, Position im Raum, viszerale und vegetative Empfindungen und ist an der Wahrnehmung von Körperschema, Körperbild, Körper-Selbst sowie psychischer und sozialemotionaler Befindlichkeit beteiligt (Citron 2011).

Tänzerkörper und dem eigenen Körper werden verwischt, indem Zuschauer die Bewegungen der Tänzer in ihrem eigenen Körper spüren (Reynolds/ Reason 2013). Viele zeitgenössische Ansätze im Tanz versuchen, auf die Kommunikation zwischen Tänzer und Zuschauer Einfluss zu nehmen und nutzen dabei Mechanismen der *Kinästhetischen Kommunikation*. So zielen beispielsweise choreographische Praktiken von William Forsythe darauf ab, die körperliche Beteiligung von Zuschauern zu intensivieren und sie damit stärker in das Kommunikationsgeschehen einzubinden (Reynold/Reason 2013).

Auch auf höheren neurophysiologischen Verarbeitungsebenen ist die Bewegungswahrnehmung in weitere funktionelle Bezüge eingebettet, neben der Bewegungsproduktion sind dies beispielsweise die kognitiven Funktionen wie Vorstellung, Erkennen der Handlungen anderer, Nachahmung sowie gestische und sprachliche Kommunikation. Die Verbindung zwischen tänzerischen und insbesondere choreographischen Aktivitäten und kognitiven Prozessen ist seit längerem Gegenstand interdisziplinärer Forschungsprojekte (Batson/Wilson: 2014). Festzuhalten bleibt, dass kognitive und kommunikative Prozesse auf dem motorischen System mit seiner engen Verbindung zu den verschiedenen sensorischen Bereichen und seinen Spiegelschaltungen beruhen (Rizzolatti/ Sinigaglia 2008). Rizzolatti und Sinigaglia haben das Theater als praktisches Anwendungsbeispiel gewählt, in dem eine unmittelbare Teilhaberschaft zwischen Akteuren und Zuschauern inszeniert wird. Der Tanz, der als kinästhetische Kunstform par excellence ohne Sprache auskommt, wäre hier nicht minder als Beispiel anzuführen. Tanz als kinästhetische Kunstform inszeniert ebenfalls unmittelbare Teilhaberschaft und ermöglicht dadurch unmittelbares Erkennen und Verstehen von implizitem und nichtsprachlichem Wissen, das sich im Tanz verkörpert.

Formen *Kinästhetischer Kommunikation*

In der tanzbezogenen Literatur ist der Begriff der *Kinästhetischen Kommunikation* nicht neu. Mary M. Smyth beschäftigte sich im Jahr 1984 erstmals explizit mit der *Kinästhetischen Kommunikation im Tanz* (Smyth 1984). In ihrem Verständnis – und in der Folge bei den meisten Beiträgen, die sich mit der Kinästhetischen Kommunikation beschäftigen (vgl. Brandstetter 2007), geht es um das Beobachten einer Tanzbewegung und den daraus resultierenden Reaktionen der beobachtenden Person. In dieser Sichtweise bezieht sich *Kinästhetische Kommunikation* vorrangig auf die enge Verbindung zwischen Beobachtung (visueller Input) und der kinästhetischen Resonanzbereitschaft des Körpers. Unter Berücksichtigung der bereits weiter oben beschriebenen multisensorischen und multifunktionalen Bezüge der Kinästhesie scheint es über eine solche *visuell-kinästhetische Kommunikation* hinaus allerdings sinnvoll, weitere Formen *Kinästhetischer Kommunikation* im Tanz wie taktil-kinästhetische, auditiv-kinästhetische und motorisch-kinästhetische Kommunikation heuristisch zu unterscheiden:

- Die visuell-*kinästhetische Kommunikation* setzt voraus, dass ein Zuschauer einen Tänzer beobachtet, ein Tänzer einen Zuschauer beobachtet oder sich zwei Tänzer beispielsweise während eines Trainings, einer Probe oder einer Aufführung gegenseitig beobachten. Die eingehenden visuellen Informationen werden im motorischen System der wahrnehmenden Person verarbeitet und die resultierenden Resonanzen bzw. Reaktionen fließen wiederum in das kommunikative Geschehen ein.
- *Die taktil-kinästhetische Kommunikation* vollzieht sich im konkreten Körperkontakt zwischen Tanzenden (wie beispielsweise bei Paartanz, Volkstanz oder Kontakt- bzw. Gruppenimprovisation). Die eingehenden taktilen Informationen werden jeweils im motorischen System verarbeitet und die entstehenden Resonanzen oder Reaktionen in die Kommunikation rückgebunden.
- Bei der *auditiv-kinästhetische Kommunikation* hören Tanzende oder Zuschauer Geräusche (z.B. Bewegungs- und Atemgeräusche), die mit einer Tanz- bzw. Zuschauerbewegung einhergehen. Diese werden im motorischen System der wahrnehmenden Person verarbeitet und die entstehenden Resonanzen oder Reaktionen wiederum in das kommunikative Geschehen eingebracht. Mit der Kopplung von Hören und Bewegungsempfindungen, d.h. mit einem Hören, das unmittelbar mit körperlich spürbaren Bewegungsempfindungen gekoppelt ist, hat sich Schroedter (2015) ausführlicher auseinandergesetzt und beschreibt diesen Hörmodus als *kinästhetisches Hören*.
- *Die motorisch-kinästhetische Kommunikation* liegt vor im direkten einfühlenden motorischen Nachvollzug einer tänzerischen Bewegung (wie beispielsweise beim Erlernen einer Tanzbewegung über Imitation) und es zu Resonanzen oder Reaktionen auf die durch Einfühlung vermittelten Wahrnehmungsinhalte kommt und diese ebenfalls in die Kommunikation einfließen.

In der Tanzpraxis ist davon auszugehen, dass die Kinästhetische Kommunikation aus allen vier sensorischen Kanälen mehr oder weniger gespeist wird. Als Gegenstand wissenschaftlicher Untersuchungen wurde bisher fast ausschließlich die visuell-kinästhetische Kommunikation gewählt. So beschäftigt sich Susan Leigh Foster (2011) in ihrem Buch Choreographing Empathy unter verschiedensten Aspekten mit dem – für den Tanz typischen – unmittelbaren und vollständigen Kontakt zwischen Tänzer und Zuschauer. Fast hundert Jahre früher interessiert sich bereits der amerikanische Tanzkritiker John J. Martin (1893-1985) für diese äußerst lebendige Beziehung zwischen Tänzern und Zuschauern. Er sieht den Zuschauer als eine Art Resonanzraum (Eberlein 2011: 148), dessen Körper auf innere und äußere Reize mit eigenen Bewegungen, Lage- und Spannungsänderungen und Haltungs- und Orientierungsänderungen reagiert. Dem Zuschauer »[...] zeigt sich der Tanz nicht primär visuell, sondern er wird von ihm eigenkörperlich berührt« (Huschka 2002: 79). Für Dorothee Günther (1962: 17) werden Resonanzen beim Beobachter nur dann ausgelöst, wenn einerseits der Tanzende seine gesamte innere Aufmerksamkeit und Anteilnahme in den Bewegungsausdruck hineinlegt, und wenn andererseits der Zuschauende auch die Bereitschaft mitbringt, seine ganze Aufmerksamkeit auf den Tänzer zu richten und sich auf das tänzerische Geschehen einzulassen. Die Art der Resonanzen bzw. die »kinästhetischen Antworten« (Reason/Reynolds 2010: 50) während der Tanzbetrachtung sind vielfältig und können neben empathischen Erfahrungen ebenso Bewunderung, Sympathie oder emotionale Ansteckung umfassen (siehe auch Reynolds 2013). Eberlein (2011) bezeichnet den wechselseitigen Austausch zwischen Tanzenden und Zuschauenden als leibliche Resonanzen, Fischer-Lichte spricht von der »Feedback-Schleife« (2004: 59f.), um die wechselseitige Einflussnahme von Akteuren und Zuschauern und damit das kommunikative Geschehen im Rahmen einer Aufführung zu beschreiben.

Neuere bewegungswissenschaftliche Theorien gehen davon aus, dass beim Beobachten einer Bewegung diese beim Betrachter intern motorisch simuliert wird (Jeannerod 2001).[7] Vittorio Gallese spricht in diesem Zusammenhang von einer verkörperten Simulation (*embodied simulation*), die das Teilen emotionaler und mentaler Zustände ermöglicht:

A common underlying functional mechanism – embodied simulation – mediates our capacity to experientially share the meaning of actions, intentions, feelings, and emotions with others, thus grounding our identification with and connectedness to others. This occurs in a nonconscious, pre-declarative fashion, though modulated by our own personal history, that is, by the quality of our attachment relations and by our sociocultural background. Embodied simulation generates our ›intentional attunement‹ to others. (2008: 775)

Für die in diesem Beitrag als Forschungsmethode skizzierte Kinästhetische Kommunikation ist von Bedeutung, dass motorische Simulation nicht nur

---

7 | Ähnlich wie beim Gedankenlesen kann das Verhalten eines anderen Menschen einschließlich der Verhaltenskonsequenzen alleine durch das Beobachten dieses Verhaltens vorhergesagt werden: »One of the explanations proposed for mind-reading is that it represents an attempt to replicate and simulate the mental activity of the other agent. In other words, the observed action would activate, in the observer's brain, the same mechanisms that would be activated, were that action intended or imagined by the observer [...]« (Jeannerod 2001: 104).

Empathie ermöglicht, sondern ebenso das Teilen von (impliziten) Wissen. Motorische Simulation ist eine wesentliche Voraussetzung für gelingende Kommunikation auf der nichtsprachlichen Ebene. Eine solche interne Simulation ist gleichermaßen »Instrument der Teilhabe und der Erkenntnis im zwischenmenschlichen Kontakt« (Geuter 2015: 15).

INTERMEDIALE WISSENSTRANSFORMATION

Bei der *Intermedialen Wissenstransformation*[8] handelt es sich um eine künstlerische und forschende Arbeitsweise, bei der Wissen von einem künstlerischen Medium in ein anderes überführt und transformiert wird. Da jedes künstlerische Medium über eigene spezifische Stimulierungs- und Ausdrucksmöglichkeiten verfügt, werden durch die Transformationen jeweils neue Perspektiven auf das Wissen geöffnet. Der intermedial geführte Forschungsprozess führt so zu immer neuen, vertieften und differenzierten Erkenntnissen. Forscherteams können im kinästhetisch-empathischen Einfühlungsprozess Gehalte der verschiedenen Ausdrucksmedien erfassen und unmittelbar verstehen. Neuere Befunde aus der Neuroästhetikforschung unterstützen diese Annahmen, der Schlüssel scheint auch hier in der motorischen Simulationsfähigkeit zu liegen: Über die Künste hinweg lassen sich körperliche Resonanzphänomene nachweisen, wenn beispielsweise beim Betrachten eines abstrakten Bildes mit vielen Linien anhand bildgebender Verfahren nachweisbar die eigenen motorischen Hirnareale eines Betrachters aktiviert werden, die auch bei der Ausführung solcher Linien beteiligt sind (Freedberg/Gallese 2007). Hierin mag einer der Gründe liegen, weshalb die *Intermediale Wissenstransformation* im Rahmen einer kunstspartenübergreifenden Forschungsstrategie Wirkung entfalten kann.

Die frühen Protagonisten einer kunstspartenübergreifenden künstlerischen Forschung wie Rudolf von Laban oder Dorothee Günther waren in mehr als einer Kunstform ausgebildet; sie experimentierten im Rahmen ihrer Tanzforschungen über die verschiedenen Kunstsparten hinweg mit und in den verschiedenen künstlerischen Medien. Das schlug sich letztendlich sowohl in ihren Lehrkonzeptionen, als auch in ihren künstlerischen Werken nieder.[9]

---

8 | Vgl. hierzu die Konzepte der *intermedialen Arbeit* bzw. *intermedialen Quergänge* von Petzold/Orth (1991).
9 | Vgl. hierzu den Beitrag von Fleischle-Braun in diesem Band.

Fazit

Praxisforschung im Tanz findet in weiten Teilen jenseits von Sprache und häufig in kooperativer Form statt. *Kinästhetische Kommunikation* und *Intermediale Wissenstransformation* sind zwei Methoden, mit deren Hilfe in der künstlerischen und insbesondere auch tanzkünstlerischen Forschung implizites Wissen zwischen den Forschern generiert und vermittelt wird. Große Teile dieses Wissens beruhen auf einer leibgebundenen, intersubjektiven Hermeneutik. Erste Erklärungsansätze zum besseren Verständnis der *Kinästhetischen Kommunikation* und der *Intermodalen Wissenstransformation* lassen sich innerhalb der Bewegungswissenschaften mit Rückgriff auf das Konzept der *motorischen Simulation* formulieren. Weitere Anregungen können neueren Ansätzen der Kommunikationsforschung entnommen werden, die sich auf Embodimenttheorien (Batson/Wilson 2014; Storch/Tschacher 2014; Streeck 2015) stützen. Offene Fragen bleiben insbesondere hinsichtlich der Überführbarkeit impliziten Wissens in verbalisierbares Wissen. Die Nutzung neuerer (impliziter) Forschungszugänge wie die skizzierten Methoden *Kinästhetische Kommunikation* und *Intermediale Wissenstransformation* wird ohne einen Einstellungs-, gar Bewusstseinswandel in der Scientific Community kaum gelingen. Sie werden an die Forscher neue Anforderungen an die Bereitschaft und Fähigkeit zu *Selbst-Einlassung*, Selbstreflexion und Empathie stellen und sie werden vielfältige und reflektierte Körper- und Bewegungserfahrungen sowie Wahrnehmungs- und (nonverbales) Ausdrucksvermögen als Gelingensvoraussetzung anerkennen müssen.

Literatur

Batson, Glenna/Wilson, Margaret (2014): *Body and Mind in Motion. Dance and Neuroscience in Conversation*, Bristol: Intellect.

Brandstetter, Gabriele (2007): Tanz als Wissenskultur. Körpergedächtnis und wissenstheoretische Herausforderung, in: Sabine Gehm/Pirkko Husemann/Katharina von Wilcke (Hg.), *Wissen in Bewegung. Perspektiven der künstlerischen und wissenschaftlichen Forschung im Tanz*, Bielefeld: transcript, S. 37-48.

Brinkmann, Stefan (2013): *Bewegung erinnern. Gedächtnisformen im Tanz*, Bielefeld: transcript.

Calvo-Merino, Béatrice/Glaser, Daniel E./Grezes, Julie/Passingham, Richard E./Haggard, Patrick (2005): Action Observation and Acquired Motor Skills: An fMRI Study with Expert Dancer, in: *Cerebral Cortex* 15, S. 1243-1249.

Citron, Ina (2011): *Kinästhetik – kommunikatives Bewegungslernen* (3. Auflage), Stuttgart et al.: Thieme.

Coplan, Amy/Goldie, Peter (Hg.) (2011): *Empathy. Philosophical and Psychological Perspectives*, New York: Oxford University Press.

Curtis, Robin (2009): Einführung in die Einfühlung, in: Robin Curtis/Gertrud Koch (Hg.), *Einfühlung. Zur Geschichte und Gegenwart eines ästhetischen Konzeptes*, München: Wilhelm Fink, S. 11-29.

Curtis, Robin/Koch, Gertrud (Hg.) (2009). *Einfühlung. Zur Geschichte und Gegenwart eines ästhetischen Konzeptes*, München: Wilhelm Fink.

Daly, Ann (1992): Dance History and Feminist Theory: Reconsidering Isadora Duncan and the Male gaze, in: Laurence Senelick (Hg.), *Gender in performance: The presentation of difference in the performing arts*, Hanover, NH: University Press of New England, S. 239-259.

Day, P. (2014): Kinästhesie, in: Markus Antonius Wirtz; Janina Strohmer (Hg.), *Lexikon der Psychologie* (17. vollständig überarbeitete Auflage), Bern: Hans Huber, S. 861.

Eberlein, Undine (2011): Leibliche Resonanz. Phänomenologische und andere Annäherungen, in: Kerstin Andermann; Undine Eberlein (Hg.), *Gefühle als Atmosphären. Neue Phänomenologie und philosophische Emotionstheorie*, Berlin: Akademie Verlag, S. 141-152.

Fischer-Lichte, Erika (2004): *Ästhetik des Performativen*, Berlin: suhrkamp.

ForschungsGruppe der Deutschen Forschungsgemeinschaft (2015): Forschung, www.dfg-bonn.de/forschung.htm (letzter Zugriff: 28.02.2016)

Foster, Susan Leigh (2011): *Choreographing Empathy. Kinesthesia in Performance*, London/New York: Routledge.

Freedberg, David/Gallese, Vittorio (2007): Motion, emotion and empathy in aesthetic experience, in: *Trends in cognitive sciences* 11 (5), S. 197-203.

Gallese, Vittorio (2008): Empathy, Embodied Simulation, and the Brain: Commentary on Aragno and Zepf/Hartmann, in: *Journal of the American Psychoanalytic Association* 56(3), S. 769-781.

Gehm, Sabine/Husemann, Pirkko/von Wilcke, Katharina (Hg.) (2007): *Wissen in Bewegung. Perspektiven der künstlerischen und wissenschaftlichen Forschung im Tanz*, Bielefeld: transcript.

Geuter, Ulfried (2015): *Körperpsychotherapie. Grundriss einer Theorie für die klinische Praxis*, Berlin/Heidelberg: Springer.

Günther, Dorothee (1962): *Der Tanz als Bewegungsphänomen*, Hamburg: Reinbek.

Huschka, Sabine (2002): *Moderner Tanz. Konzepte, Stile, Utopien*, Hamburg: Reinbek.

Huschka, Sabine (Hg.) (2009): *Wissenskultur Tanz. Historische und zeitgenössische Vermittlungsakte zwischen Praktiken und Diskursen*, Bielefeld: transcript.

Huschka, Sabine (2014): *Zur Disposition eines verschwiegenen Wissens im Tanz oder die Kunst der Beziehungsstiftung*, http://wissenderkuenste.de/#/text/

zur-disposition-eines-verschwiegenen-wissens-im-tanz-oder-die-kunst-der-beziehungsstiftung (letzter Zugriff: 18.02.2016).

Jeannerod, Marc (2001): Neural simulation of action: a unifying mechanism for motor cognition, in: *Neuroimage* 14, S. 103-109.

Jung, Eva-Maria (2016): Die Kunst des Wissens und das Wissen der Kunst. Zum epistemischen Status der künstlerischen Forschung, in: Judith Siegmund (Hg.), *Wie verändert sich Kunst, wenn man sie als Forschung versteht?*, Bielefeld: transcript, S. 23-44.

Matravers, Derek (2011): Empathy as a route to knowledge, in: Amy Coplan/Peter Goldie (Hg.): *Empathy. Philosophical and Psychological Perspectives*, New York: Oxford University Press, S. 19-30.

Neuweg, Georg Hans (1999): *Könnerschaft und implizites Wissen. Zur lehr-lerntheoretischen Bedeutung der Erkenntnis- und Wissenstheorie Michael Polanyis*, Münster/New York: Waxmann.

Paterson, Mark (2013): On ›inner touch‹ and the moving body. Aisthesis, Kinaesthesis and Aesthetics, in: Gabriele Brandstetter/Gerko Egert/Sabine Zubarik (Hg.), *Touching and to be touched. Kinesthesia and Empathy in Dance and Movement*, Berlin: De Gruyter, S. 115-131.

Petzold, Hilarion (1993): *Integrative Therapie. Modelle, Theorien und Methoden für eine schulen-übergreifende Psychotherapie* (Band 1), Paderborn: Junfermann.

Petzold, Hilarion/Orth, Ilse (Hg.) (1991): *Die neuen Kreativitätstherapien. Handbuch der Kunsttherapie* (Band II), Paderborn: Junfermann.

Reynolds, Dee (2013): Empathy, Contagion and Affect – The Role of Kinesthesia in Watching Dance, in: Gabriele Brandstetter/Gerko Egert/Sabine Zubarik (Hg.), *Touching and being touched. Kinesthesia and empathy in dance and movement*, Berlin/Boston: Walter de Gruyter GmbH, S. 211-231.

Reynolds, Dee/Reason, Matthew (Hg.) (2013): *Kinesthetic Empathy in Creative and Cultural Practices*, Chicago: Intellect.

Reason, Matthew/Reynolds, Dee (2010): Kinesthesia, Empathy, and Related Pleasures: An Inquiry into Audience Experience of Watching Dance, in: *Journal of the American Psychoanalytic Association* 56 (3), S. 769-781.

Rizzolatti, Giacomo/Sinigaglia, Corrado (2008): *Empathie und Spiegelneurone. Die biologische Basis des Mitgefühls*, Frankfurt a.M.: Suhrkamp.

Schroedter, Stephanie (2015): *Paris qui danse. Bewegungs- und Klangräume einer Großstadt der Moderne*, Habilitationsschrift FU Berlin.

Smyth, Mary (1984): Kinesthetic communication in Dance, in: *Dance Research Journal* 16 (2), S. 19-22.

Storch, Maja/Tschacher, Wolfgang (2014): *Embodied communication. Kommunikation beginnt im Körper – nicht im Kopf*, Bern: Huber.

Streeck, Jürgen (2015): Embodiment in Human Communication, in: *Annual Review of Anthropology* 44, S. 419-438.

Das Erbe der Tanzmoderne im zeitgenössischen Kontext
Ein Beispiel kooperativer Praxisforschung

Claudia Fleischle-Braun

Im Mittelpunkt dieses Beitrags steht die Arbeits- und Forschungsstrategie der *Kooperativen Praxisforschung* im Rahmen der Vermittlungspraxis des Modernen Tanzes. Am Beispiel des Kölner Tagungsprojekts *Das Erbe der Tanz-Moderne im zeitgenössischen Kontext* (2015) wird dieser Ansatz als wissenschaftliche Forschungsstrategie erläutert.[1] Dabei hat das Arbeitsformat des *Tanz-Laboratoriums* einen besonderen Stellenwert, denn bereits die Gründergeneration des Modernen Tanzes forschte zu Beginn des 20. Jahrhunderts innerhalb ihrer Kollektive und Schulen intensiv in und über Tanz und Bewegung. Anhand ausgesuchter Fallbeispiele wird untersucht, in welcher Weise die Protagonisten des mitteleuropäischen Modernen Tanzes ihre Bewegungs- und Tanzforschungen durchgeführt hatten.

1. KOOPERATIVE PRAXISFORSCHUNG IM RAHMEN DES KÖLNER TAGUNGSPROJEKTS (2015)

Den Hintergrund für diesen Beitrag bildet die Aufnahme der kulturellen Ausdrucksform *Moderner Tanz – Stilformen und Vermittlungstraditionen der Rhythmus- und Ausdruckstanzbewegung* in die bundesweite Liste des Immateriellen Kulturerbes in Deutschland (2014). Anlässlich der Auszeichnung der UNESCO richteten die beteiligten Trägerorganisationen[2] im Juni 2015 an

---

1 | An dieser Stelle möchte ich dafür allen Beteiligten der Kölner Tagung 2015 danken, Susanne Quinten danke ich besonders für die anregende kollegiale Zusammenarbeit bei der Auswertung der Kölner Tagung (2015).
2 | Folgende Trägerorganisationen waren an dem Projekt beteiligt: Arbeitsgemeinschaft Rosalia Chladek Deutschland e.V. sowie IGRC Wien e.V.; Elementarer Tanz e.V.

der Deutschen Sporthochschule Köln gemeinsam eine Tagung aus. Ziel der Tagung war es, die Vermittlungsweisen zu vergleichen, die in den heutigen Ausbildungsinstitutionen der verschiedenen Stilformen der Ausdruckstanzbewegung praktiziert und gelehrt werden, um aus dem gemeinsamen und konkreativen Austausch neue Impulse für die Weitergabe dieser Tanzrichtungen zu erhalten und zeitgemäße, auch trägerübergreifende Vermittlungsformate zu erarbeiten. Darüber hinaus sollte die Tagung auch dazu beitragen, die elaborierten Tanztechniken und Vermittlungsweisen im kulturellen Gedächtnis der heutigen Generationen zu erhalten. Die Tagung konzentrierte sich schwerpunktmäßig auf drei Konzepte des Modernen Tanzes: auf das *Chladek-System*, auf den *Elementaren Tanz* und auf die *Laban/Bartenieff-Bewegungsstudien*. Die Vermittlungspraktiken dieser drei Konzepte wurden anhand folgender miteinander gekoppelter Arbeitsformate untersucht:

- Tanz-Laboratorien mit (teilnehmenden) Beobachtern und Auswertungsgesprächen (Gruppendiskussionen sowie moderierte Arbeitssitzungen im Plenum)
- Begleitende thematische Panels zum historischen Kontext und zu Aspekten zeitgenössischer Tanzausbildung

Mit diesen Arbeitsformaten nutzte die Kölner Tagung eine mehrdimensionale Vorgehensweise des Erkenntnisgewinns:

- Einbezug von praktischem Erfahrungs- und Körperwissen, d.h. auch impliziter, prozeduraler Wissensbestandteile
- Einbezug ästhetisch-perzeptiver Erkenntniswege
- Reflexion und Dokumentation der Arbeitsprozesse der praktischen Forschungslaboratorien
- Integration von historischem Kontextwissen
- Bezug zu tanzwissenschaftlichen und pädagogischen Debatten

Methodologisch lässt sich diese kooperative Forschungsstrategie[3] als Zusammenführung des *Practice as Research*-Ansatzes[4] mit dem methodischen Ansatz von *Oral History* und der historiographisch-hermeneutischen Analyse von archivarischem Quellenmaterial beschreiben. Sie folgt damit den Prämissen eines transdisziplinären integrativen Forschungsansatzes, der nicht nur da-

---

Köln, EUROLAB – Europäischer Verband für Laban/Bartenieff Bewegungsstudien e.V.; Institut für Zeitgenössischen Tanz der Folkwang Universität der Künste Essen; Gesellschaft für Tanzforschung e.V. (Federführung und Koordination).
3 | Vgl. zu dem Ansatz der kooperativen Praxisforschung u.a. Sommerfeld 2000.
4 | Vgl. zu dem *Practice as Research*-Ansatz Nelson 2013, Hill 2013, Candy 2006.

durch gekennzeichnet ist, dass über die eigenen Fachgrenzen hinaus weitere Disziplinen in den Problemlösungsprozess einbezogen werden, sondern vor allem auch dadurch, dass die Zusammenarbeit mit Praxisakteuren ein konstitutives Element ist. Zusätzlich zum theoretischen Wissen wird das besondere, zudem häufig auch inkorporierte Erfahrungswissen genutzt, um praxisorientierte Wissensgrundlagen zu gewinnen. Dieser Forschungsansatz zeichnet sich vielfach durch starke Wechselbeziehungen zwischen Forschung, Lehre und Transfer aus.[5] Im folgenden Abschnitt wird nun die Praxis des kollektiven Forschens in den bereits angesprochenen *Schulen* bzw. Ausrichtungen der Ausdruckstanzbewegung bzw. des Modernen Tanzes betrachtet.

2. KOLLABORATIVE PRAXISFORSCHUNG ALS ARBEITSFORM DES MODERNEN TANZES

Die Konzepte des *Modernen Freien Tanzes* wurden bereits in den 1920er Jahre von bedeutenden Tanzkünstlern, Choreographen und Pädagogen unabhängig voneinander in kollegialer, teilweise interdisziplinärer Zusammenarbeit entwickelt: Maja Lex und Rosalia Chladek, welche beide ein künstlerisch-pädagogisches Konzept der Tanzerziehung entwickelt hatten, arbeiteten in damals renommierten privaten berufsbildenden Instituten zur Qualifizierung von Gymnastik- und Rhythmik-Pädagogen. Laban unterrichtete, arbeitete, forschte und studierte mit Unterstützung seiner Anhänger und Schüler an verschiedenen Orten, nicht nur in der *Sommerschule für Kunst* auf dem Monte Verità, sondern er hatte in der ersten Schaffensphase seines Wirkens als Tanzpädagoge und Choreograph auch Schulen in München und in Zürich gegründet, um seine tanzkünstlerischen Ideen und Auffassungen zu lehren und seine Bewegungslehre zu verbreiten. Während das *Chladek-System* und der *Elementare Tanz* innerhalb eines durchaus ähnlichen institutionellen und sozialen Settings entstanden waren, blieb daher das Arbeitsumfeld von Rudolf von Laban, bedingt u.a. durch den Ersten Weltkrieg und seiner Folgen, weniger konstant.

Innerhalb dieser Wirkungs- und Ausbildungsstätten der Protagonisten hatten sich die jeweils dort vertretenen philosophischen Weltsichten, pädagogischen Anschauungen und Wertvorstellungen sowie die ästhetischen Normen, Zeichen- und Symbolsysteme zu einer jeweils eigenständigen pädagogischen und

---

5 | Vgl. dazu u.a. Susan Brandy's Vortrag beim Kongress 2015 der *International Society for the History of Physical Education and Sport* in Split über »transdisziplinäre Perspektiven der Geschichts-, Literatur- und Kulturforschung« sowie die Arbeitsdefinition zum transdisziplinären Forschungsansatz des Evaluationsnetzwerks für transdisziplinäre Forschung in Bergmann/Brohmann/Hoffmann/Loibl/Rehaag/Schramm/Voß 2005:15, ferner Dubielzig/Schaltegger 2004, insbesondere die Seiten 10-11.

künstlerischen Praxis verdichtet, eng verknüpft mit einem zeitbezogenen impliziten und expliziten Körper- und Bewegungswissen.[6] Für unsere Fragestellung entscheidend ist die Tatsache, dass sich die Tanzkonzepte und Tanzpraktiken in kollektiven Arbeitsprozessen und in forschenden kon-kreativen Such- und Vermittlungsprozessen herausgebildet haben. Die hier angesprochenen Konzepte und Praktiken sind daher nicht nur *Meister-Lehren* einzelner herausragender Persönlichkeiten, sondern sie gründen in einem jeweils verinnerlichten Habitus[7], der zu jeweils eigenständigen ästhetischen und methodischen Identitäten führte. Die Ausbildungskonzepte dieser Bildungseinrichtungen waren in der Regel interdisziplinär ausgelegt und beinhalteten die folgenden Aspekte:

- die praktische Durchführung von Bewegungs- und Tanzrecherchen, meistens in der Gruppe,
- die Auseinandersetzung mit den naturwissenschaftlichen, musiktheoretischen und ausdruckspsychologischen Erkenntnissen der damaligen Zeit
- die kon-kreativen sparten- und fachübergreifenden Arbeitsformen.

Eine solche Form des tänzerischen Erforschens erforderte von den beteiligten Akteuren ein hohes Maß an Selbstständigkeit und Beharrlichkeit, Empathie sowie die Bereitschaft, eigene Ziele in geteilte Intentionalität zu transformieren. Ferner war für alle untersuchten Lebenswelten oder *Settings* kennzeichnend, dass ein fachübergreifender Dialog hinsichtlich künstlerischer, philosophischer und pädagogischer Ansätze geführt wurde.

2.1 Kooperative Bewegungsrecherche und künstlerische Forschung auf dem Monte Verità

Die von Rudolf von Laban 1913 auf dem Monte Verità gegründete *Sommerschule für Tanz-, Ton-, Wort- und Form-Kunst* steht hier paradigmatisch für den interdisziplinären Fachaustausch. Der Asconeser Hügel war damals eine lebens-

---

6 | Vgl. dazu u.a. Klein 2014.

7 | Vgl. zum Habitus-Konzept u.a. Krais/Gebauer 2002. Mit dem Begriff des Habitus sind im Allgemeinen vielschichtige Bedeutungen verbunden: Anlage, Haltung, Erscheinungsbild, Gewohnheit, Lebensweise. Pierre Bourdieu bezeichnete die Alltagskultur von Angehörigen bestimmter sozialer Schichten als Habitus. Ein Habitus ist also gesellschaftlich bedingt, er ist nicht angeboren, sondern beruht auf Erfahrungen. Er besteht aus den in der kulturellen Praxis erworbenen, handlungsleitenden Dispositionen (Denk- und Sichtweisen, Wahrnehmungs- und Handlungsschemata) einer sozialen Gruppierung oder Gesellschaftsschicht. Ein Habitus ist somit die Grundhaltung eines Menschen zur Welt und zu sich selbst. Er erzeugt einen spezifischen Lebensstil, der sich in bestimmten kulturellen Praktiken äußert.

reformerische Aussteiger-Kooperative und ein Anziehungspunkt für die intellektuelle und künstlerische Avantgarde der Zeit. Er und sein Dozenten-Team (Maja Lederer, Suzanne Perrottet und Kurt Weysel) erkundeten mit ihren Anhängern und Schülern neue Formen der künstlerischen Praxis. Rudolf von Laban nutzte die Gelegenheit, um – angeregt durch damals diskutierte ästhetische, philosophische und naturwissenschaftliche Ansätze – seine Körper- und Bewegungsforschungen zu systematisieren und Bausteine für eine universelle Tanztheorie zu sammeln. Mary Wigman war dabei zunächst Schülerin, aber bald auch als Assistentin in diese explorierenden, spontanen, künstlerischen und systematisch-analysierenden Suchbewegungen involviert. Die in Gruppen oder auch individuell vermittelte Kunstpraxis geschah zumeist in explorativer und improvisatorischer Weise. Die performativen Studien des Bewegungsunterrichts mündeten teilweise auch in künstlerische und choreographische Stücke: Das auf dem Monte Verità aufgeführte Tanzstück *Der Trommelstock tanzt* (1913) »als hörbar gemachte Rhythmen des Körpers« beinhaltet beispielsweise Labans Versuche, die Rhythmen der körperlichen Bewegung zu erforschen. Diese Experimente erweiterten den damaligen Rhythmusbegriff und waren gleichzeitig eine Auseinandersetzung mit der Lehre von Jacques-Dalcroze. In *Istars Höllenfahrt* (1913) suchte Laban u.a. inspiriert durch die Ausdruckslehre von François Delsarte, nach Möglichkeiten eines korporalen, aber nicht pantomimisch-gestischen Bewegungsausdrucks.[8]

Laban betonte stärker als in den anderen Konzepten und Stilformen den Tanz als eine von der Musik unabhängige Kunstform und betrachtete tänzerische Bewegung als eigenständiges Ausdrucksmittel. Dennoch: In ihren Erinnerungen berichten Suzanne Perrottet und Mary Wigman, wie in den künstlerischen Arbeitsphasen musikalisch mit Stimme und mit instrumentaler Begleitung experimentiert wurde, um die Wahrnehmungssinne der Tanzenden über Geräusche, Klänge, Musik zu sensibilisieren und über den Bewegungssinn die eigene Bewegungsrhythmik erfahren zu lassen.[9] Nach den Schilderungen von Mary Wigman unterrichtete Laban seine Improvisationsstunden nur teilweise in einer sprachlich-diskursiven Form. Vielmehr stand das körperliche Praktizieren im Vordergrund. Auf der Suche nach einer künstlerisch adäquaten Form kamen neben der tänzerischen Praxis auch das gemalte Bild, eine Plastik, oder ein literarischer Text in Frage.[10]

---

8 | Vgl. dazu die vorgetragenen Erläuterungen von Alison Curtis-Jones und Valerie Preston-Dunlop anlässlich der Premiere der von ihnen einstudierten *Re-Kreationen* dieser Tanzstücke beim Laban-Event 2015 in Ascona.

9 | Vgl. die von Sorell 1986: 27-33 sowie Wolfensberger 1995: 112-116, aufgezeichneten Erinnerungen.

10 | Als Labans Assistentin war Mary Wigman auch an seiner theoriegeleiteten Praxisforschung zur Entwicklung der Schwungskalen bzw. der Raum-Harmonie- und Aus-

2.2 Interdisziplinäre Lehre

In der Weiterführung der eigenen Ausbildungserfahrungen und gestärkt durch die kollegiale Zusammenarbeit in ihren Wirkungsstätten hatte sich im künstlerischen und pädagogischen Ansatz von Rosalia Chladek und ebenso von Maja Lex die Relation von Musik und Bewegung zu einem bestimmenden Element ihrer Tanzauffassung herauskristallisiert. Sowohl an der *Günther-Schule* als auch an der *Hellerau-Laxenburger Bildungseinrichtung* konnten die Studierenden einen fachlichen Schwerpunkt im Rahmen ihrer pädagogischen Ausbildung setzen:

a. Körperbildung/Gymnastik
b. Rhythmische Erziehung
c. Tanz

Durch die personelle Besetzung des Lehrkollegiums und durch die Lehraufgaben waren damit an den Ausbildungsstätten bereits ein interdisziplinärer fachlicher Diskurs und eine kursübergreifende, häufig wissensgenerierende oder künstlerisch-forschende Zusammenarbeit angelegt.

2.3 Das kollegiale Umfeld von Rosalia Chladek in Hellerau-Laxenburg

Während Maja Lex am liebsten den Tanz in seiner absoluten Gestaltung, d.h. in der Ausformung seiner Parameter Raum, Rhythmus, Dynamik und Form kreierte und auf der Grundlage dieses ästhetischen Konzepts ihren didaktischen Ansatz[11] geschaffen hatte, lag bei Rosalia Chladek der Ausgangspunkt ihrer künstlerisch motivierten Körper- und Bewegungsforschung in der Entwicklung einer systematischen Methode des tänzerischen Körpertrainings, die weniger auf stilistischen, sondern auf naturwissenschaftlich-biomechanischen Prinzipien beruhen sollte.[12] Angeregt zu diesen Bewegungsstudien wurde Rosalia Chladek vor allem durch ihre Lehrerin Jarmila Kröschlová, die

---

druckslehre beteiligt, ebenso bei seinen ersten Versuchen zur Entwicklung einer Tanzschrift. Bei diesen Experimenten war sie allerdings eher in der Rolle eines Modells und Versuchsobjekts. Siehe dazu Sorell 1986: 32. In Labans späteren Schaffensphasen beruhte die systematische Ausarbeitung seiner Gedanken und Lehren (Choreutik und Eukinetik, Notation und Bewegungschor-Didaktik) ebenfalls auf einer intensiven Zusammenarbeit, Zuarbeit und kollegialen Loyalität seines Mitarbeiterstabes.

11 | In der Günther-Schule in Zusammenarbeit mit Gunild Keetman. Vgl. zur Entwicklung des *Elementaren Tanzes* Padilla 1990: 245-271.

12 | Siehe Chladek 1935: 21-33 und Schneider/Servos 1992: 154-159.

bis 1924 im Ausbildungsgang von Rosalia Chladek in Hellerau u.a. das Fach Körperbildung unterrichtete.[13] Jarmila Kröschlová (1893-1983) brachte durch ihre eigene Ausbildung in Mensendieck-Gymnastik, Rhythmik- und Musiktheorie-Kenntnisse und -Qualifikationen mit, die sie in ihrem Unterricht an der Neuen Schule Hellerau miteinander verknüpfte.[14] Beteiligt an den explorierend-analysierenden Bewegungsrecherchen waren außerdem Studienkolleginnen von Rosalia Chladek, die ebenfalls Mitglieder der Hellerauer Tanzgruppe waren und die nach dem Studium auch dem Laxenburger Lehrteam angehörten: Marianne Pontan (1901-1973) brachte als ehemalige Schülerin von Elsa Gindler und Absolventin der Schule Hellerau umfangreiche Erfahrungen in der Laboratoriumsarbeit mit und half Rosalia Chladek bei der Weiterentwicklung der Inhalte und Übungsformen des Faches Körperbildung zu einem tanztechnischen Trainingssystem.[15] Vermutlich waren darüber hinaus auch Annsi Bergh (1900-1932) und Mary Agnes Hougberg (1898-1964), die ebenfalls Mitglieder der Tanzgruppe und des Laxenburger Lehrkörpers waren, an den Bewegungsforschungen beteiligt. So gelang es Rosalia Chladek und ihren skandinavischen Mitstreiterinnen, die *Hellerau-Laxenburger Gymnastik*[16] zu einem besonderen Qualitäts- und Markenzeichen zu entwickeln.

Bei der bisweilen nächtelangen gemeinsamen praktischen Erprobung von Bewegungsabläufen in ihrer anatomisch-funktionellen Folgerichtigkeit kam Rosalia Chladek ihre feingliedrige Körperkonstitution und ebenso ihre differenzierte Wahrnehmungs- und Beobachtungsfähigkeit zugute, ferner ihre intellektuelle Abstraktions- und Analysefähigkeit. Das Experimentieren und genau erspürende Beobachten von Bewegungsabläufen, von Körperreaktionen und Spannungsmomenten, am eigenen Körper oder auch in der Beobachtung und im Kollektiv, wurde auch beim gemeinsamen Improvisieren, beim Unterrichten oder bei den

---

13 | An der unter der Leitung der von Christine Baer-Frisell, Valeria Kratina und Ernst Ferand im Jahr 1919 wiedereröffneten *Neue Schule für Rhythmik, Musik und Körperbildung* war die *Künstlerische Körperbildung* und das gesamte Fächerangebot bereits stärker auf Tanz ausgerichtet als in der früheren, von Jaques-Dalcroze gegründeten *Bildungsanstalt für Musik und Rhythmik*. Vgl. u.a. Hirmke-Toth 2010: 65f.

14 | Jarmila Kröschlová war bereits in der Mensendieck-Gymnastik geschult, bevor sie ein Jahr bei Émile Jaques-Dalcroze in Genf studierte und anschließend zur Neuen Schule Hellerau wechselte. Sie unterrichtete dort bis 1924 den Ausbildungsbereich der Körperbildung.

15 | Marianne Pontan leitete in Laxenburg bis 1932 den Ausbildungsbereich der Körperbildung. Danach ging sie nach Paris und gründete dort eine Schule, 1940 emigrierte sie nach Mexiko. Durch ihr Studium bei Elsa Gindler war sie vermutlich auch mit den Prinzipien von Hede Kallmeiers Ausdrucksgymnastik vertraut.

16 | Siehe Michel (1928) in *Vossische Zeitung, Berlin, Nr. 548*, A-A in: Peter (Hg.) 2015: 259 sowie Oberzaucher-Schüller/Giel 2002: 31-49.

Tanzproben fortgesetzt. In kollegialen Reflexionsprozessen im schulinternen Umfeld und gelegentlich auch mit außenstehenden Akteuren, z.b. anlässlich von Schulvorführungen, wurde das Konzept immer wieder auf den Prüfstand gesetzt, reflektiert und auf das Wesentliche verdichtet und verfeinert. Diese Validierung ihrer Technik setzt Chladek auch in ihren weiteren Arbeitsstätten fort. Zusammen mit ihren Mitstreiterinnen hat sie über den Weg einer praktisch-empirischen Forschung zu der nach ihr benannten Tanztechnik gefunden.

Entscheidend in ihrer Lehrweise bleibt das Kriterium des eigenen individuellen Erprobens und das körperlich-kinästhetische Erleben und Erfahren der von ihr formulierten Prinzipien. Daher beruhte ihr Unterricht in der Körper- und Bewegungsbildung insbesondere auf verbalen Bewegungsaufgaben und Bewegungsanweisungen, Hands-On-Praktiken und stimmlicher Begleitung. Damit ließ Chladek ihre Schüler auch ihren eigenen Erkenntnisweg, der überwiegend in Kollektiven stattgefunden hat, im Unterricht nachvollziehen. Rosalia Chladek nutzte auch das Mittel des intermedialen Transfers, d.h. die Studierenden hatten Bewegungszeichnungen anzufertigen, Raumwegskizzen, die zu ornamentalen Kunstwerken verarbeitet wurden, oder es wurden Bildvorlagen benutzt, um sich in Formen des Körper- und Bewegungsausdrucks hineinzuversetzen. Die Analyse der Arbeitsweisen von Laban und von Chladek zeigen, dass bereits in der Moderne der interdisziplinäre kollegiale Austausch sowie der domänenübergreifende, intermediale Transfer bedeutsame Mittel des Erkenntnisgewinns darstellten.[17] Im letzten Teil dieses Berichts sollen einige zentrale Arbeitsergebnisse des Kölner Tagungsprojekts (2015) vorgestellt werden.

3. Schlussfolgerungen aus den Kölner Tanz-Laboratorien

Die Tanz-Laboratorien der Kölner Tagung gründeten auf den kollaborativen Arbeitsweisen und interdisziplinären Arbeitsformen des Modernen Tanzes, in denen diese damals neuen Techniken sowie tanzästhetischen Ausdrucksformen entwickelt, erprobt und weitergegeben wurden. Im Tanz ist diese Form der Übertragung impliziten Wissens über den Weg der Propriozeption und des natürlichen Gedächtnisses konstitutiv und in Verbindung mit dem kom-

---

17 | Die Methode der Intermedialen Transformation wird in dem Beitrag von Susanne Quinten zu dem vorliegenden Band (»Kinästhetische Kommunikation und intermediale Wissenstransformation als Forschungsmethoden in tanzkünstlerischen Kontexten«) weiter erläutert und diskutiert.

munikativen Austausch von und über Bewegungen als Methode der Wissensgenerierung und des Erkenntnisgewinns effizient.[18]

In den Tanz-Laboratorien und begleitenden Panels der Kölner Tagung wurden vor allem Gemeinsamkeiten hinsichtlich ihrer bevorzugten induktiv-explorierenden Methodik deutlich. Darüber hinaus zeigte sich im Chladek-System und im Elementaren Tanz eine weitgehende Übereinstimmung im bewussten Umgang mit musikalischen Strukturen. Die Wechselbeziehung von Bewegung und Musik hat in beiden Tanzstilen einen hohen Stellenwert. Die Choreografien zeigen eine größtenteils analoge Umsetzung von rhythmischen oder musikalischen Strukturen, wenngleich sie darüber hinaus wegen des dramaturgischen Spannungsbogens gelegentlich auch rhythmische Kontrastierungen enthalten. Dennoch besitzen die Konzepte der Protagonisten auch ihre Spezifika und Eigenheiten. Diese finden wir insbesondere im Tanzverständnis und in der Wahl der bevorzugten Sujets für die künstlerische Auseinandersetzung und Ausgestaltung. Rudolf von Laban suchte mit seinen Experimenten nach neuen Klangharmonien und rhythmisch-dynamischen Phrasierungsmöglichkeiten tänzerischer Bewegungen und regte zu einer tiefgehenden Beobachtung der körperlichen Artikulationsmöglichkeiten sowie der Rhythmisierung von Körperbewegungen und den Verbindungen zwischen Tanz, Ton, Wort an.[19] Dadurch erweiterte sich das Spektrum der tänzerischen Ausdruckmöglichkeiten und verhalf dem Tanz zu einer stärkeren Autonomie.

Obwohl die unterschiedlichen Ausprägungen des Modernen Tanzes die damals praktizierten Inhalte und vermittelten Grundsätze der gymnastischen Körper- und Bewegungsbildung als Grundlage der körpertechnischen Ausbildung nutzen, ist die Akzentuierung und Binnenstrukturierung dennoch unterschiedlich.[20] Im Ausbildungskonzept des *Chladek-Systems* hatte das Fach Körperbildung mit seinem forschend-analytischen kinesiologischen Zugang einen herausragenden Stellenwert. Im *Elementaren Tanz* der Güntherschule war die bewegungstechnische Schulung eng mit der musikalisch-rhythmischen verknüpft, und die Verflechtung von Tanz und Bewegungsbegleitung

---

18 | Vgl. dazu Brinkmann 2012, insbesondere 171f. und 301 sowie Shusterman 2005: 119-140.
19 | Vgl. dazu Wolfensberger 1995: 112f. sowie Maletic 1987: 6 und 36.
20 | Die Grundlage der tänzerisch-gymnastischen Körper- und Bewegungsbildung liegt zu einem beträchtlichen Teil in den Körperübungen des Delsartismus, welche von Bess M. Mensendieck, Hede Kallmeyer und Käthe Ulrich ab 1910 in jeweils eigener Lesart gelehrt, aber auch mit weiteren Bewegungsmethoden vermischt und weiterentwickelt wurden. Vgl. dazu u.a. Oberzaucher-Schüller 2012.

erfuhr eine größere Gewichtung. Die tänzerische Gymnastik von Rudolf von Laban besaß durch die Raum-Skalen einen zusätzlichen Fokus.[21] Wenn wir den Wandel der Vermittlungspraktiken der unterschiedlichen Ausprägungen des Modernen Tanzes betrachten, stellen wir fest, dass sich die tanzästhetischen und methodischen Unterschiede inzwischen nivelliert und die inhaltlich-strukturellen Besonderheiten im zeitgenössischen Tanz zumindest angeglichen haben. In der gegenwärtigen Tanzpraxis sind ihre spezifischen Identitäten nur noch selten in den künstlerischen Arbeiten sichtbar, sondern vor allem in den Traditionslinien, dem propagierten Selbstverständnis und den Settings ihrer Vermittlung erkennbar.

LITERATUR

Bergmann, Matthias/Brohmann, Bettina/Hoffmann, Ester/Loibl, M. Céline/Rehaag, Regine/Schramm, Engelbert/Voß, Jan-Peter (2005): *Qualitätskriterien transdisziplinärer Forschung. Ein Leitfaden für die formative Evaluation von Forschungsprojekten*, Frankfurt a.M.: ISOE-Studientexte Nr. 13.

Brinkmann, Stephan (2012): *Bewegung erinnern. Gedächtnisformen im Tanz*, Bielefeld: transcript.

Chladek, Rosalia (1935): Tänzerische Erziehung, in: René Radrizani (Hg.) (2003), *Rosalia Chladek Schriften & Interviews*, Wilhelmshaven: Florian Noetzel, S. 21-23.

Hirmke-Toth, Herta (2010): *Rhythmik in Hellerau-Laxenburg. Die pädagogische Arbeit der Schule Hellerau-Laxenburg 1925-1938*, Saarbrücken: Südwestdeutscher Verlag für Hochschulschriften.

Klein, Gabriele (2014): Praktiken des Tanzens und des Forschens. Bruchstücke einer praxeologischen Tanzwissenschaft, in: Margrit Bischof/Regula Nyffeler (Hg.), *Visionäre Bildungskonzepte im Tanz. Kulturpolitisch handeln, tanzkulturell bilden, forschen und reflektieren*, Zürich: Nomos, S. 103-113.

Krais, Beate/Gebauer, Gunter (2002): *Habitus*, Bielefeld: transcript.

Maletic, Vera (1987): *Body – Space – Expression. The Development of Rudolf Laban's Movement and Dance Concepts*, Berlin, New York, Amsterdam: Mouton de Gruyter.

Michel, Artur (1928/2015): Hellerau-Laxenburger Gymnastik (Vossische Zeitung, Berlin, Nr. 548, A-A vom 19.11.1928), in: Frank-Manuel Peter (Hg.), *Die Tanzkritiken von Artur Michel in der Vossischen Zeitung von 1922-1934*, Frankfurt a.M.: Peter Lang.

---

21 | Die von Irmgard Bartenieff entwickelten Basisübungen zur Körperintegration gehen auf diese Grundlage zurück.

Nelson, Robin (2013): *Practice as Research in the Arts. Principles, Protocols, Pedagogies, Resistances*, Chippenham: Pallgrave MacMillan.

Oberzaucher-Schüller, Gunhild/Giel, Ingrid (2002): *Rosalia Chladek. Klassikerin des bewegten Ausdrucks*, München: Kieser.

Oberzaucher-Schüller, Gunhild (2012): Der Delsartismus als Zeitzeichen, in: Mathias Spohr (Hg.), *Tanz der Zeichen – 200 Jahre François Delsarte* (Kodikas/Code – Ars Semeiotica. An International Journal of Semiotics 35, 3/4, Themenheft), S. 319-334.

Padilla, Graziela (1990): Inhalt und Lehre des Elementaren Tanzes, in: Eva Bannmüller/Peter Röthig (Hg.), *Grundlagen und Perspektiven ästhetischer und rhythmischer Bewegungserziehung*, Stuttgart: Klett, S. 245-271.

Schneider, Detlef/Servos, Norbert (1992): Den Menschen einen Weg weisen, in: René Radrizzani (Hg.) (2003), *Rosalia Chladek. Schriften & Interviews*, Wilhelmshaven: Noetzel, S. 154-159.

Shusterman, Richard (2005): *Leibliche Erfahrung in Kunst und Lebensstil*, Berlin: Akademie-Verlag.

Sommerfeld, Peter (2000): Forschung und Entwicklung als Schnittstelle zwischen Disziplin und Profession, in: Hans-Günther Homfeldt/Jörgen Schulze-Krüdener (Hg.), *Wissen und Nichtwissen. Herausforderungen für Soziale Arbeit in der Wissensgesellschaft*, Weinheim: Juventa, S. 221-236.

Sorell, Walter (1986): *Mary Wigman. Ein Vermächtnis*, Wilhelmshaven: Noetzel.

Wolfensberger, Giorgio, J. (1995): *Suzanne Perrottet – Ein bewegtes Leben*, Weinheim, Berlin: Quadriga.

INTERNETQUELLEN

Candy, Linda (2006). *Practise Based Research: A Guide*: www.creativityandcognition.com/resources/PBR Guide-1.1-2006.pdf (letzter Zugriff: 15.7.2015)

Dubielzig, Frank/Schaltegger, Stefan (2004). *Methoden transdisziplinärer Forschung und Lehre. Ein zusammenfassender Überblick*. Lüneburg: Centre for Sustainability Management e.V.: http://www2.leuphana.de/umanagement/csm/content/nama/downloads/download_publikationen/49-8downloadversion.pdf (letzter Zugriff: 15.11.2015)

Hill, Burkhard (2013). *Fallverstehen – Handlungsforschung – Praxisforschung. Drei sozialwissenschaftlich begründete Zugänge zur Erforschung der Kulturellen Bildung*. www.kubi-online.de/artikel/fallverstehen-praxisforschung-handlungsforschung-drei-sozialwissenschaftlich-begruendete (letzter Zugriff: 15.7.2015)

Teil II: Künstlerisch-kreative Kontexte

Beyond the Ordinary
On Artistic Research and Subversive Actions through Dance

Efva Lilja

> I was invited as Keynote Speaker by *Gesellschaft für Tanzforschung* for the conference on *Practice as Research*. My keynote was presented as a performing lecture. I danced, talked, whispered, hummed, showed films, played music and exemplified my talk through scores and drawings. None of this is printable. So, I have done a special version for this publication, trying to get to the core of my talk/performance. Please join me for this journey: Beyond the Ordinary.

What is the significance of standing still? Death offers stillness, but once dead you can neither stand nor dance. The muscles that keep your skeleton upright demand an active heart. Standing still is therefore the simple way of saying that you are standing up without doing anything else.

Dance originates in stillness. That is a fact. Movement overtakes thought and initiative. In the search of meaning, it is the body that transports the movement toward a physical and intellectual context. Dance can drown the background noise of living and the maze of politics, making us aware of thoughts so frail that they splinter from a single breath. The body can articulate what the tongue cannot. Words often turn up the volume and get stuck, halfway. A movement is always heard. Sometimes I imagine that there are just a certain number of words, a certain number of movements. When we have used them up, we stand without a language. Dumbstruck. What happens then? No poetry, no songs, no conversation, no arguing, no laughter or cries for help will be heard. No stepping, no climbing, no jumping, no rolling or lovemaking. One can imagine that everything continues within the body as inner thoughts and movements. What if that's how it works?

Inside you there are thoughts, emotions and feelings in a haphazard mixture. They mess around among muscles and organs, get caught up in some joint or other skeletal part, slip off and move on. The more you listen, and you must listen closely, the messier it gets. The sensuous experience of a body in movement, offers an expression of the whole complexity of living – through dance. With an inward focus, whatever sound or movement escapes the body, will be involuntary and uncontrolled. Like a growling and grinding murmur; like occasional screaming or shaking. This may come as a surprise to others ... but what does it matter, when it is your inside dancing?

Inner movement can also cause imagined action or events. These are often thought- provoking. Inner dancing knows no gravity, no conventions and no shame, not even for the most intimate. Anything can happen – and it does. Opening one's eyes and looking out may cause a sense of loss, at least of compromise. Obstacles arise. What is self-evident on the inside is difficult to translate to a constrained outward life, always strangling the simple and natural inner dance. It makes you tempted to keep your eyelids shut. That kind of blindness to the outside and to others is an unsustainable isolation. The surrounding world puts demands on you. Keep on dancing, here and now. Dance is the instantaneous art. It is often said that it exists only in the moment when we share, take part and witness it. But it also exists in the exclusive inner world of the onlooker, who can sense it, listen to it.

I choreograph the process of thinking, transposed to linguistic levels where dance/movement are one and text/imagery/chatting are another. Practical and theoretical knowledge gives rise to insights that take me forward from doing and thinking. The work becomes a place for experiments that stretch the limits of what is possible, for the process that will re-formulate the present with new signs, words and movements, and for that which cracks up the linear in favour of enhanced moments and states. It stretches and expands territories, translates the perceived reality and linguifies it in new ways. Add to these standpoints also the question of a distinction between dance and choreography.

Photo 1: Evfa Lilja photographed by Viktor Andersson.

POLITICAL TURBULENCE

In a period of political turbulence, sharing space becomes even more significant. If mind and body are occupied with notions of the existence, that are out of synchronization with what is seen as normal and acceptable, it is a good idea to try alternative expressions. A choreographed event is a challenge that offers imagery we can use as an interpretation of reality where political processes, everyday acts and the easily recognizable is tested, retried and given new expressions. Hence, I am in movement, in language, in a state of readiness for an action that is inevitably political.

With this definition, choreography represents a linguification through movement. The movement can be mental or physical. We can see what you think; we can see what you do. How we act, through movement, has a greater impact than what we say. Knowledge in and about choreography as action and thought will develop through experience, studies and research that offer the expert knowledge needed for specificity. Your choreographic practice develops in relation to other practices, in relation to traditions, conventions, and cultural attitudes to both art and politics. Choreographic techniques offer tools for the composition of actions, physical and mental movements. Sometimes this turns into dance.

More and more artists seek strategies to affect society through art, empower the individual to take a stand and act to make a difference. This demands movement. To make it work, you need knowledge, not least about yourself and the confidence to enter into dialogue with others, with one another. An investment in democracy and solidarity through action. Weighty words, hard to use, but I insist. Through choreographic action, we are stimulated to think beyond what has already been said, beyond what we have already seen, beyond what we thought we know. Reality is re-formulated and reshaped into alternative imagery and events. All senses are activated to motivate living, even in the face of the incomprehensibilities that so-called reality presents us with. Language lives in the body, where movement is the foundation of thought. Choreography is the practice of thought converted to survival strategies through action. Love's conversation is dance.

The Artist as Researcher

Seeing the world with the eye of an artist means watching, listening and using your knowledge and intuition to relate to the present without taking anything for granted. It also means questioning, rethinking and broadening your vision. It entails finding a new methodology for thought and meeting the politically complex challenges of modern society and modern cultural contexts – through art. Thoughts and actions are often limited by cultural, social, moral, economic or other restrictive conventions that shape our ideas about what is possible. Most of us think rather narrowly and accept the limitations we have experienced as given. To remove these limitations we must position ourselves actively.

Art as a space for liberated thoughts, something that activates as opposed to pacification through consumption, is on the move from the market to academia. Artistic research provides an environment for critical dialogue, development of methods, theories and practices that slowly change the concept of art and what art can do. The fields of research within the arts are wide and manifold – just as they are in science. Attempts to neatly categorise and streamline them, to create simplified models would be a disservice to art. Development and innovation are driven by the dynamics of dissent, by different practices, cultures and forms of expression – if we are able to articulate them. To my experience, theatre, dance and choreography have a weak representation in the academic context. At the same time many artists in these fields have very advanced research processes in relation to their professional practice. We develop methodologies, theories and forms of organisation and presentation on par with other fields of knowledge. As researchers we participate in the evolution of art and in doing so insist on a redefinition of markets and commercial values. This is where education, research and artistic practice interact. Methodologies are developed through practice and theories established by theorising this practice. Communicating ideas in writing is the channel through which we share our thinking with others, various kind of text/documentation being more discursive than a work of art. Artistic research processes allow room for essayistic writing, performative and contextualised expressions and the extraction of terms and concepts from works of art. By communicating findings to others, we gain not only additional inputs for our own work, but can also have an impact on arts education, on other fields of research and ultimately on social attitudes to art.

A theory might be defined as a collection of related notions, which together form an image or an explanatory model for an artwork, or some other object of research. As researchers we explore art in a context and formulate this by positioning the work.

For a theory to be valid it must have an explanatory quality and contribute to the understanding of a subject among peers. It must be meaningful to those with competence in a specific field of knowledge (read *art*). Many artists present theoretical reasoning in their work and their research contributes to the evolution of artistic theories. There are plenty of good examples in research documentation and dissertations, but also in books and web publications by artists outside academia. These contributions can support methodological development and also further production and communication.

We may be unaware of the evolution of artistic theory or doubt its relevance. Artistic education most frequently references theories from the humanities. This is the case when we operate in an environment that does not respect art as a basis for research, or, in keeping with old competitive conventions, hesitate to give credit to fellow artists and researchers. We must overcome these conventions by getting into the habit of quoting and referencing each other. We need to identify the system we are a part of and redefine our role within the power hierarchy that runs it. Still – we need a great diversity of theories and methodologies, and for this many of us turn also to the humanities.

ON THE MOVE

We must constantly re-examine the structures that frame our work as artists and researchers. If they appear to be too limiting or wrong in other ways, our task is to make constructive proposals for alternative systems or regulations. Regulations should be designed to further transparency, to provide legal protection and ensure quality. Regulatory frameworks can be evolved and changed if need be, as long as we work with partners with whom we can reason. The collegial and democratic systems prevailing in universities and other research institutions should enable us to do this.

Artists' careers are dependent on political, social and cultural factors. The common understanding is that we have to become more flexible, partly because we have digital media at our disposal, partly because more of us reach a global market. This flexibility leads to quickly shifting trends, tendencies and conditions for work and research. The demand is not simply for products/works of art, but also the ability to pursue a process, to integrate it in other contexts, or to take part in various kinds of innovative activities. It is clear that artists are increasingly looking for completely different modes of artistic presentation and giving rise to new communicative strategies rather than continuing to produce objects or performances for traditional venues, such as theatres, galleries and concert halls.

In my book *Art, Research, Empowerment*, I claimed that more and more performing artists in different countries show an interest in artistic research. Even the big market players move into this area. Museums, theatres and galleries host research projects outside of the academic context. *The Arts Catalyst* in London produces projects that »experimentally and critically engage with science« (www.artscatalyst.org/content/about-arts-catalyst). They place the emphasis on playfulness and the kind of risk-taking that triggers a dynamic discussion about our transforming world. A forum such as *Documenta* in Kassel exhibits scientific processes and findings as art. Art is presented within scientific fora like the *European Organisation for Nuclear Research, CERN*. The *Tensta Konsthall* in Stockholm co-operates with scientists and artistic researchers, and there are more artist-driven fora that present artistic research in the performing arts appear all over Europe: *PAF* (Performing Arts Forum) in Saint-Erme-Outre-et-Ramecourt, *weld* in Stockholm, *Les laboratoires* in Auberviller, *ICK* (International Choreographic Arts Center) in Amsterdam, *BadCo* in Zagreb and the organisation *SAR* (Society For Artistic Research).

There are individual artists who exhibit this interest, like choreographers Emio Greco, Jan Fabre and William Forsythe, who have all started their own research labs. Wim Vandekeybus has research activities as well as DV8. They are all men. Many women do research, but they rarely build organisations or structures around their projects. One exception is choreographer Anne Teresa de Keersmaeker and P.A.R.T.S., who set a new research programme in motion this year. The artist Agnes Meyer Brandis is somehow doing the same thing with *Forschungsfloss für Unterirdische Riffologie, ffUR*. Look at Mette Ingvartsen, who is a prominent representative for the concept of text in choreography. Check her research practice! Another recent example from the *market place* is the Danish project *RISK* where 24 choreographers document and share their processes and methodologies in a blog, also published as a book in 2015. Look out for the younger generation of artists, look at the home pages of innovative artists you are interested in. Many of them have a tab that says *Research*. This is a new challenge to the market, to the higher artistic education and for artistic research.

WHAT WE DO IN ACTION

I don't believe in opportunism. I believe in the importance of knowledge, critical thinking and action. Progress is not driven by norms or averages. We must go beyond the ordinary. Research and innovative artistic activity challenge conventions and stretch the limitations that fence in our thinking and our practice. For choreography to be relevant, it must work as a translation of both movement and touch, of time and space as perceived realities.

What if I say that choreographic action and conduct represent a linguification through movement? The movement can be mental or physical. The physical representation of a visible body is the thought's abode. I believe that what we do in action, in movement, has greater impact than what we speak. Choreographic techniques give me tools for the composition of actions, of physical and mental movements. I do, I explore, I evaluate, I discard and occasionally I arrive at a good dialogue. In *doing* I take the body as a starting point, in *thinking* I deal with time. The attitude to time (forwards-backwards, upwards-downwards or circular), the attitude to the techniques of narration (impressions, imprints, conditions) and the attitude to language (text, imagery, sound) are absolutely crucial.

In everyday life we move between physical and digital rooms, often by unreflected passages. I draw my passages in choreography, words and imagery. In the last few years they find their form in site-specific works, in books or in images generated by body, paper or Plexiglas, on to walls or ceilings. I explore my abilities in relation to the space/room and my choreographic intention. I explore and research within and through dance, in dialogue with a rapidly changing surrounding world that constantly demands artistic and political positioning.

Much of what goes on in that day-after-day racking of the brain is unspoken, something given. Personally, I have an urge to express what I'm doing, how and why. I do this by scrutinizing my conduct, by documenting the work, by drawing, writing, dancing and speaking. I train myself in the techniques of unmasking by treating also scrutiny as choreography. I choreograph the process of thinking, transposed into linguistic layers where dance/movement is one and text/imagery/narration is another. Practical and theoretical knowledge is formed, as well as insights into what moves me onwards based on doing and thinking. I speak of experience, from experience. I speak about the hierarchies that guide language, art, and everyday life, about different power structures and about where the right of interpretation lies.

A Survival Strategy

Living close to art can be a survival strategy at a period when the stupidity of commercialization is dressed up as a concept of wellbeing. I work with, for, within and through choreography in close cooperation with other fields of knowledge. The work expands and widens territories, translates the perceived reality and linguifies the present in new ways. Choreographic work is an attitude towards a definition of art that has taken hold in our Western world and keeps pressing on. I'm in movement, in language, in readiness for the action that will inevitably be political.

Every human is her loneliness. We live it and occasionally share pieces of it with others in return for theirs. Most of that exchange is physical. For a considerable time during my career I worked in silence, often criticized by dancers who considered my explanations poor and asked for more. For me it was a way of creating trust and demanding from each participant an active choice – a listening to the movement. This way of working demands continuity over time. Now, that I don't have a company to work with, new choreographic techniques evolve from the linguistic transposition. Rethinking the balance between words and physical expressions I now seek the unbalance, asymmetry and instability that activates all senses and demands from the onlooker a measure of creativity.

In daily positioning, such as the relation between the process and the product or the performer and the audience, or how representative we find the work – all that must be formulated over and over again. What validates the work? What forces it into dialogue? By choosing artistry and choreography as a method and practice of thinking, I can rethink, reformulate and offer new interpretations. I break the linear narration by insisting on a development of movement as unfolding. The performance, the exhibition, the book and the image all become expressions of a state of mind.

Putting yourself at the disposal of your memories, experience, knowledge, doubt and whatever else there is to draw from, gives you unreserved answers. The choreographic process puts at risk what I have previously learnt through doing, testing and retesting experiences in both practice and theory. I conquer, discard and offer a process of both exploring and conquering in the moment of departure. Trust and faith in the work is a prerequisite for taking a risk that can lead to failure or its opposite. You live and work in the balance between vulnerability and strength.

So, I crawl, walk, run and jump. I fall and rise up in a direction I choose. I prefer forwards. Sometimes I have to step back to get an overview of the choices I've made, to understand better what they have brought with them.

Photo 2: Drawing by Evfa Lilja, photographed by herself.

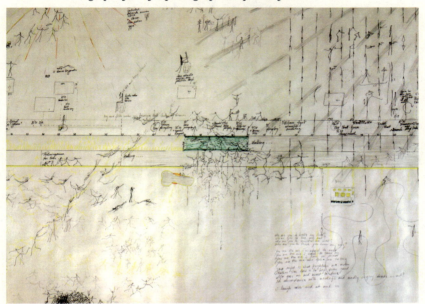

CONCLUSION

Our artistic work presents an attitude to living as a political force and as loving care for mankind. Art must be a meeting point where the rational collides with the irrational, a meeting point for that which widens the democratic room by giving the individual a voice. It is where you meet what you want to meet or what you neither want to see nor hear. You meet what is beautiful, ugly, disgusting, provoking or just palatable – and you enjoy it. The world and everyday life as we live it offers a messy, complex existence. We are confronted with understandable and incomprehensible cultures in competition for both space and attention. Art sharpens our senses. All these impressions find their form in thoughts and deeds. They demand that we take a stance. Most often we look at art as mirroring, as provocative or as a way to aestheticize society and politics, but we could also look at what the context and the terms for art production tell us about politics. We could look at what it means to be an artist instead of looking at what is produced. The shifts in the market and the political landscape in Europe, affect the conditions for artists to do work; to educate, to research, to produce. Don't trust anyone who treats you like you're ordinary.

The presence of art throughout the educational cycle and in research is crucial for progress in society. It provides the basic cultural understanding needed to sustain human dignity, self-respect and curiosity. It can kindle hope and a belief in a possible future, beyond productivity, daily sustenance and an economic career. In basic education *art* is often used instrumentally as a means of learning, to improve dynamics within a group and as a means for the students to stay healthy. That means taking away from our children a chance to find their own cultural identification and to find a way to art – as art.

Since our philosophy of life shapes our outlook, the image generated by art is crucial to how we interpret the world. Art allows us to be provocative, to question, to reflect or to confirm and hence to test social ideologies. It can be difficult to take the risks that experimental or controversial practice entails. Yet, if we are to contribute to progress and innovation we must be able to develop and test ideas for which there is as yet no demand. Choreographic work is in itself a standpoint in our western culture and a way to carry it forward. We just have to acquire methods of constructive rebuttal in order to learn how to fly high without crashing into veiled impediments.

REFERENCES

Lilja, Efva (2015): *Art, Research, Empowerment. On the Artist as Researcher,* Stockholm: Regeringskansliet, Retrieved from: http://www.government.se (last access: 26.5.2016).

Lilja, Efva (2012): *Do You Get What I'm Not Saying? On Dance as a Subversive Declaration of Love,* Lund: Ellerströms.

FURTHER INTERNET REFERENCES

www.artscatalyst.org/content/about-arts-catalyst (last access: 26.5.2016).
www.efvalilja.se

PHOTO CREDIT

Viktor Andersson, Evfa Lilja

Notation – Reflexion – Komposition
Die Etüde »Starting Point« von Jean Cébron

Stephan Brinkmann und Henner Drewes

Tänzerische Praxis als Forschung zu verstehen, bedeutet die eigene Kunstausübung zu reflektieren, zu dokumentieren und die Ergebnisse dieser Recherche einer Öffentlichkeit zugänglich zu machen. Im günstigsten Falle kann dadurch Wissen generiert werden oder sogar neue Tanzkunst entstehen.

Der folgende Beitrag beschreibt ein Projekt, das zwischen Herbst 2015 und Frühjahr 2016 für die *Biennale Tanzausbildung* in Köln entstand. Die *Biennale Tanzausbildung*, erstmalig 2008 in Berlin durchgeführt, versammelt alle wichtigen Ausbildungsinstitute für professionellen Tanz in Deutschland, um die gesellschaftliche Anerkennung von Tanz zu stärken und den Austausch der Ausbildungsstätten untereinander zu fördern. Für eine Woche kommen die Schulen, Hochschulen und Universitäten für Tanz zusammen, um sich über ein vom Gastgeber gestelltes Thema in unterschiedlichen Formaten wie z.B. Unterrichtsstunden, Workshops oder Vorträgen auszutauschen. Eine am Thema orientierte Präsentation jeder teilnehmenden Institution wird der Öffentlichkeit zu Beginn der Biennale an zwei aufeinanderfolgenden Abenden an einem professionellen Spielort vorgestellt. Themen der vergangenen Biennale-Veranstaltungen waren *Modelle der Rekonstruktion* (Essen 2010), *Kulturerbe Tanz* (Frankfurt 2012) und *Education – Profession. A creative process* (Dresden 2014). Die 2016 in Köln durchgeführte Biennale stand unter dem Thema *Reflexion und Feedback* und nahm sich zum Ziel, Recherche- und Rückkopplungsprozesse in künstlerischen Kontexten in den Blick zu nehmen. Als dieses Thema an die Folkwang Tanzabteilung herangetragen wurde, fiel unser Blick auf eine an Folkwang mitentwickelte Methode, welche noch immer ein wichtiger Teil der Ausbildung ist und die Praxis und Theorie sowie Reflexion und Intuition exemplarisch zusammenführt: die *Kinetographie Laban*.

DIE KINETOGRAPHIE LABAN

Rudolf von Laban veröffentlichte 1928 sein nach ihm benanntes Notationssystem, welches sich in der Folge zu einer der bedeutendsten Methoden zur Dokumentation von Tanz des 20. Jahrhunderts weiterentwickelte (Laban 1928). Schon bald übernahm Albrecht Knust, ein Schüler Labans, eine wichtige Rolle bei der Perfektionierung der Kinetographie. Nachdem Folkwang-Mitbegründer Kurt Jooss nach dem 2. Weltkrieg aus seinem Exil in England an die damalige Folkwangschule zurückkehrte und die Leitung der Tanzabteilung übernahm, holte er Knust nach Essen, damit alle Tanzstudenten auch Unterricht in Tanzschrift erhalten konnten. Von den angehenden Tänzern wurde schon damals nicht nur erwartet, Bewegungen auszuführen und zu reproduzieren. Vielmehr sollte ein tiefer gehendes Verständnis der theoretischen Hintergründe geschaffen werden. Seit dieser Zeit ist die *Kinetographie Laban* ein fester Bestandteil der Folkwang Tanzausbildung. In diesem Kontext dient die Notation nicht vorrangig der Dokumentation von Bewegungsabläufen und Choreografien, sie vermittelt vielmehr eine fundierte theoretische Basis der Bewegungsanalyse.

Nichtsdestotrotz konzentrierte sich Knust in der Weiterentwicklung der *Kinetographie Laban* bis zu seinem Tod hauptsächlich auf die Präzision und Integrität des Systems zum Zwecke der Dokumentation (Knust 1979). Im Gegensatz dazu wurden besonders im angelsächsischen Raum im gleichen Zeitraum andere Bereiche der Labanschen Bewegungslehre im Hinblick auf ein breiter gefächertes Anwendungsspektrum weiterentwickelt. Unter Bezeichnungen wie *Laban Movement Analysis*, *Bartenieff-Fundamentals* (Bartenieff/Lewis 1980), *Motif Writing* (Hutchinson Guest 1983) oder *Choreological Studies* (Preston-Dunlop 1998) sind heute eine Vielzahl von Ansätzen bekannt, die eher mit Anwendungen in kreativen, pädagogischen oder therapeutischen Bereichen assoziiert werden. Dass auch die *Kinetographie Laban* mit ihrer analytischen Komplexität und ihrem Abstraktionsniveau noch weitgehend unerforschte Potenziale in weiteren Bereichen beinhaltet, rückt in den letzten Jahren zunehmend in den Fokus und ist verstärkt zum zentralen Gegenstand der Notationsvermittlung an der Folkwang Universität geworden. Ein Vorbild ist hierbei die von Noa Eshkol initiierte Kompositionspraxis basierend auf der von ihr erfundenen *Eshkol-Wachman Movement Notation* (Eshkol 1958), welche sich in Israel als Bestandteil verschiedener Tanzausbildungen etabliert hat und sich aber auch auf die *Kinetographie Laban* übertragen lässt (Sapir/Drewes 2012). Das hier beschriebene Projekt ist im Kontext dieser Ausrichtung und dieses neuartigen Verständnisses zu sehen und verbindet die traditionelle Anwendung der Notation in der Rekonstruktion mit analytischen und kompositorischen Aufgaben. Notation ermöglicht Reflexion über Bewegung und kann

– analog zur Notation in der westlichen Musiktradition – gleichermaßen reproduktiv als auch produktiv als Werkzeug in der Komposition eingesetzt werden.

DAS PROJEKT

Ausgangspunkt unseres Projektes war die Partitur einer in *Kinetographie Laban* notierten Etüde von Jean Cébron (Abb. 1). Cébron, geboren 1927, studierte bei Sigurd Leeder in London, tanzte unter Kurt Jooss und war ein wichtiger Tanz-Partner und Lehrer von Pina Bausch. Von 1976 bis 1994 lehrte er Modernen Tanz an der Folkwang Hochschule und prägte die Folkwang Tanzabteilung maßgeblich mit.

Abb. 1: Jean Cébron. Foto: Georg Schreiber (1999)

Ein besonderes Merkmal von Jean Cébrons Lehre war, dass er, wie Sigurd Leeder vor ihm, eigene Bewegungskompositionen verfasste – sogenannte Etüden – die ein Thema aus der Bewegungslehre der Jooss-Leeder-Methode (Dröge/Fleischle-Braun/Stöckemann 2011) aufgriffen und motivisch verarbeiteten. Auf diese Weise wurde technisch anspruchsvolles Bewegungsmaterial komplex im Raum genutzt und rhythmisch variiert. Das Ergebnis war dabei nicht für eine Aufführung auf der Bühne gedacht, sondern zu Übungszwecken im Tanzsaal. Die Partitur einer dieser Etüden mit dem Titel *Starting Point* wurde

1983 von Dunja Plitzko erstellt, einer Studentin, die ihren Abschluss im Fach Kinetographie mit der Niederschrift von *Starting Point* absolvierte. Das Verfassen der Partitur geschah 1983 sowohl unter der Betreuung der damaligen Kinetographie-Dozentin Christine Eckerle als auch unter Mitwirkung von Jean Cébron selbst und befand sich seitdem im Archiv der Folkwang Universität. Unser Vorhaben bestand zum einen darin, die Etüde mit den Studierenden des Studiengangs Tanz B.A. des letzten Jahrgangs einzustudieren und bei der Biennale Tanzausbildung in Köln der Öffentlichkeit zu präsentieren. Darüber hinaus wollten wir die Möglichkeiten von Notationen nutzen, kompositorische Prozesse in Gang zu setzen. Zur Dokumentation und zur Explikation des Arbeitsprozesses wurde ein Kurzfilm produziert, der den Bezug zum Thema der Biennale *Reflexion und Feedback* durch Kurzinterviews mit Beteiligten verdeutlichte. Zusätzlich wurde Claudia Jeschke, Tanzwissenschaftlerin sowie ausgewiesene Expertin für Notationssysteme, für einen mehrtägigen Workshop an die Folkwang Universität eingeladen.

Der Titel der Etüde *Starting Point* bietet bereits auf der Ebene der Sprache einen wesentlichen thematischen Hinweis für deren tanzpraktische Einstudierung. Er verdeutlicht, dass es in der Etüde um die Frage nach dem Ursprung einer Bewegung geht. Dieser Ursprung ist Jooss und Leeder folgend entweder zentral oder peripher, eine von ihnen eingeführte Differenzierung, die Labans Antriebsfaktor Raum und dessen Eigenschaften direkt beziehungsweise flexibel durch den Faktor Ursprung ersetzte. Demnach hat eine zentrale Bewegung ihren Ursprung im Körperzentrum, eine periphere Bewegung hingegen in den Extremitäten. Hinzufügen ließe sich, dass auch Bewegungen der Arme oder der Beine als zentral betrachtet werden können, wenn sie vom zentralen Gelenk der Gliedmaßen aus, z.B. dem Ellbogen, geführt werden (Cébron 1990). Jean Cébron erfand mit seiner Etüde *Starting Point* eine komplexe Bewegungskomposition, die zentrale und periphere Bewegungen virtuos zusammenstellte und räumlich und rhythmisch variierte. Begleitet wurden die changierende Dynamik der Bewegungen sowie plötzliche Wechsel in Tempo und Phrasierung bis zum Zeitpunkt von Jean Cébrons Pensionierung 1994 von dem Pianisten und Korrepetitor Joachim Bärenz, der engstens mit Cébrons Arbeit vertraut war. Bärenz erfand musikalische Motive zu den unterschiedlichen Etüden und auf diese Weise bekam jede Etüde auch in klanglicher Hinsicht einen eigenen Charakter, der den Studierenden ebenso in Erinnerung zu bleiben vermochte, wie die Etüde selbst. Während unseres Projektes wurde die Etüde von Matthias Geuting begleitet, der eine neue auf Improvisation beruhende klangliche Umsetzung der Etüde erfand.

Zu Beginn des Projektes näherten wir uns der Einstudierung der Etüde in unterschiedlicher Weise: Henner Drewes durch die Aufarbeitung der vorhandenen Partitur und Stephan Brinkmann durch die Sichtung existierender Videos sowie durch körperliche Erinnerung.

Die Partitur

Ein wichtiger Aspekt bei der Einstudierung der Partitur war die Idee, die Studierenden soweit wie möglich aktiv in den Leseprozess einzubinden. Die vollständige kinetographische Beschreibung eines derart komplexen Bewegungsmaterials, wie es in der *Starting Point* Etüde vorliegt, benutzt eine Vielzahl von unterschiedlichen Symbolen und Ausdrücken, um die Nuancen der Bewegungsausführung darzustellen. Dieses Symbolvokabular geht deutlich über das im verpflichtenden Kinetographieunterricht erarbeitete hinaus, und stellte insofern eine nicht zu unterschätzende Herausforderung dar. Eine strukturierte und dosierte Herangehensweise an das Thema Notation eröffnet jedoch ein immenses Potenzial, welches auch von Nicht-Experten in spezifischen Kontexten genutzt werden kann.

Der fünfsemestrige Pflichtunterricht im Fach Kinetographie konzentriert sich im theoretischen Bereich auf grundlegende analytische Kategorien, wie Erfassung von Raumrichtungen des Körpers oder einzelner Körperabschnitte, Drehungen und Rotationen, sowie deren zeitliche Abfolgen. Komplexität und Variabilität in der Bewegung werden einzig durch die Kombination dieser Grundbausteine dargestellt und durch eine Vielzahl von praktischen Übungen begreifbar. Um das Herangehen an die *Starting Point* Etüde zu erleichtern, wurde in einem ersten Schritt von Henner Drewes eine, in bestimmten Aspekten vereinfachte Neufassung von einem Teil der Partitur erstellt (Abb. 2). Unterschiedliche, in der Originalpartitur verwendete Schreibweisen wurden vereinheitlicht, um dem Kenntnisstand der Studierenden entgegen zu kommen und die Anzahl der zu erfassenden graphischen Details zu verringern. So konnten die Studierenden die Fortbewegungen im Raum und die grobe Koordination von Arm- und Oberkörperbewegungen relativ selbstständig aus der Partitur erfassen. Im weiteren Verlauf wuchs zunehmend die Vertrautheit mit den Prinzipien des Bewegungsmaterials und der Notation, so dass zumindest einige der Studierenden auch die Originalpartitur als Referenz selbstständig heranziehen konnten.

Abb. 2: Auszug aus der Partitur Starting Point (Neufassung von Henner Drewes)

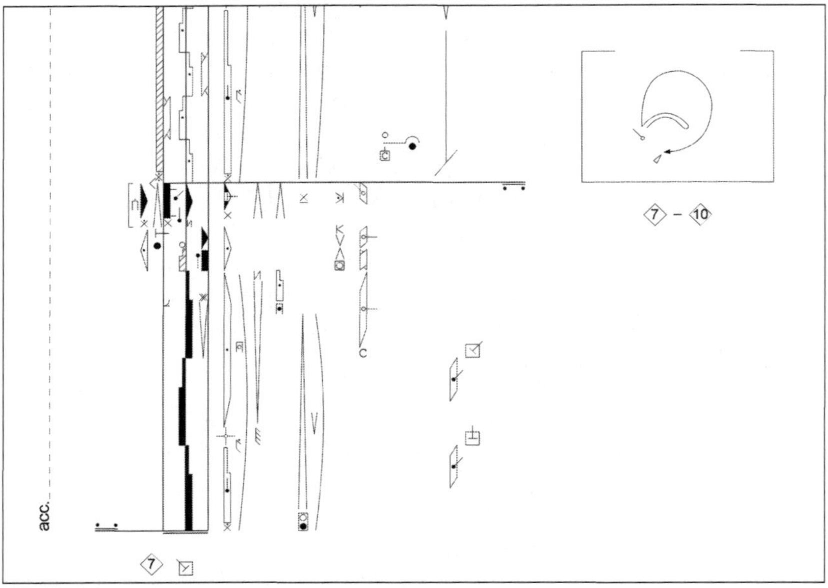

Charakteristisch für die Notation der Etüde von Jean Cébron sind die vielfältigen Details in der Beschreibung der Armbewegungen, die auch das Thema *Starting Point* widerspiegeln. Armgesten werden z.B. oft im Oberarm unter Beteiligung der Schulter oder des Rumpfes initiiert (zentraler Ursprung) und setzen sich dann in einem fließenden Übergang bis in die Hand (peripher) fort. Dabei spielen auch die bewegungsführenden Flächen der Arme und Hände eine wichtige Rolle, z.B. die Handinnenfläche, der Handrücken, die Seiten des kleinen Fingers oder des Daumens. Diese Armführungen werden durch ergänzende Symbole neben den Armbewegungen bezeichnet und verdeutlichen, wie systematisch die Komposition der Etüde verschiedenste Bewegungsmöglichkeiten exploriert. Um die praktische Umsetzung dieser vielfältigen Details zu bewältigen, benötigten die Studierenden vielfach unterstützende Erläuterungen und wiederholte Gelegenheit zum Üben. Jedoch half auch hier die Notation durch ihre begriffliche Differenzierung eine klare Bewegungsausführung zu erreichen und zu memorieren.

Tanzpraktische Einstudierung

Stephan Brinkmann lernte die Etüde zum einen durch vorhandene Videoaufzeichnungen aus den 1980er Jahren, zum anderen spielten Erinnerungen an Jean Cébrons Unterricht während der eigenen Ausbildungszeit an der Folkwang Hochschule eine wichtige Rolle. Auch durch die jahrelange Tätigkeit als Tänzer beim *Tanztheater Wuppertal Pina Bausch* hatte sich eine körperliche Erinnerung gebildet, die sich auf die Einstudierung an der Etüde Cébrons anwenden ließ, denn Pina Bausch verarbeitete viele Informationen aus der Lehre Cébrons in ihrer eigenen Bewegungsgestaltung (Brinkmann 2013). Die Kenntnis der Theorie der Jooss-Leeder-Methode war eine weitere wichtige Grundlage zum Verstehen und körperlichen Erfassen des Bewegungsgeschehens von *Starting Point* (Cébron 1990).

Noch während des eigenen Lernprozesses wurden die Ergebnisse der tanzpraktischen Recherche an die Studierenden des Studiengangs Tanz B.A. des Abschlussjahrgangs weitervermittelt. Die Methode der Vermittlung der Etüde bestand also einerseits im nachahmenden Lernen, eine der grundlegendsten Methoden zum Erwerb von Wissen überhaupt. Durch Nachahmung wurde sowohl von der Seite des Lehrenden als auch seitens der Studierenden Grundzüge der Etüde erlernt. Andererseits fand eine Reflexion des Erlernten durch das analytische Verfahren der Kinetographie statt, da alle an dem Einstudierungsprozess Beteiligten aufgefordert waren, die Partitur der Etüde unter Anleitung von Henner Drewes zu lesen und auf die Bewegungsausführung anzuwenden. Es entstand eine Lehr-Lern-Situation für alle Mitwirkenden, in der mimetisch erworbene Bewegungen hinterfragt, korrigiert und unter Bezugnahme auf das Wissenssystem Tanzschrift in einem Rückkopplungsprozess verbessert werden konnten. Gleichfalls waren Differenzen zwischen der notierten Partitur und des vorhandenen audiovisuellen Materials vorhanden und es musste bei Abweichungen entschieden werden, welchen Informationen Vorrang gegeben werden sollte. Zusätzlich wurden weitere Zeitzeugen der Tanzpraxis in den Rechercheprozess einbezogen, wie z.B. Matthias Hartmann, der in den 1980er Jahren intensiv mit Jean Cébron studierte und alle seine Etüden erlernte. Matthias Hartmann gab in der Endphase der Einstudierung wichtige Zusatzinformationen zu Bewegungsdetails und konnte auch 30 Jahre nach Abschluss seines Studiums noch viele Bewegungen erhellend erklären und praktisch demonstrieren.

Die musikalische Begleitung der Etüde durch einen Korrepetitor spielte für die Einstudierung und Ausführung der Bewegungen eine wichtige Rolle, indem die Musik das Bewegungsgeschehen durch unterschiedliche Tempi, dynamische Hervorhebungen, verschiedene Artikulationsarten und Variationen in Lautstärke und Klangfarbe unterstützte. Durch die Korrepetition wurde die ganze Komplexität und Virtuosität des Bewegungsmaterials von *Starting Point* auf akustischer Ebene deutlich und sie forderte den Tanz dazu auf, gegenwartsbezogen mit der Musik zu agieren.

Für die tanzpraktische Einstudierung musste auch berücksichtigt werden, dass Jean Cébron seine Etüden variierte, z.B. durch Veränderung einzelner zeitlicher und dynamischer Bewegungsabläufe und sie außerdem bestimmten Situationen anpasste, wie z.b. einer bevorstehenden Präsentation oder der Anzahl der beteiligten Tänzer. Jede existierende Aufzeichnung der Etüde *Starting Point* ist daher eine ganz bestimmte Version einer nicht vollends fixierten Vorlage. Auch aus diesem Grund ist selbst unter Einbezug unterschiedlicher Wissenssysteme wie Schrift, Bild und körperlicher Erinnerung die Etüde Jean Cébrons nicht vollends als Original rekonstruierbar. Mehr Studienobjekt als fixierte Choreographie ist in *Starting Point* ein Forschungsgegenstand zu sehen, der eine Fülle an An- und Herausforderungen an die Tänzer stellt und zwar sowohl für ihr tanzpraktisches Können als auch für ihr analytisches Bewegungsverständnis.

Workshop Notationen

Eine aufschlussreiche Ergänzung zu der Auseinandersetzung mit Cébrons Etüde war ein dreitägiger Workshop von Claudia Jeschke, der sich nicht vorrangig auf *Starting Point* bezog, sondern einen grundsätzlicheren Einblick in die Möglichkeiten von Notationsverfahren eröffnete. Claudia Jeschke stellte Notationen von Alexander Sacharoff (Jeschke/Krenstetter 2016) und die Notate von Vaclav Nijinskys Choreographie *L'après-midi d'un Faune* sowie die von ihr und Ann Hutchinson Guest in Labanotation übertragene Partitur zu dieser Choreographie vor (Hutchinson Guest/Jeschke 1991) und regte kurze praktische Studien dazu an. Zu der Arbeit an Nijinskys Partitur machte Jordan Gigout, damals Studierender im siebten Semester eine Äußerung, die sowohl Möglichkeiten als auch Einschränkungen von Notationssystemen deutlich werden lässt: »Because we have the notation of Nijinsky it's like going through his mind and through his way of seeing a movement. So it's interesting in this way but it's again a question of interpretation.«[1] Was Jordan Gigout in Bezug auf Nijinskys Partitur äußerte gilt ebenso für die Notation von Cébrons Etüde. Sie öffnet den Zugang zu Cébrons Komposition gleichfalls aber auch einen Raum für deren Interpretation, der gefüllt werden will. Auch Claudia Jeschke empfahl während ihres Workshops, Notation nicht nur als Dokumentation einzusetzen, »sondern sie kreativ zu verstehen und das Expertentum, das dahintersteht, als Information zu nehmen und nicht die Dokumentationsfähigkeit.«[2]

---

1 | Persönliche Mitteilung von Jordan Gigout während des Workshops.
2 | Persönliche Mitteilung von Claudia Jeschke während des Workshops.

Kompositionsaufgaben

Diesem kreativen Verständnis von Notation folgend wurden mit Hilfe der Partitur Strukturen in der Etüde identifiziert und isoliert, um diese in Form von Kompositionsaufgaben unter Anleitung von Henner Drewes in einen neuen Kontext zu stellen. Die Studierenden sollten sich mit jeweils einem strukturellen Element auseinander setzen, welches einerseits in einer definierten Form beibehalten werden sollte und dem andererseits weitere Aspekte völlig frei hinzugefügt werden konnten. So konnte ein Verständnis für den kompositorischen Aufbau der Etüde vertieft werden, auf dessen Basis letztendlich eigene Bewegungsvariationen entstanden. Die in den Aufgabenstellungen enthaltenen klaren Eingrenzungen vermögen dabei ein bislang weitgehend ungenutztes kreatives Potenzial freizusetzen. Noa Eshkol beschreibt dies wie folgt: »[...] since the notation offered here has been constructed in the wake of detailed analysis of the material, it opens new horizons of possibilities of dealing with this material, for it discovers and points out many facets of it which have remained until now unexploited« (Eshkol 1958: viii).

Im Verlauf des Arbeitsprozesses wurden unterschiedlich ausgerichtete Herangehensweisen an die Komposition mit enger eingrenzenden und freier zu interpretierenden Aufgaben angewandt. So wurden zum Beispiel Oberkörperbewegungen aus der Etüde isoliert, welche dann entweder alleinstehend ausgeführt oder mit anderen Bewegungsphrasen kombiniert wurden. Die ursprünglich durch die Fortbewegung raumgreifend getanzte Phrase wurde in sich zum Boden bewegende Abfolgen abgewandelt, die teils skurrile Beziehungen zwischen den Tänzern entstehen ließ. Eine andere Aufgabe überließ die Formgestaltung der Bewegung auf völlig freie Art und Weise den Studierenden, allein der zeitliche Verlauf mit Dynamikwechseln und Akzenten sollte sich an der Etüde von Cébron orientieren. Zur Vermittlung dieser Aufgaben wurden zum Teil auch vereinfachende Skripte aus der Originalpartitur erstellt, welche den jeweils zu bearbeitenden Aspekt auf übersichtliche Weise hervorhoben und durch die reduzierte graphische Darstellung auch die Freiräume in der Aufgabenstellung kommunizieren (Abb. 3). Derartige reduzierte Skripte wurden auch von den Studierenden in kleinen Gruppen selber erstellt, welche dann einer anderen Gruppe als zu interpretierende Vorlage dienten. Nachdem einige Erfahrungen mit diesen Arbeitsprozessen gesammelt wurden, sollten die Studierenden in einer abschließenden Aufgabe einen eingrenzenden strukturellen Aspekt selbst bestimmen, aus der Etüde extrahieren und anschließend wie in den vorherigen Aufgaben vorgehen und Variationen erstellen. Als Aspekte wurden hierfür zum Beispiel Änderungen der Fronten, Fortbewegungsrichtungen oder die unterschiedlichen Ebenen (zwischen aufrecht stehend bis hin zum Boden) gewählt.

Abb. 3: Reduziertes Skript zur Darstellung der Akzente und Dynamikwechsel

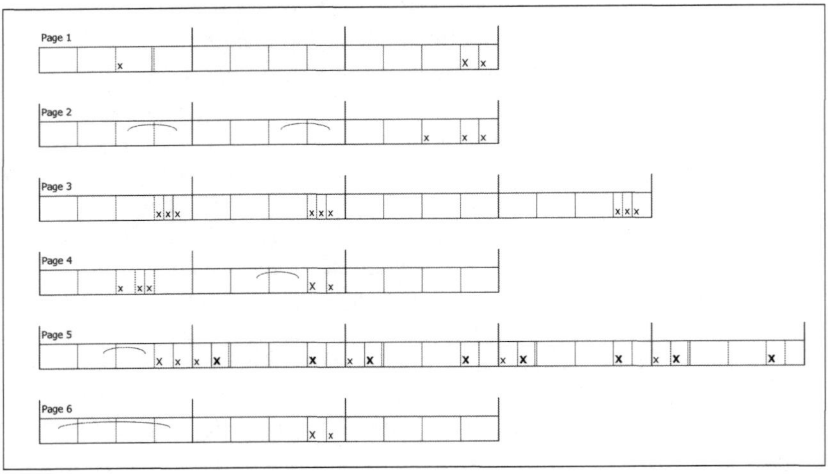

Präsentation

Das durch die Aufgabenstellungen generierte Bewegungsmaterial wurde von Stephan Brinkmann zu einer circa zehnminütigen Komposition zusammengestellt, die mit einer Variation der Anfangssequenz der Etüde von Jean Cébron abschloss. Darin enthalten waren Bewegungsstudien der Studierenden zu Oberkörperbewegungen, Akzenten, Richtungen und Ebenen, die sich allesamt auf die Etüde *Starting Point* bezogen, die jeweiligen Aspekte isolierten und in eine neue Form übersetzten. Das von den Studierenden erfundene Bewegungsmaterial wurde gekürzt und miteinander verbunden, wobei Anregungen und Rückmeldungen der Studierenden zur Reihenfolge der Teilstücke einbezogen wurden. Die gesamte Präsentation bestand aus der circa vierminütigen Etüde von Jean Cébron, einem fünfminütigen Filmbeitrag zum Arbeitsprozess (Piechaczek/Brinkmann 2016) und schließlich den Eigenkreationen der teilnehmenden Studierenden. Die Etüde und die Eigenkreationen wurden von dem Korrepetitor Matthias Geuting live am Flügel begleitet. Am 15. Februar 2016 fand im Staatenhaus am Rheinpark, dem derzeitigen Spielort der Oper Köln, der erste Teil der Präsentation im Rahmen der *5. Biennale Tanzausbildung* statt, bei dem neben dem Beitrag der Folkwang Universität u.a. auch Beiträge der Staatlichen Ballettschule Berlin, der Ballettschule des Hamburger Balletts, der John Cranko Schule und des Zentrums für Zeitgenössischen Tanz Köln zu sehen waren.

Fazit

Die Besonderheit des Projektes bestand darin, unterschiedliche Wissenssysteme zusammenzuführen und deren Potential für die Erschließung desselben Forschungsgegenstandes – in unserem Falle die Etüde *Starting Point* von Jean Cébron – zu nutzen. Das Wissen des Urhebers der Etüde floss durch körperliche Erinnerungen und damit durch implizites Wissen seiner Schüler in die Erforschung von *Starting Point* ein. Objektivierbar wurde *Starting Point* durch die Notation in *Kinetographie Laban*, die unter seiner Aufsicht entstand und die es ermöglichte, seinen Gedankengängen und denen seiner Schülerin Dunja Plitzko nachzugehen. Auf diese Weise wurden intellektuelle und verkörperte Reflexion während unseres Projektes wirksam. In dieser Verbindung von Praxis und Theorie sowie von Intuition und Reflexion sehen wir den besonderen methodischen Ansatz unseres Projektes, welcher sich in einem differenzierten Umgang mit Bewegung und einer daraus hervorgehenden charakteristischen künstlerischen Gestaltung manifestiert.

Eine weitere Besonderheit ist in den vielseitigen Formen des Lehrens und Lernens zu sehen, die die Durchführung dieses Projektes ermöglichte, da nicht nur mimetische, sondern auch analytische und kreative Prozesse seitens aller Mitwirkenden in Gang gesetzte wurden. Erlernten die Studierenden die Etüde in ihren Grundzügen noch durch mimetisches Verhalten, so waren sie bei der Vertiefung erworbenen Wissens dazu aufgefordert das Bewegungsgeschehen analytisch zu durchdringen und darüber hinaus mittels eigener Kompositionen neu zu erfassen. So wurde ein eigenständiges Expertentum entwickelt, das auch den Lehrenden innerhalb des Projektes in Form von Rückmeldungen, Korrekturen und Anregungen zu Gute kam.

Unser Forschungsprojekt war auch eine Aufarbeitung und Auseinandersetzung mit dem künstlerischen Erbe der Folkwang-Tanzabteilung – ein Tanzerbe, dessen methodische Ansätze seit 1927 durch mehrere Generationen weitergegeben wurden. Es gilt dieses Erbe in seiner Unabhängigkeit und Eigenständigkeit zu erhalten und immer wieder in unsere Gegenwart zu holen, um neue künstlerische Wege in die Zukunft zu finden.

Literatur

Bartenieff, Irmgard/Lewis, Dori (1980): *Body movement: Coping with the environment*, New York: Gordon & Breach.

Brinkmann, Stephan (2013): *Bewegung erinnern. Gedächtnisformen im Tanz*, Bielefeld: transcript.

Brinkmann, Stephan (2014): Rekonstruktion als schöpferischer Prozess, in: Marc Wagenbach/Pina Bausch Foundation (Hg.), *Tanz erben. Pina lädt ein*, Bielefeld: transcript, S. 85-95.

Brinkmann, Stephan (2015): Ihr seid die Musik! Zur Einstudierung von *Sacre* aus tänzerischer Perspektive, in: Gabriele Brandstetter/Gabriele Klein, (Hg.), *Methoden der Tanzwissenschaft*, Bielefeld: transcript, S. 143-164.

Cébron, Jean (1990): Das Wesen der Bewegung. Studienmaterial nach der Theorie von Rudolf von Laban, in: Urs Dietrich (Hg.), *Eine Choreographie entsteht. Das kalte Gloria* (= Folkwang Texte 3), Essen: Die Blaue Eule, S. 73-98.

Drewes, Henner (2003): *Transformationen – Bewegung in Notation und digitaler Verarbeitung* (= Folkwang Texte 18), Essen: Die Blaue Eule.

Drewes, Henner (2014): MovEngine – Movement Values Visualized, in: Claudia Jeschke/Nicole Haitzinger (Hg.), *Mobile Notate* (= Tanz & Archiv Forschungsreisen 5), München: epodium, S. 22-33.

Dröge, Wiebke/Fleischle-Braun, Claudia/Stöckemann, Patricia (2011): Barbara Passow – Jooss-Leeder Technik, in: Ingo Diehl/Friederike Lampert (Hg.), *Tanztechniken 2010 – Tanzplan Deutschland*, Leipzig: Henschel, S. 96-132.

Eshkol, Noa/Wachman, Abraham (1958): *Movement Notation*, London: Weidenfeld and Nicolson.

Hutchinson Guest, Ann (1983): *Your Move*, London: Routledge.

Hutchinson Guest, Ann/Jeschke, Claudia (1991): *Nijinsky's Faune Restored*, Amsterdam: Gordon & Bleach.

Jeschke, Claudia/Krenstetter, Rainer (2016): Tänzerisch-choreographische Intermedialitäten. Alexander Sacharoff in Bild und Bewegung, in: Tessa Jahn/Eike Wittrock/Isa Wortelkamp (Hg.), *Tanzfotografie. Historiografische Reflexionen der Moderne*, Bielefeld: transcript, S. 122-128.

Knust, Albrecht (1979): *Dictionary of Kinetography Laban*, London: MacDonald and Evans.

Laban, Rudolf von (1928): *Schrift-Tanz*, Wien: Universal Edition.

Preston-Dunlop, Valery (1998): *Looking at Dances: A Choreological Perspective on Choreography*, London: Noverre Press.

Sapir, Tirza/Drewes, Henner (2012): Teaching Movement Composition with Kinetography Laban, in: *Proceedings of the Twenty-Seventh Biennial ICKL Conference*, International Council for Kinetography Laban, S. 208-219.

Sapir, Tirza/Drewes, Henner (2014): Movement Composition and Notation – Examining Scores in Kinetography Laban and Eshkol-Wachman Movement Notation, in: *Proceedings of the Twenty-Eighth Biennial ICKL Conference*, International Council for Kinetography Laban, S. 188-208.

Winearls, Jane (1958): *Modern Dance: The Jooss-Leeder Method*, London: A. & C. Black.

INTERNETQUELLEN

Piechaczek, Christian/Brinkmann, Stephan (2016): *Etüde und Variationen* (Video), www.folkwang-uni.de/de/home/hochschule/projekte-labs/vollanzeige/?projektid=692 (letzter Zugriff: 07.07.2016).

FOTORECHTE

Georg Schreiber

Write With Dance or We Are Lost
The Art of Movement as Practice as Research

Ciane Fernandes[1]

MOVEMENT IS WHAT BRINGS NEW KNOWLEDGE[2]

This paper focuses on dance research as a combination of creative processes that integrate the practices of education, performance and writing. In this interdisciplinary context dance practice becomes the foundation for a research mode that »encompasses a diversity of knowledge where the sensory, cognitive, motor, affective and spiritual domains mingle with different emphases.« (Fortin 1999: 40) The combination of embodied knowledge exposed in this paper is a somatic perspective grounded in the work of both Rudolf Laban and his disciples, particularly Laban/Bartenieff Movement Analysis, Authentic Movement[3], and Bausch's *Tanztheater*.

Attempting to integrate these three somatic and performative practices in an academic research environment I have developed along the last ten years a contemporary research approach based on Laban's Art of Movement which I named *Somatic Performative Research*. This framework consists of an Artistic Practice as Research (PaR) mode of enquiry. I have worked with this integrative approach together with graduate students and performers of my *A-FETO Dance Theater Collective* at the Performance Laboratory at the Federal University of Bahia in Brazil. In the present text I expose the aesthetic influences and research backgrounds which have grounded this somatic-performative perspective. In order to illustrate such framework, I also present a set of principles, phases and procedures as samples to clarify its practice.

---

1 | English revision by Melina Scialom.
2 | »For Irmgard, movement, not more pondering, was what brought new knowledge.« (Hackney 1998: 3).
3 | Authentic Movement is a dance therapy method created by Mary Starks Whitehouse, based on her training with Mary Wigman and the psychology of Carl Gustav Jung. For more information on this somatic method, see Pallaro 1999.

Rudolf Laban was one of the first artists and thinkers to structure a system that associates creative dance practice with research, education, and therapy. In his investigations he pointed out three main applications for body movement: Research, Recreation and Rehabilitation. In Laban's work these three activities are grounded in the practice of movement principles, in concepts that imply transitions and gradations, such as the dynamics between light and strong, high and low, ascending and descending etc. Theory comes from dance practice so that research and writing are rooted in the volatile and relational nature of movement. Laban had already proposed an answer to the key contemporary question of dance research: »What does it mean to write with dance?« (Lepecki 2004: 133) rather than simply *about* dance. How can scholars write (and notate, teach, research etc.) in a way that dance is not reduced to an object of scrutiny but rather becomes itself »the way in which we form things«, as choreographer Pina Bausch (zitiert in Servos/Weigelt 1986: 239) suggests? In other words, how can we »not only place [dance] practice within the research process, but to lead research through [dance] practice.« (Haseman 2006: 2–3)

Although dance is primarily a field of artistic practice, dance research has not necessarily involved similar physical practice or lead its enquiry through that physical exploration. There is still a gap between a practice – be it pedagogical, artistic, therapeutic etc. – and the research itself which most of the times is based on methodologies from other fields of knowledge, especially the humanities. Our excuse for that appropriation of extrinsic methodologies is that we are a recently developed research field which needs to refer to previous historical developments. The debt that dance research has to human and social science methods does not justify the fact that we are denying our own historical background on research. In fact, this *modus operandi* has been running parallel to most research in spite of the exclusive and invalidating academic context. If we insist on using only quantitative and qualitative frameworks and other fields of knowledge as base ground of our own research we will multiply the denial of our own historical background and our exclusion of widely recognized academic research contexts.

Although we are part of a transdisciplinary academic context, our research must be grounded in our own practice. We have to accept the fact that we create and build knowledge in a very distinctive manner which cannot be based on non-dancing frameworks and procedures, although it can definitely dialogue with them. As dance researchers we are not only doing an inquiry in a general context, but we must precisely add up our specific contribution to this context. That contribution consists of the dynamic mode of creating somatic wisdom (Hartley 1995) while also making use of different types of knowledge. The unique contribution of dance to Practice as Research is to question the dichotomistic ways in which we have learned to (re)produce knowledge as abstract ideas separate not only from artistic practice but from embodied creative practices. If movement, not more pondering, is what brings new knowledge, then dance is fundamental to the concretion of the practice turn in this millennium.

Dance's volatile nature creates dynamic modes of knowledge that integrate physicality and thinking coherent to life's ever changing flux. »Change is here to stay« (Bartenieff, quoted in Hackney 1998: 16) as advised Laban's former pupil Irmgard Bartenieff. In a world of »constant change« (1998: 17) Bartenieff's pupil Peggy Hackney instigates us to elaborate ways of living through stable mobility and mobile stability. Researching today consists of learning how to deal with this paradoxical state of existence discovering and exploring stability in mobility and vice-versa as two complementary forces in a spiraling dynamics. This contrasting dynamics constitutes all practical matter present in dance, performance, life, action (including writing, reading, teaching etc.), as well as concepts such as performativity, gender, politics, sustainability etc. This basic constitution combines art and life as an integrated research, which operates within a »dramaturgy of contrasts« (Schmidt 2000: 8) between mobility and stability rather than opposing dichotomies.

As a result, the relationship between mobility and stability is the core of any means of generating innovation – be it in education, research, therapy etc. There is, at the very core of Laban's work – and consequently of most of its developments – a radical merger of practice and theory into an open-ended self-multiplying structure that stimulates unpredictable unfolding following the dynamic nature of movement itself. This means that his work is constantly renewed and up to date.

What Moves Us Has a Movement in Itself

Pina Bausch once said »I am not interested in how people move, but what moves them.« (Servos/Weigelt 1985: 15–16) This emphasis on »what moves people« refers to that motivating force which Laban emphasized as the spring of movement, the inner attitude or *Antrieb*. This word has been translated as *effort* or *dynamics* in English. It can actually be associated to Freud's *Trieb*, which was misinterpreted as »instinct« but in fact means »driving force« (Mills 2004: 673,675).

Bausch's emphasis on that force was present throughout her creative process. But that not necessarily meant a disregard towards form itself (the »how people move«). In Bausch's perspective, along with dance theater's tradition, movement is necessarily meaningful but not as a conveyer of an *a priori* or separate content. In *Tanztheater* the body is not an instrument to tell other stories or illustrate abstract concepts and theories. Reflecting Laban and Jooss's heritage, Bausch's works reveal movement as the convener of its own nature in a critical reflexive manner. In other words, that which moves people is not an *a priori* abstract idea or feeling but a moving entity in itself. We are moved by a moving driving force. Content can only exist as a form of driving force.

Applied to research, its themes and contents can only exist as moving forces in dynamic space, rather than abstract isolated concepts and ideas. A research in this context explores and discovers the body's own modes and pathways as a creator of unique stories. The research has a movement in itself and moves the researcher into the dynamic space. Laban's *Art of Movement* offers numerous and at times unpredictable possibilities of research which allows the researcher to reject established protocols and expectations imposed on an objectified body and on a controllable research object. Unpredictable possibilities of research are what we have experienced at the Performance Laboratory at the Federal University of Bahia where artists from different backgrounds and research themes come together to move and be moved by their individual inquiries. To trigger their explorations during the Laboratories the question I often ask is »How does ›what moves us‹ move itself?« (Fernandes 2012) turning Bausch's saying into a spiralling reflexive format. That instigates us to explore movement coming from a live research with its own unique journey. After all, to research is to bring about a unique contribution, especially in an artistic context. But for that we need to let ourselves be moved by the research. The double meaning of the word *moving* has led me to call us *moving researchers*, integrating what moves us and how we move.

Classes usually last over three to four hours and sometimes include fieldtrips and public performances. The activities are based on procedures and principles of three main approaches – *Laban/Bartenieff Movement Analysis*, *Authentic Movement* and *Tanztheater* – but also dance improvisation and performance art. The combination of these practices resulted on procedures which include open structures, poetic suggestions and stimuli, questions and inter-artistic answers. Sometimes classes might look like *Tanztheater* scenes, although that is not really our concern or goal. It is important to follow the flow of the moment and adapt initial plans as well as to respect individual rhythms to unfold and complete the explorations as much as integrate moving and witnessing.

Along the last ten years specific principles emerged out of this dance practice, composing a complete set of twenty Somatic-Performative Principles. They are organized into three sets, according to their function in the whole approach: four founding, twelve thematic and four contextual principles. They were gradually organized in crystalline forms as in Laban's Space Harmony: two sets of four (two tetrahedrons or one cube), one set of twelve (icosahedron) and altogether a set of twenty (dodecahedron). Although separated into twenty principles, they all work as an entire picture of different nuances and intensities according to each research project. For example, it is impossible to experience Spatial pulsing (first thematic principle) without working on Energy, flow and rhythm (forth thematic principle). But these are different concepts which can be emphasized differently according to the interest, phase or need.

The twenty principles are organized following an order of growing priority and complexity within the research process. It is necessary to validate and consider the first four founding principles prior to experience the twelve thematic ones and to finally perceive and apply the four contextual ones which are more relational and open. The four founding principles emphasize the artistic process as main axis of the research. They consist of key strategies to pursue research through artistic practice. They support the artistic process in assuming the control of the research in any procedure or phase. The four founding principles are as follows:

1. Art of/in Movement as axis-element – the research takes us in its own move;
2. Processes and studies have live and integrated constitution – *Soma*;
3. Being guided by inner impulse of movement;
4. Performance and inter-arts as (anti)method (e.g. performative data collection, recording, observation, analysis, reading, writing, oral defense, lecture etc.).

The thematic principles clarify specific terminologies relevant to performing arts research from a somatic-performative perspective. They are not abstract concepts but rather thematically organized modes of dynamic experiencing. These twelve principles point out complementary states, aspects and emphasis which work simultaneously in interrelationships within research projects. The twelve thematic principles are as follows:

1. Spatial pulsing or inter-relational autonomous intelligences;
2. Somatic attunement and sensitivity;
3. Somatic wisdom or cellular intelligence – body as both matter and energy experienced from within and with/in the environment, in a dynamic and integrated whole of feeling, sensation, intention, attention, intuition, perception and interaction;
4. Energy, flow and rhythm – stir and stillness – move and being moved;
5. Quantic *spacetime*, simultaneity and sincronicity;
6. Crystal patterns, *repatterning* and decolonization;
7. Creativity, unpredictability and challenge;
8. Connections – fluid borders between differences;
9. Association and sense created through sharing affection (e.g. interchange and overlapping of mover-witness roles);
10. Internal coherency and/in inter-relation;
11. Somatic-performative image;
12. Incarnated spirituality – Sacred *soma*.

Contextual principles place performing arts research in a broader perspective and provide a parameter of relevance. This contextualization validates performing arts research as a field of unique contributions to contemporary developments. The four contextual principles are as follows:

1. (G)Local integration and awareness;
2. Participative openness and poetics of difference;
3. Deep ecology and body environment merger;
4. Art as axis of dialogue between different fields of knowledge.

Based on these twenty principles the Laboratory meetings generate an environment that combines somatic and performative influences. The integration between movement and thinking creates a performativity founded on the Art of Movement, rather than on words. While John Austin's *How to Do Things with Words* (Austin 1961) demonstrates the performativity of words, our performativity explores how to move and be moved by things and words. In this creative context we deconstruct Descartes' saying »I think, therefore I am« into more and more somatic modes of identity such as »I feel, therefore I am,« (Damasio 1994, 2006) »I move, therefore I learn with the environment«, »I perform, therefore I research« etc. Consequently, we do not divide activities into theoretical (round tables, lectures, conferences) and practical (performances, technique classes, workshops) but we rather call every activity a *somatic-performative merger*.

Photo 1

Graduate students Cátia Martins, Leonardo Harispe, Carlos Ferreira, Alex Cerqueira and Thales Branche in Evolving Exploration phase at the Performance Laboratory. Salvador BA, Brazil, 2012. Photo by the author.

Phases and Procedures

In the following paragraphs I will briefly describe one sample activity in order to illustrate what we do at the Performance Laboratory. Classes are usually organized in four phases which follow somatic procedures and terminologies within a performative context. These phases are not organized linearly and rather evolve smoothly from one into another in a back and forth rhythm according to the moment:

1. Arrival – inner rhythm; gaining space from within; stir and stillness; let the research be.
2. Moving and Being Moved – reciprocal exchange and creative merger between research and researcher, self and other, subject and object, body and environment.
3. Evolving Exploration – let the research take me; familiar unknown, unpredictable belonging; reciprocal exchange and creative merger between dancing and writing, movement and meaning.
4. Balance and Integration – balancing things out, dynamic alignment of different levels; coming together, sharing.

The following class sample uses the Basic Neurological Patterns, one of the many *Bartenieff Principles*. Along three hours we grow gradually from cellular breathing into navel radiation and head-tail connection to homologous (upper/lower) and body half (right/left) up to contralateral body organization. Along these developmental phases we also go from a more personal inner focus into a duet until growing into complex relationships with the environment and objects in contralateral shaping, integrating all previous phases in creative movement and sharing.

These phases run simultaneously at somatic and research levels. Gradually, as we experience and explore these phases in our bodies, I start bringing up the research/researcher merger calling up on the research's autonomy as a moving being. The research is born little by little and grows into its own right from a cell into head-tail etc. In this developmental framework – which is only one example of a wide range of possibilities within somatic work – we start exploring how the research expands to collect information and comes back to center to gather it all in a meaningful way (navel radiation), what is the core of the research (core support, pelvic floor), what is the main axis of the research (head-tail), what is the main motivation / question of the research and how does it take you into space (movement initiation and sequencing), what are the two main aspects/features of the research, which work together to strengthen the central axis (body half, the lizard usually played in duets), what are the odds and problems of the research (as we feel uneaseness in some body parts or on their relationships) etc.

Photo 2

Former doctoral student Líria Morays explores her research in navel radiation, growing and shrinking at a Performance Laboratory field trip. Lençóis BA, Brazil, 2012. Photo by the author.

As we experience contralateral spiralling coming up from the floor and back down the sense of integration of polarities becomes clear: we ground to go up and levitate to go down. A dramaturgy of contrast seen so clearly in Bausch's scenes is actually based on a vivid experience of movement's paradoxical nature. There can only be movement where different forces come into play. Within this framework writing with dance and researching with practice becomes coherent and meaningful.

Towards the end as we improvise with partners, space, words on paper or board and all kinds of objects that are casually or purposely there, I might go around giving a little touch of body paint to stimulate more this merger between dance and writing. And as we approach a mood for presenting what we have so far, it is time to work with performer/audience relationships, merging mover/witness state of consciousness.

Then I tend to ask questions that respond to the context, such as: What is your main purpose? What is your mission? What is your unique contribution to the world? etc. These open questions instigate specific and personal answers and connections through somatic-performative explorations. This leads to a closure that brings us closer together with the feeling of sharing gratitude and careful biding within an acute sense-perception of oneself.

»Dance, Dance or We Are Lost!«

Somatic-Performative Research demonstrates how the work of Laban can be used as baseground for a Practice as Research approach within the academic context. The Art of Movement allows the students to move and be moved by their inquiries – which have specific spatial dynamics, modes of shape change and phrasings – rather than to be the only author, owner, controlling and hegemonic power in the research process. Through the Art of Movement students become co-creators of their research in the process of movement, writing *with* dance from a moving perspective in a relational and creative environment. The object of study becomes a dynamic interactive entity understood and experienced as »soma« (Hanna 1976).

Although taken mostly from Thomas Hanna the term *soma* actually derives from the Vedic tradition described as a sacred drink of eternal life at the »Rig Veda« (Griffith 1896: 368–429). Soma also acts as an inspiration and motivating force. Similar force has been conceptualised by Laban – one of the pioneers of contemporary somatics – who introduced the term *Antrieb*. In Laban's *Eukinetics*, *Antrieb* is our inner attitude towards the four motion factors along gradations between condensing and indulging, with the flow motion factor as its foundation.

Eukinetics is inseparable from spatial trace-forms and relationships understood as part of the *Choreutics* category. The association of *Eukinetics* and *Choreutics* – called *Dynamosphere* – connects inner motivation and spatial context in a form of relevant research. This is not only in agreement with *Practice as Research* but aligns itself with Vedic ancient tradition in a historically grounded somatic research: »Soma in Vedic tradition thus represents essentially a non physical mind stimulant, and drive. The motivating force for intellect and also the store of scientific knowledge from researches that act as source of capability as an enabler of actions for the welfare of the society.« (Hindu Revolution 2013) Both ancient *soma* and contemporary *Practice as Research* encompass an intrinsic association between art and science, personal creativity and social relevance. The *Art of Movement* has this somatic grounding and relevance and connects movement and meaning in integrative and transgressive ways. Human beings, as much as all living forms and any existing matter in the physical world, from micro to macrostructures, can only exist as vibratory waves between »stir and stillness.« (Laban 1984 [1939]) It is not just the human body that is telling its story through *Tanztheater* (Servos 1998: 42) continuously create modes of somatic wisdom through movement. For example, the spiralling movement of plants while in the process of growing demonstrates an advanced mode of living and relating which has inspired choreographers (Mathern 1986) and contemporary philosophers (Marder 2013).

Movement indeed constitutes the nature of life itself, from growing organisms to expanding universes, from senso-perception and personal relationships to social gatherings and pathways, from local flux of people and material goods to planetary and environmental changes. Movement is the very nature of existing, relating, learning, exploring and growing. As the Art of Movement, dance deals creatively with life's basic constitutions and developments. Therefore, dance is a fundamental mode of research that does not need to ground itself in other fields of knowledge to legitimate itself as a field of study, although it relates to all of them from its own perspectives. Dance Practice as Research is proper not only to study dance itself but also to be successfully applied to other fields of knowledge. A Practice as Research that bases itself in dance can validate and enhance embodied processes of exploring and creating knowledge in any field. The Art of Movement is a wide medium of research which reconnects us to organic and inorganic forms towards more equal modes of interacting, creating and evolving Dance is a fundamental and relevant art form, especially to ground and accomplish the emergent paradigm of Practice as Research as applied to dance itself and to any field of knowledge.

REFERENCES

Damásio, Antônio (1994): *Descartes' Error: Emotion, Reason, and the Human Brain*, New York: Harper Collins.

Fernandes, Ciane (2012): How does »what moves us« move itself?, in: *Movement News*, New York: Laban/Bartenieff Institute of Movement Studies (Fall), pp. 5-10.

Fortin, Sylvie (1999): *Educação Somática. Cadernos do GIPE-CIT*, Salvador: Federal University of Bahia (2/1999), pp. 40-55.

Hackney, Peggy (1998): *Making connections*, Amsterdam: Gordon & Breach.

Hanna, Thomas (1976): The field of Somatics, in: *Somatics*, Vol. 1, No. 1 (Autumn), pp. 30-34.

Hartley, Linda (1995): *Wisdom of the body moving*, Berkeley: North Atlantic Books.

Haseman, Brad C. (2006): Manifesto for Performative Research, in: *Media International Australia incorporating Culture and Policy* (118/2006), pp. 98-106.

Laban, Rudolf von (1984): *A vision of dynamic space*, London: Laban Archives & The Falmer Press.

Lepecki, André (2004): *Of the Presence of the Body*, Middletown: Wesleyan University Press.

Marder, Michael (2013): What is Plant-Thinking?, in: *Klesis – Revue Philosophique*, no. 25 – Philosophies de la nature, pp. 124-143.

Mathern, Teresa (2001): Involving a Versatile Grass Spiral (Choreography Project), in: *Movement News*, New York: Laban/Bartenieff Institute of Movement Studies (Spring), pp. 21-23.

Mills, Jon (2004): Clarifications on *Trieb*: Freud's Theory of Motivation Reinstated, in: *Psychoanalytic Psychology*, Vol. 4, No. 21, pp. 673-677.

Pallaro, Patrizia (Hg.) (1999): *Authentic Movement* (Band 1), London: Jessica Kingsley.

Schmidt, Jochen (2000): Erfahren, was Menschen bewegt. Dreißig Jahre Tanztheater in Deutschland, in: *Tanztheater heute. Dreißig Jahre deutsche Tanzgeschichte*, Seelze/Hannover: Kallmeyersche, pp. 6-15.

Servos, Norbert (1998): Pina Bausch: Dance and Emancipation, in: Alexandra Carter (Hg.), *The Routledge Dance Studies Reader*, London: Routledge, pp. 36-45.

Servos, Norbert/Weigelt, Gert (1984): *Pina Bausch Wuppertal Dance Theater or The Art of Training a Goldfish* (translated by Patricia Stadie), Köln: Ballett-Bühnen-Verlag.

Internet References

Bausch, Pina (2007). *Kyoto Prize lecture*. Retrieved from: http://www.pinabausch.org/en/pina/what-moves-me (last access: 08.04.2013).

Griffith, Ralph Thomas Hotchkin (1896). *The Hymns of the Rigveda*. Retrieved from: http://www.sanskritweb.net/rigveda/griffith.pdf (last access: 25.09.2014).

Hindu Revolution (2011). *On Soma. Hindu Revolution*. Retrieved from: http://hindurevolution.blogspot.com.br/2011/03/soma-in-vedas.html (last access: 08.04.2013).

Photo Credit

Ciane Fernandes

Zur Komplexität choreographischer Forschung: Forschungsvorstellungen, praxisimmanente Grenzziehungen und praktische Beglaubigungen
Eine praxeologische Untersuchung

Katarina Kleinschmidt

Kennzeichen der Kunst ist mithin [...], dass sie das Prinzip der Reflexion [...] den Strategien eines ›Austestens‹ und Experimentierens unterstellt. Der Charakter experimenteller Reflexivität folgt aus der Besonderheit des ästhetischen Vollzugs, der auf Wahrnehmungen und nicht auf argumentative Bestimmungen oder Diskurse referiert, der daher im Sinnlichen und nicht im Begrifflichen operiert. (Mersch 2013: 37)

Wissenschaft und Kunst überzeugen je auf eigene Weise durch Evidenz; auch wenn die Szenarien und die Effekte dieser Evidenz verschieden sind: kognitiv – aber doch nicht *nur* kognitiv – im Fall der Wissenschaft; sinnlich – aber doch *auch* kognitiv – im Fall der Kunst. Hypothesen, Experimente, Argumentationsstrategien und Diskurse formieren das Szenario der (Wissens-)Evidenz in der Wissenschaft. In der Kunst hingegen ist es die Evidenz des ästhetischen (Er-)Scheinens – und diese ist (oder: macht) sprachlos. (Brandstetter 2007: 43; Herv. i. O.)

Diese Zitate belegen eine mittlerweile gut etablierte Diskussion um das Wissen der Künste. Sie sind Teil eines akademischen Feldes, das einen wichtigen Beitrag dazu leistet, Standards und etablierte Vorstellungen von Wissen(schaften) und Künsten gleichermaßen zu befragen. Dennoch gilt es angesichts des häufigen Hervorhebens von künstlerischem bzw. tänzerischem Wissen als kritischer Wissenskategorie, die theoretischen Prämissen noch einmal zu befragen, die zu solcherart generalisierenden Aussagen führen. Betrachtet man Wortwahl und Kategorien dieser Diskussion genauer, fällt erstens eine kategoriale Abgrenzung von *der* Wissenschaft auf, der *die* Kunst gegenübergestellt wird. Zweitens bleibt aber Wissenschaft als Referenzrahmen und Maßstab bestehen, indem Kunst oder Tanz als *auch* kognitiv, *auch* reflexiv, *auch* systematisch oder *auch* methodisch beschrieben werden. Eine solche kategoriale Abgrenzung birgt die Gefahr einer schleichenden Essentialisierung *des* tänzerischen Wissens als flüchtig und über Negativierungen als sprach- bzw. begriffslos. Sie droht darüber hinaus, experimentelle bzw. forschende Kunst als per se wissen(schaft)skritisch festzuschreiben und darüber die Komplexität von künstlerischem bzw. tänzerischem Wissen auszublenden.

Ziel meiner Arbeit ist es hingegen, eine Ausdifferenzierung von Praktiken choreographischen Forschens sowie von damit verbundenen Wissensformen zu erreichen. Am Beispiel des Produktionsprozesses zu *wallen* (2012) von Sebastian Matthias und Team[1] frage ich nach den Vorstellungen von Forschung, die Choreographen und Tänzer im Probenalltag praktizieren sowie nach Grenzen, die sie dabei eventuell selbst ziehen: zwischen dem, was als zentraler Teil choreographisch forschender Arbeit betrachtet wird, was zum Bewegungsmaterial *dazu gehört* oder aus dem *eigentlichen* Proben ausgegrenzt wird. Entlang welcher Vorstellungen von Wissen(schaft) werden diese Grenzen praktiziert und inwiefern werden Stereotype dabei stabilisiert oder unterlaufen?

Damit verfolge ich einen produktionsästhetischen und praxeologischen Ansatz (vgl. Schmidt 2012)[2], der gerade die Spezifik und Komplexität choreographisch-forschender Praxis vorzustellen und gegen essentialisierende Tendenzen des Diskurses zu lesen vermag. Oben genannte Grenzziehungen und Zuschreibungen – so meine These – halten sich auch deshalb so hartnäckig, weil sie durch Praktiken selbst immer wieder stabilisiert werden und als praktische Grenzziehungen Teil der Spezifik choreographisch-forschender Prozesse sind. Wie ich zeigen werde, besteht diese Spezifik darüber hinaus in der komplexen Verbindung von diversen (in der Wissenschaft gegenübergestellten) Forschungsvorstellungen mit ritualisierten Beglaubigungen und ästhetischen Entscheidungen.

Eine schleichende Essentialisierung von tänzerischem Wissen – so mein Argument für einen praxeologischen Forschungsansatz – hat ihren Grund nämlich in einer zumeist rezeptionsästhetischen Auseinandersetzung mit Tanz, die selten an einer Untersuchung der Eigentümlichkeit, Widersprüche und Vielfalt komplexer choreographischer Entstehungsprozesse ansetzt.

---

1 | Das Team besteht aus den Tänzern Jan Burkhardt, Lisanne Goodhue, Deborah Hofstetter, Isaac Spencer sowie dem Sounddesigner Jassem Hindi.

2 | Eine praxeologische Tanzwissenschaft ist bisher ein Desiderat der deutschen Tanzwissenschaft (mit Ausnahme von Husemann 2009; Klein 2014). Meine Überlegungen in diesem Text basieren auf qualitativen Forschungssequenzen durch u.a. teilnehmende Beobachtung, die ich in vier mehrmonatigen Tanzproduktionen sowie vier choreographischen Workshops im Kontext von Tanzausbildung und ›freier‹ Szene durchgeführt und ausgewertet habe.

GRENZZIEHUNG #1:
DISKUSSIONEN VERSUS CHOREOGRAPHISCHES MATERIAL

Eine Probe zu *wallen*: Die Tänzer stehen um einen Laptop herum, schauen youtube-Videos von lachenden Menschen, beginnen selbst zu lachen, beobachten sich gegenseitig. Dann ziehen sie sich einzeln und still an verschiedene Orte im Probenstudio zurück, um den Erfahrungen beim Lachen nachzuspüren und die Bewegungen auf ihre qualitativen bzw. dynamischen Dimensionen hin zu untersuchen. Sie probieren die konvulsiven Erschütterungen stoßhaften Lachens erst im Oberkörper und versuchen dann, sie mit anderen Körperteilen auszuführen, mit einem Arm oder Bein. Sie arbeiten akribisch daran, den dynamisch-qualitativen Dimensionen der Bewegungen des Lachens und der daraus entstehenden Körperlichkeit nachzuspüren, um ihre spezifischen Merkmale herauszuarbeiten. Mal steigt ein Tänzer aus, beobachtet still die anderen, bis sich nach diesen *stillen* Stunden des Ausprobierens und Generierens choreographischen Materials, den sogenannten *experimental hours*, das Team im Kreis in der Mitte des Studios sammelt. Im Sitzkreis diskutiert und reflektiert das Team gemeinsam die Erfahrungen mit den Aufgaben zur Arbeit an der Körperlichkeit des Lachens. Diese Diskussionen machen bis zur Hälfte der täglichen Probenzeit aus und sind zentraler Bestandteil des Probenalltags. Ihre Bedeutung für den Prozess wird immer wieder von Matthias betont. In einer der Diskussionen wird zum Beispiel *Richtung* als Analysekategorie diskutiert. Einer der Tänzer (Burkhardt) beispielsweise äußert in einer der Diskussionen, ob die Kategorie *Richtung* von Bewegung hilfreich ist, wenn Bewegung nicht als Ablauf im Raum, sondern als Intensität bzw. Qualität gedacht werden soll: »I'm asking myself, if *direction* is the right criteria for thinking a quality if we don't want linear movement.« Er erklärt, dass er begonnen habe, beim Ausprobieren der Bewegungen Vorstellungsbilder verschiedener Trainings miteinander zu vergleichen. Für den Baustein *pressing* beispielsweise erklärt er: »In *pressing*, I don't feel it makes a difference if I press towards or away from the bones as I would do in Feldenkrais.« Für Lachen habe er begonnen, mit der Vorstellung eines *resistant containers* zu arbeiten. Er deutet eine Art zitternder Bewegung an, die sich allmählich verschiebt, statt sich zielgerichtet im Raum und entlang der Vorstellung eines Ablaufs zu bewegen. Die anderen Tänzer nehmen seinen Vorschlag auf, probieren die neuen Vorstellungsbilder aus und machen weitere Vorschläge, um Lachen auf seine *grundlegenden qualitativen Strukturen* zu abstrahieren (»we want to abstract it and move it any direction«). Beispielsweise schlägt Matthias den Begriff *amplitude* vor, den er als das Abweichen eines Pendels von einer Mittellinie beschreibt. Oder eine Tänzerin (Goodhue) versteht den *resistant container* als »shifting from repetition« und beschreibt erfreut, dass die Bewegungen mit diesem Vorstellungsbild *less theatrical* wirkten.

An diesem Beispiel lässt sich eine praktische Grenzziehung zwischen *eigentlichem* Proben bzw. Generieren von Material einerseits und Diskussionen bzw. Sprache andererseits herausstellen, die die Diskussionen von den *experimental hours* trennt. Sie wird durch drei Merkmale der Alltagspraktiken des Probens generiert: Erstens durch eine räumliche Trennung zwischen dem Diskussionskreis in der Mitte des Raumes und dem Ausprobieren, bei dem die Tänzer – still, konzentriert, jeder für sich – im Raum verteilt sind. Zweitens markiert das Benennen als *experimental hours* das *stille* Proben, hebt es hervor und grenzt es von den Diskussionen ab. Und drittens etabliert das wiederholte Betonen, *dass* die Diskussionen zentral sind und *auch* zum Proben gehören, eine Trennung. Die Tänzer praktizieren – so ließe sich diese Probenpraxis auf Mikroebene deuten – ein stillschweigendes gemeinsames Trennen von Ausprobieren des *eigentlichen* choreographischen Materials einerseits und Sprache bzw. Diskussionen andererseits, wobei letztere durch die Betonung der Zusammengehörigkeit gerade als das *Andere* des Probens markiert werden. Hier lassen sich praxis-inhärente Grenzziehungen beobachten, die stereotype Vorstellungen von Wissen(-schaft) insofern stabilisieren, als sie sich entlang einer Linie von Wissenschaft und Sprache versus *sprachlosem* Tanz bewegen. Obwohl also die Proben zu *wallen* ein durchaus reflektiertes und komplexes Beispiel von Practice-based Research bilden, ist die Probenpraxis *nicht lediglich* wissenschafts*kritisch*. Vielmehr zeigt ein Blick auf die Mikroebene des Probenalltags auch stereotype Vorstellungen von Wissenschaft und Tanzwissen.

Derartige Grenzziehungen sind in vielen Produktionsprozessen verbreitet. In Antje Velsingers Proben zu *You Are Here* werden die Diskussionen insofern als *das Andere* des Probens markiert, als hier sämtliche Improvisations-Runden der Kollaborateurinnen[3] auf Video aufgezeichnet werden, die Diskussionen davon allerdings ausgeschlossen sind. Der Gang zur Kamera, die vor den Improvisationen an und nach ihnen wieder ausgeschaltet wird – grenzt die Diskussionen systematisch vom Generieren des szenischen Materials ab. Damit gilt es nicht, den choreographisch forschenden Prozessen ihren Wert abzusprechen, aber meines Erachtens wird ein Blick auf die Komplexität dieser forschenden Prozesse diesen eher gerecht, als ein pauschales Argument, dass künstlerisches Forschen per se wissenschaftskritisch sei.

Die praktischen Grenzziehungen lassen sich zudem weiter differenzieren. Ist die hier praktizierte Erfahrung tatsächlich sprachlos? Schaut man sich die Diskussionsrunden genauer an, wird deutlich, dass auch die *experimental hours* nicht ohne Sprache und Reflexion verlaufen. Im Beispiel oben hinterfragen die Tänzer während des Ausprobierens immer wieder *Richtung* als Analysekategorie, sie arbeiten mit verschiedenen Vorstellungsbildern und Begriffen. Somit

---

3 | Neben Velsinger als Choreographin und Tänzerin wirken die Bildende Künstlerin Janina Ahrendt und die Soundkünstlerin Miki Yui mit.

erweist sich das Bilden und Reflektieren von Begriffen sowie das Praktizieren entlang der Begrifflichkeiten für das *stille* Ausprobieren als zentral. Um die Abgrenzungen zwischen Tanz und Sprache in den einführenden Zitaten entlang des Beispiels gegenzulesen, ließ sich zeigen, *wie* die Tänzer *argumentativ* vorgehen, um gegen ein linear-räumliches Modell von Bewegung (von Punkt zu Punkt) und damit sozusagen *gegen einen dominanten Diskurs*[4] anzuarbeiten. In der Diskussion wird *Richtung* als Kategorie abgelöst und durch Begriffe wie *resistant container* und *amplitude* ersetzt, die eher ein qualitatives Bewegungs-Konzept zu inspirieren vermögen.

Methodologie der Praxeologisierung

Der Begriff *Methodologie der Praxeologisierung*[5] ist in der aktuellen Diskussion um Praxistheorien von Robert Schmidt geprägt worden und hebt auf ein mikro-logisches Gegenlesen von Praxisbeispielen gegen theoretische Modelle ab. Um im Kontext forschender Praktiken zu bleiben, möchte ich den Begriff an einem Beispiel der ethnographisch empirischen Laborstudien erläutern. Bruno Latour und Steve Woolgar übersetzen 1979 erstmals eine Kritik an dichotomen Wissenskonzepten, die wissenschaftliches Wissen per se und ontologisch sowie durch die Annahme einer besonderen wissenschaftlichen Rationalität von Alltagswissen unterscheiden, in das Forschungsdesign ihrer Studie *Laboratory Life* (Latour/Woolgar 1979: 26). Statt *rationale* bzw. *intellektuelle* Faktoren von Forschung zu untersuchen und soziale Anteile (Gespräche, die oft kontingente Wahl von Apparaturen, das Antizipieren von Kritik durch Kollegen) als un-wissenschaftliche Begleiterscheinungen *auszugrenzen*, untersuchen sie die *soziale Alltagspraxis* im Labor und wie die Wissenschaftler selbst Grenzziehungen zwischen Wissenschaftlichem und Sozialem in Gesprächen artikulieren und stabilisieren. Statt individueller Aktionen oder Entscheidungen Einzelner stehen soziale Praktiken[6] unter Beobachtung, kollektiv-geteilte und wiederhol-

---

4 | Es ließe sich ausführlicher diskutieren, inwiefern ein dynamisch-qualitatives Bewegungskonzept bereits ein dominanter Diskurs ist, man denke an die weite Verbreitung von Vorstellungsbildern in Trainings, die auf dynamische Dimensionen von Bewegung zielen.

5 | Schmidt geht mit Bourdieu (1976) davon aus, dass (Alltags-)Praxis komplexer ist als es theoretische soziologische Modelle fassen können. Eine Bestimmung von Praxis sei dagegen nur negativ möglich, als ein Gegenlesen theoretischer Modelle, deren Grenzen damit aufgezeigt werden (Schmidt 2012: 33f.).

6 | Theodore Schatzki zum Beispiel, einer der zentralen Vertreter der aktuellen praxistheoretischen Debatte, definiert soziale Praktiken als Nexus aus *doings and sayings*, als ›vernetzte‹ Aktionen und Sprechhandlungen, die durch Wiederholungen und Routinisierungen über die Zeit sowie über Orte hinweg verbunden sind (Schatzki 2002: 72).

te Alltagsroutinen. Wissen – auch wissenschaftliches Wissen – ist aus dieser Sicht nicht im *Mentalen*, sondern in den selbstverständlichen Handlungen sozialer Felder verortet. Der methodische Zugang der teilnehmenden Beobachtung erlaubt Latour und Woolgar, die Spezifik wissenschaftlichen Wissens im Konstruktions*prozess* vom Kontingenten zum *universellen Fakt* (Latour/Woolgar 1979: 40f.) zu verorten.

Welche Forschungsvorstellungen praktizieren die Tänzer im Probenprozess von *wallen* und wie verhalten sich diese Vorstellungen zueinander?

Eklektische Forschungsvorstellungen

In *wallen* lässt sich erstens von einem *ontologischen* Forschungsinteresse sprechen, das sich auf die *Seinsweise* bzw. das *Wesen* von Bewegungen wie Lachen oder Schluchzen richtet.[7] Denn das Bewegungsmaterial, das durch die anfangs beschriebenen akribischen Analysen generiert wird, gilt als *grundlegendes Muster* von beispielsweise Lachen.

Kritischer Ausgangspunkt des Konzeptes zu *wallen* ist *zweitens* eine Art Dekonstruktion essentialisierender Vorstellungen von Emotion und *Innerlichkeit*.[8] Indem *Manifestationen von Emotionen* (Bewegungen wie Lachen, Schluchzen, Seufzen etc.) bis auf unterschiedliche Zitter- und Zuckfrequenzen zerlegt, das Ausgangsmaterial für die Choreographie bilden, sollen Emotionen von einer expressiven Innerlichkeit gelöst werden. Bei der Dekonstruktionen[9] als Lektüreverfahren gilt es, an vermeintlichen *Wahrheiten* anzusetzen und diese

---

7 | Zunächst ist die Frage nach grundlegenden qualitativ-dynamischen Eigenschaften von Bewegung auf die implizite Übernahme Labanscher Analysekategorien (wie Effort) und von Zielen (wie der Analyse elementarer Grundaktionen) zurückzuführen (Laban 1996). Versucht man darüber hinaus, das choreographisch forschende Vorgehen mit wissenschaftstheoretischen Begriffen zu fassen, ließe sich solch ein Konzept von grundlegend *seienden*, vorgängigen Strukturen als ontologisch bezeichnen (vgl. Prechtl/Burkhard 1996).

8 | Zwar haben bereits u.a. Tänzer der amerikanischen Postmoderne eine Repräsentation und Essentialisierung von Emotion gestört, indem sie mit Brüchen und Verfremdungen arbeiten – wenn zum Beispiel Dick Levine nach Stoppuhr weint (Hardt 2006: 149). Matthias‹ Arbeitsweise unterscheidet sich insofern von solchen Ansätzen des Postmodern Dance, als er die Dekonstruktion als Ausgangspunkt nutzt, um *neues* Bewegungsmaterial (Prinzipien pressender, zuckender oder schwingender Bewegungen) und choreographische Verfahren wie *abstract/concrete* zu generieren.

9 | Dekonstruktion gilt als ein zentrales Verfahren seit dem *Linguistic Turn* (Rorty 1992, engl. Original 1967) und ist vor allem mit kritischen Lektüreverfahren von Jacques Derrida verbunden. In einem nicht abschließbaren Prozess der Konstitution von Bedeutung durch das Lesen wird vermeintlichen Gewissheiten quasi der Boden entzogen, Ver-

als metaphysische bzw. ontologisierende Konstrukte zu *entlarven*. Dekonstruktivistische Verfahren versuchen, metaphysische Setzungen wie die einer Einheit bzw. Identität des Seienden mit sich selbst über Zeiten (ahistorisch) und Räume (universell) hinweg zu zersetzen. Bei *wallen* ließe sich insofern von einem Verfahren der Dekonstruktion sprechen, als ihre Bewegungsanalyse an der Innerlichkeit von Emotion als vermeintlich Gegebenem bzw. als vorausgesetzter *Wahrheit* ansetzt und diese als Konstrukt ausstellt. Die Tänzer legen beispielsweise in den Diskussionen implizite Voraussetzungen offen (wie u.a. Kategorien wie Richtung in einem linearen Ablauf), die einem modernen Konzept von Bewegungsfluss unterliegen. Zudem werden essentialisierende Annahmen durch choreographische Prinzipien wie *abstract/concrete* gleichsam entlarvt und dem Publikum vor Augen geführt: Ein Schluchzen wird erst – recht naturalistisch – im Oberkörper angesetzt und dann auf einen Arm verlagert. Wo anfangs noch ein Wiedererkennen von Schluchzen entstehen kann, das durch die Vorstellung, dass hier Innerlichkeit ausgedrückt sein könnte, auf den Zuschauer wirkt, soll spätestens mit der Verschiebung auf den Arm deutlich gemacht werden, dass es um die *abstrakte* Intensität der Bewegung geht. Mit einem solchen Verfahren sollen die Voraussetzungen aufgedeckt und spürbar werden, die gegeben sein müssen, um emotional berührt zu sein. Im Falle der expressiven Innerlichkeit bestehen diese im Wiedererkennen der Bewegung des Schluchzens und in der Annahme bzw. dem Glauben daran, dass durch das Schluchzen innere Emotionen zum Ausdruck kommen.

Leitend bei der Bewegungsanalyse ist *drittens* eine Imagination von Reinheit der Bewegungsqualitäten: Erst wenn sie gleichsam unverschmutzt ausgeführt und dann im Körper kombiniert werden (der Oberkörper macht eine andere Frequenz als der Unterkörper), entsteht die gewünschte ästhetische Wirkung. Dieses Wirkungskonzept, im Probenprozess von *wallen* als *Phantom-Körper* genannt, folgt der Vorstellung der Künstler, durch bestimmte Kombinationen ein *Mehr* zu produzieren. Diese besonders intensive – geradezu körperlich ergreifende und direkt den Zuschauerkörper affizierende – Wirkung entsteht aber nur dann, wenn die *choreographischen Bausteine* möglichst *rein* ausgeführt werden. Das Vorgehen in den Proben entspricht also einer Vorstellung von Forschung, bei der sozusagen ein *Substrat* identifiziert und möglichst *rein* voneinander abgesondert werden. Es impliziert mithin eine Analyse, die den Kern bzw. die Essenz der Bewegung freilegt – und dann werden systematisch Kombinationen dieser *Substrate* abgearbeitet und deren Wirkungen *getestet*. So werden die Essenzen von Substanzen – fast wie in einem chemischen Experiment oder Reagenzglas – zusammengebracht und anhand der Frage: »Stellt sich ein Phantom-Körper ein oder nicht?« wird beobachtet, ob sie mit-

fahren, die bereits seit dem postdramatischen Theater verbreitet sind (vgl. Primavesi 2005).

einander reagieren. Mit dieser Vorgehensweise ist ein Forschungsdesign entworfen, das an Ideen eines naturwissenschaftlichen Experiments und *reinen Produkten* angelehnt ist.

So stehen im Probenprozess von *wallen* de-konstruktivistische, ontologische und naturwissenschaftlich-experimentelle Vorgehensweisen nebeneinander, die sehr unterschiedlichen Wissenschaftsbereichen entstammen.[10] Nicht selten werden sie in Geistes- und Kulturwissenschaften prinzipiell einander gegenübergestellt oder gar gegeneinander ausgespielt, wenn zum Beispiel Dekonstruktion sich als Verfahren der Kritik an einer Ontologisierung und Naturalisierung von u.a. Körper und Geschlecht versteht. Im Falle dieser choreographischen Forschung lässt sich das akribische Einlassen-Können der Tänzer auf vermeintlich sich ausschließende Forschungsvorstellungen erstens als komplexes Wissen ausweisen und zweitens als wissenschafts*kritische* Praxis lesen. Ist das Vorgehen in *wallen* also nicht in allen Mikropraktiken wissenschaftskritisch, so wirkt eine Wissenschaftskritik über die Vielfalt und die Kombination von Forschungsvorstellungen.

GRENZZIEHUNG #2:
ABSTRAKTION VERSUS EMOTION

Das zentrale Vorgehen des Analysierens *grundlegender Strukturen* ließe sich als eine Abstraktion von Emotionen verstehen (»we want to abstract it ...«), die Emotionen als Gegenstand pointiert und nahe legt, dass Emotionen erst durch ein abstrahierendes Vorgehen im Kontext von Research legitim werden. Für die Bewegungsqualitäten verwenden die Tänzer nicht Begriffe wie Angst oder Freude, die Emotionen bezeichnen, sondern damit verbundene Aktionen wie z.B. *retreat* (zurückziehen) für Angst. Ziel ist es, sich immer wieder daran zu erinnern, eine »abstrahierte Qualität von Angst« zu kreieren und nicht Angst oder Wut darzustellen. Daher gilt auch »theatrical«, das eine der Tänzerinnen (Goodhue) in der Diskussion erwähnt, als negatives Kriterium.

Vor diesem Hintergrund ließe sich schlussfolgern, dass hier auf der Mikro-Ebene Zuschreibungen von Wissenschaft als abstrakt, unemotional und

---

10 | So gilt Ontologie als historisch eng verbunden mit Metaphysik (Prechtl/Burkhard 1996), deren Zerstörung und kritische Befragung sich diejenigen Verfahren zum Ziel setzen, die - wie u.a. die Dekonstruktion - seit dem *linguistic turn* an einer Öffnung und Historisierung von *universellen* (*seienden*) Kategorien, Strukturen und Perspektiven arbeiten. Zum Beispiel versteht sich Butlers Vorgehen als eine Dekonstruktion von Geschlechterontologie, die (biologisches) Geschlecht statt als *natürliche* (*seiende*) Kategorie als normierendes Ideal fasst (Butler 1991: 38) und damit auch den Essentialismus naturwissenschaftlicher Annahmen kritisiert.

auf Universalisierung zielend stabilisiert werden. Allerdings schwingt im Erfinden von alternativen Begriffen auch mit, dass sich die Tänzer immer wieder daran erinnern, dass im Prozess der Analyse eine bestimmte Bewegungskonstellation als Qualität von Lachen *konstruiert* wird.

Beglaubigungen

Ein auffallendes Merkmal in der teilnehmenden Beobachtung ist, dass während der Proben immer wieder Gesprächen Zeit eingeräumt wird, in denen der Wert affirmiert wird, den die choreographische Forschung für die Beteiligten hat (»hard, tired, but not frustrated« und »constructive days«). Immer wieder wird bestätigt, dass das Arbeiten hart, aber wichtig sei, um mehr über die »Grundlagen von Tanz« zu erforschen, worunter die Probenden das Arbeiten am Wirkungsprinzip, dem *Phantom-Körper*, verstehen. Die Bedeutsamkeit dieser gewünschten Wirkung wird in den Gesprächen gemeinsam und wiederholt affirmiert und durch eine Rhetorik gestützt, die das Proben als Grundlagenforschung perspektiviert (»Wissen über Tanz schaffen«, »Was ist Tanz?«). Das Entstehen des *Phantom-Körpers* wird regelrecht abgefragt, zunächst beim systematischen Kombinieren und Testen der Kombinationen von Zuckfrequenzen. Zudem fragt der Choreograph auch diejenigen Beteiligten wie Sounddesigner und Dramaturgin, die nicht ständig in den Proben anwesend sind, oder Vertraute, die gelegentlich zum Feedbackgeben kommen, welche Wirkungen zu sehen sind bzw. – im Falle von Eingeweihten, die den Prozess und Begriff kennen – ob die erzielte Wirkung erreicht wird. Somit sind wiederholte Bestätigungen bzw. Beglaubigungen der Wahrnehmung des *Phantom-Körpers* zentral.

Gerahmt von Entscheidungen aus ästhetischen Motiven (wie »the dramaturgical need to let the tension go«) bilden solche Beglaubigungen neben praxisimmanenten Grenzziehungen und eklektischen Forschungsvorstellungen einen zentralen Aspekt der choreographischen Forschung, so die in diesem Text vertretene These. So scheinen die Tänzer und der Choreograph Validität und Bedeutung der eigenen künstlerischen Forschung wiederholt und fast ritualisiert bestätigen zu müssen. Und auf der Ebene solcher Beobachtungen – so möchte ich abschließend resümieren – lässt sich das Potenzial einer praxeologischen tanzwissenschaftlichen Forschung aufzeigen. Statt das Fehlen von einheitlichen und langjährig institutionalisierten Validitätskriterien künstlerischer Forschung zu betrauern (wie in der Diskussion zu Artistic Research verbreitet), ermöglicht eine Praxeologie, Spezifiken choreographischen Forschens auf der Mikroebene der Alltagspraktiken zu untersuchen. Und dazu gehören auch jene *gewachsenen* Praktiken des Beglaubigens. Denn schaut man auf die mittlerweile weite Verbreitung von choreographischer Forschung und Bewegungsrecherche, auf ihre Institutionalisierung in Tanzausbildung und *freier*

Szene, so wird deutlich, dass Artistic bzw. Practice-based Research keine *neuen* Phänomene sind. Und hier liegt ein Potenzial praxeologischer Forschung, diejenigen Standardisierungen und *gewachsenen* Praktiken en detail zu analysieren, die choreographisches Forschen inzwischen ausgebildet hat. Die Beglaubigungen in *wallen* verorten Forschung in einem diskursiven Spannungsfeld von »harter Arbeit« und »Grundlagenforschung«. Genau hier kann eine praxeologische Forschung ansetzen und *gewachsene* (diskursive) Praktiken der eigenen Validierung untersuchen, indem sie die sozialen Praktiken zusammen mit dem Begrifflichen choreographischer Forschung fokussiert.[11]

Literatur

Brandstetter, Gabriele (2007): Tanz als Wissenskultur. Körpergedächtnis und wissenstheoretische Herausforderung, in: Sabine Gehm/Pirkko Husemann/Katharina von Wilcke (Hg.), *Wissen in Bewegung. Perspektiven der künstlerischen und wissenschaftlichen Forschung im Tanz*, Bielefeld: transcript, S. 37-48.

Bourdieu, Pierre (1976): *Entwurf einer Theorie der Praxis auf der ethnologischen Grundlage der kabylischen Gesellschaft*, Frankfurt a.M.: Suhrkamp.

Butler, Judith (1991): *Das Unbehagen der Geschlechter*, Frankfurt a.M.: Suhrkamp.

Hardt, Yvonne (2006): Reading Emotions. Lesarten des Emotionalen am Beispiel des modernen Tanzes in den USA, in: Margrit Bischof/Claudia Feest/Claudia Rosiny (Hg.), *e_motion*, Münster/Hamburg/London: LIT, S. 139-155.

Husemann, Pirkko (2009): *Choreographie als kritische Praxis. Arbeitsweisen bei Xavier Le Roy und Thomas Lehmen*, Bielefeld: transcript.

Klein, Gabriele (2014): Praktiken des Tanzens und des Forschens. Bruchstücke einer praxeologischen Tanzwissenschaft, in: Margrit Bischof/Regula Nyffeler (Hg.), *Visionäre Bildungskonzepte im Tanz. Kulturpolitisch handeln – tanzkulturell bilden, forschen und reflektieren*, Zürich: Chronos, S. 103-115.

Laban, Rudolf von (1996): *Kunst der Bewegung*, Wilhelmshaven: Noetzel.

Latour, Bruno/Wolgaar, Steve (1979): *Laboratory Life. The Construction of Scientific Facts*, Princeton: Princeton University Press.

Mersch, Dieter (2013): Kunst als epistemische Praxis, in: Elke Bippus (Hg.), *Kunst des Forschens. Praxis eines ästhetischen Denkens*, Zürich: Diaphanes, S. 27-47.

Prechtl, Peter/Burkhard, Franz-Peter (Hg.) (1996): *Metzler Lexikon Philosophie. Begriffe und Definitionen*, Stuttgart/Weimar: Metzler.

---

11 | Vgl. den Beitrag von Hardt in diesem Band.

Primavesi, Patrick (2005): Dekonstruktion, in: Erika Fischer-Lichte/Doris Kolesch/Matthias Warstat (Hg.), *Metzler Lexikon Theatertheorie*, Stuttgart/Weimar: Metzler, S. 63-67.

Rorty, Richard (1992): *The Linguistic Turn. Essays in Philosophical Method*, Chicago/London: The University of Chicago Press.

Schatzki, Theodore (2002). *The Site of the Social. A Philosophical Account of the Constitution of Social Life and Change*, University Park, Pennsylvania: Penn State University Press.

Schmidt, Robert (2012): *Soziologie der Praktiken. Konzeptionelle Studien und empirische Analysen*, Berlin: Suhrkamp.

TranceForms. Eine künstlerische Übersetzung des orientalischen Frauenrituals Zâr für die zeitgenössische Bühne
Verschriftlichung einer Lecture Performance

Margrit Bischof und Maya Farner

Das Zâr-Ritual, ein Frauenritual aus dem Orient, hat sich über Jahrhunderte in seinen Grundstrukturen erhalten. Es übt auch heute eine Faszination auf Menschen aus, denn die archaische Bewegungssprache sowie die Symbolik des Kultes haben ihre Gültigkeit über Grenzen hinaus bewahrt. Die Lecture Performance verweist mit Text, Tanz und Projektionen auf die Transformation vom ursprünglichen Ritual zu einer zeitgenössischen Inszenierung. Dabei tauchen Themen aus der künstlerisch-kreativen Praxis auf, die den Stellenwert besonders der ekstatischen Dimension für neue kulturschöpferische Möglichkeiten ausloten. Es stellen sich folgende Fragen: Inwiefern lassen sich die Zuschauenden in den Prozess dieses Rituals einbeziehen? Was bedeutet autopoietische Feedback-Schleife, wie lässt sie sich erforschen und wie das Erleben der Liminalität ergründen? Wodurch lässt sich die rituelle Gemeinschaft charakterisieren und wie erfahren? In einem Gedankenaustausch nach der Performance wird gemeinsam nach Antworten gesucht.

LECTURE PEFORMANCE

Das Format der Lecture Performance hat sich in vielfältigen Ausprägungen differenziert. Das »Sagen und Zeigen«, wie Gabriele Brandstetter es nennt (2010: 40), verzeichnet stets ein Mehr, also ein Überschusspotenzial, das beständig über sich hinausdrängt. »Lecture und Performance erweisen sich beide, in ihrer Mit-Teilung, als Choreographien und Szenographien des Sagen und Zeigens: Es eröffnet sich ein Raum, indem sich etwas zeigt, das nur in dieser Überlagerung des zeigenden Sagens und des sprechenden Zeigens evident wird.« (Brandstetter 2010: 50). Als multimediales und multidimensionales Präsentationsformat erlaubt die Lecture Performance eine große Interpretationsfreiheit, dies gilt für die Akteurinnen dieser Lecture wie für die Wahrnehmenden im Publikum. Die Partizipation der Zuschauenden und das individuelle Erleben führen zu unterschiedlichen Eindrücken und Erkenntnissen, was bei einer Lecture Performance beabsichtigt ist. Genau diese verschiedenen Wahrnehmungen und Erkenntnisse sollen erforscht werden, wenn die Lecture Performance *TranceForms* unter dem Aspekt *Practice as Research* durchgeführt wird. Im folgenden Text wird versucht, in Ansätzen auch die ästhetische Seite der Lecture Performance anzusprechen, indem zwischen einzelnen Textpassagen Beschreibungen des performativen Geschehens oder auch Fotos eingebaut werden. Aussagen von Zuschauenden, welche sich auf einzelne Themen beziehen, sind in kursiver Schrift eingebettet.

Abb. 1

In einem weiten Mantel betritt die Zâr-Braut den Kreis. Sie trägt ein Räuchergefäss, um mit dem Wohlgeruch verbrannter Harze den Raum zu weihen und die Djinnen zu rufen.

RITUALE

Rituale sind, aus anthropologischer Sicht betrachtet, Aufführungen des Sozialen. Sie haben ein Skript und erzeugen Wirklichkeit, sind daher für die Bildung von Gemeinschaft von essenzieller Bedeutung. Im Ritual können Menschen ihr Verhältnis zu sich, zu anderen und zur Welt darstellen. Sie tun dies performativ und mit ihrem Körperwissen. Mit einem Ritual als Aufführung sozialer Handlungen ist ein wiederkehrendes, zeitlich und räumlich begrenztes Ereignis gemeint. Durch eine bestimmte Rahmung – die Anwesenheit von Akteurinnen und aktive Beteiligung der Zuschauenden – wird es zur gemeinschaftlichen Performance (Wulf/Zirfas 2004; Wulf 2006). Jede Ritualhandlung birgt eine innere, symbolische Kraft; im Zâr gewinnt diese Kraft eine besondere Intensität, da während der ganzen Zeremonie der Tanz als körperliche Aufführung im Mittelpunkt steht. Von großer Wichtigkeit ist im Zâr-Ritual auch die Musik mit den Liedern, welche die Djinnen besingen. Die Texte der Lieder bilden gleichsam die inhaltliche Brücke von einem Ritualteil zum nächsten und erschaffen damit eine Konstante, durch welche die rituellen Handlungen an Dichte gewinnen, da sich alle Teilnehmenden auf derselben Grundlage weiterentwickeln. Eine Überlieferung kann dem Ritual wachsende Wichtigkeit und Kraft verleihen.

ZÂR-RITUAL

Das Zâr-Ritual ist ein im Orient verbreiteter Frauenkult aus vorislamischer Zeit. Es hat sich in seinen Grundstrukturen im Volksglauben bis heute erhalten. Im Zentrum des Rituals steht der Tanz für die Geister – die Djinnen. Ihnen stellen die Frauen in der Trance den Körper zur Verfügung, damit sie sich auf dieser Welt inkorporieren können. Als Gegenleistung erhoffen sich die Frauen Linderung oder Heilung ihrer persönlichen Leiden. Der Besessenheitskult Zâr ist im ganzen arabischen Raum verbreitet. Der Pantheon der Geister, damit ist die Gesamtheit der Gottheiten gemeint, variiert jedoch von Gruppe zu Gruppe und wird oft für die einzelnen Adeptinnen um ihren persönlichen Djinn erweitert. Damit passt sich das Ritual inhaltlich den aktuellen Bedürfnissen der Ritualteilnehmerinnen an, während es formal nahezu unverändert die Jahrhunderte überdauerte. Immer wieder wurden die typischen Bewegungen des Zârs in den Reigen der orientalischen Folklore-Tänze aufgenommen und damit auch im Westen oft gezeigt, ohne in diesem Kontext verstanden zu werden.

Eine »Laila'l-Kabira«, das Initiationsritual in den Zâr-Kult, wird dann durchgeführt, wenn sich eine Frau explizit dafür entscheidet, bei den Djinnen Hilfe zu suchen für eine Problematik, der sie sich nicht gewachsen fühlt. Meist durchschritt sie vor diesem Beschluss einen längeren Leidensweg, auf dem sie vergeblich andere Lösungsmöglichkeiten angestrebt hatte. Die Entscheidung, sich als Zâr-Braut den Geistern zu verschreiben, kommt einer sozialen und spirituellen Neupositionierung gleich. Im veränderten Bezugsrahmen erhält die betroffene Frau mehr Beachtung und Anerkennung als in ihrem vorgegebenen gesellschaftlichen Umfeld. Zudem ist sie fortan beseelt von der Hoffnung auf die Heilung ihrer Krankheit, auf die Erfüllung eines Kinderwunsches oder die Veränderung eines anderen Umstandes, unter dem sie leidet. Sie trägt ihren Schmerz nicht mehr alleine, sondern ihre Problematik wird von einer ganzen

Gemeinschaft mitgetragen und durch die Kraft der Geister mit jedem Ritual ein Stück mehr transformiert (Farner 2013).

RITUAL ALS PERFORMANCE

Das soziale Ritual als Bühnenperformance verlangt nach einer Übersetzung, da auf der Bühne in einem künstlerischen Kontext andere Regeln gelten als im Alltag. Dabei ist das Wissen über Bedeutungsfelder eines bestimmten Rituals und deren kulturellen Verortung entscheidend. Dann stellen sich die Fragen nach Kriterien des Übersetzens. Wie lassen sich ethnologische und spirituelle Aspekte für die Bühne inszenieren? Welche Komponenten des Zâr-Rituals sind wegweisend und von welchen Gedanken werden sie begleitet? Für eine künstlerische Übersetzung sind sowohl Intuition wie Wissen unabdingbar. Die folgenden Komponenten sind Ergebnisse aus der künstlerischen wie auch intellektuellen Auseinandersetzung mit diesem Zâr-Ritual.

- Eine wesentliche Komponente ist die Magie der Ästhetik – das Ritual findet in einer äußeren Rahmung statt, welche alle Ritualteilnehmenden in einen anderen Sinnzusammenhang versetzt. Die Sitzordnung der Zuschauenden beispielsweise ist entscheidend für das Erleben. Die Akteurinnen[1] stehen nicht gesondert auf einer Bühne, sondern bilden mit dem Publikum zusammen einen Kreis. Damit tauchen alle Anwesenden in dieselbe Lichtstimmung. Das Einsetzen von Düften ist sowohl im Ursprungsritual wie in der Performance essenziell, der vorbereitete Raum wird damit (un-)bewusst anders wahrgenommen als die Umgebung. Mit dem Öffnen der Sinne wird die Aufmerksamkeit in die Gegenwart geholt und der Mensch in seiner Ganzheit angesprochen.
- Eine andere Komponente betrifft die Kraft der *Symbole* – verschiedene Zeichen auf der Bühne und in der Projektion weisen über sich hinaus und schaffen damit einen Raum mit erweiterter Wahrnehmung. Der bewusste Umgang mit den eingesetzten Farben kreiert beispielsweise einen spezifischen visuellen Bezugsrahmen. Beim Zâr-Ritual werden für die Kostüme die Farben weiß, rot und schwarz gewählt. Diese matriarchalen Urfarben, welche mit Reinheit, Lust und Tod assoziiert sind, verweisen auf die Energiefelder des Frauenrituals. In den Projektionen werden symbolische Bilder wiederholt eingesetzt, um eigene Assoziationen der Zuschauenden hervorzurufen. Beispielsweise ein Vogel in unterschiedlichen Zusammenhängen – sitzend, fliegend, vor einem lodernden Feuer. Oder Bilder aus dem Alltag,

---

[1] | Bei einem Frauenritual dürfen nur Frauen anwesend sein, deshalb wird die weibliche Sprachform gewählt.

wie Ampellichter oder Uhren, untermalt mit einer musikalisch kontrastierenden Stimmung. Dadurch kann eine alltägliche Wahrnehmung in einem neuen, symbolischen Sinnzusammenhang wahrgenommen werden.
- Ein weiterer Aspekt ist die *performative Gemeinschaft* »einer Gemeinschaft von Akteuren und Zuschauern, basierend auf der leiblichen Ko-Präsenz« (Fischer-Lichte 2004: 82). Ein Gefühl der Verbundenheit entsteht durch das gemeinsame rituelle Erleben. Diese Gemeinschaft auf Zeit intensiviert die Wahrnehmung und verstärkt ungewohnte Eindrücke, da sie nicht auf einen alleine, sondern eine ganze Gruppe einwirken und damit eine größere Präsenz haben. Die Konzentration vieler auf denselben Moment gibt ihm eine größere Kraft. Im Oszillieren der Aufmerksamkeit der Zuschauenden und der Akteurinnen auf das Geschehen wird die Einmaligkeit eben dieses Augenblicks erfahrbar.
- Ein zentraler Aspekt ist die *Ekstase* – der Trancetanz als ekstatisches Moment der Entgrenzung kann durch den mimetischen Prozess alle Anwesenden ergreifen. Wenn die Zâr-Braut sich ihrem Djinn hingibt und im wilden Tanz alle Schranken fallen lässt, überträgt sich die Intensität auf die Zuschauenden. In der choreographischen Arbeit war es wichtig, die freie energetische Bewegung zuzulassen und immer wieder auch zu kanalisieren, um dem inneren Erleben der Ekstase eine äussere Form zu geben.

»Ich erlebte ein stetes Oszillieren zwischen Trance und geführter Bewegung.« »Die Performance hat mir persönlich erlaubt, meine eigenen Erfahrungen mit Ritualen nochmals zu erleben.«

Abb. 2

In der Trance begegnet die Zâr-Braut ihrem Djinn und überlässt ihren Körper den Bewegungen, welche aus dem inneren Erleben hervorkommen.

Der theoretische Überbau hilft, die Tiefe und Kontextualisierung des Rituals zu erfassen. Doch die intensive künstlerische Arbeit kann erst beginnen, wenn genau dieser Überbau gleichsam wieder verlassen wird. Entscheidend ist für die Künstlerin, sich der Intuition anzuvertrauen, sich tragen zu lassen von Stimmungen und inneren Bildern:

Zuerst erscheint der Götterbote: er steht hier als eine visualisierte Kraft, welche den Menschen in die Trance holt. Der erste Schritt ist ein Sich-Verführen lassen. Sich einlassen auf den Rhythmus der Trommeln, Bewegungen wie im Rausch. In den Projektionen auf den Leinwänden füllen sich die Gläser. Eintauchen in den pulsierenden Farbentaumel. Die Aufmerksamkeit wendet sich vom Alltäglichen ab.

Dann folgt eine Phase der Angst, denn die Ängste der Ungewissheit tauchen unweigerlich auf und müssen durchlebt werden. Der Rhythmus bricht zusammen, die bunten Gläser färben sich dunkel. War der Körper eben noch bewegt und locker, kriecht nun eine lähmende Schwere in die Knochen und zieht ihn zu Boden. Loslassen, sich überlassen.

Jetzt ist der Raum offen, um sich mit den übermenschlichen Kräften der Geister zu verbinden. Die Trommeln rufen den Djinn. Impulse zulassen, innen und aussen. Ein Zucken und Zittern zunächst, erwachen in einem andern Raum. Freiraum.

Neue Bewegung entsteht, kraftvoll und fremd. Tanz des Geistes in die Ekstase. (Aus dem Skizzenbuch der Künstlerin).

»Aus der Literatur wusste ich, dass auch Angst im Übergang vorkommt. Jetzt konnte ich erfahren, was es heißt, die Phase der Angst zu durchleben.«

Kraft der Symbole

Symbole drücken etwas aus, was nicht gesagt werden kann. Sie machen etwas sichtbar. Ein Symbol gibt zu denken. Es kann auf eine Wirklichkeit hinweisen, die erschlossen werden will. Symbole in Religion, Mythos oder Kunst enthalten oft einen Bedeutungsüberschuss: über den kulturellen Kontext hinaus können sie für den einzelnen Menschen eine intime Wichtigkeit haben. Symbolische Bilder sind lebendige Träger von Möglichkeiten. Der Mond z.B. waltet über Empfängnis, Schwangerschaft und Geburt, über Säen und Ernten, über jegliche Art des Werdens. Als Herr der Ekstase gebietet der Mond über jeden Rausch und alle Inspiration. Die Mondsichel hingegen erinnert an Sterblichkeit, Vergänglichkeit und zeigt trotzdem, dass allem Ende auch ein Anfang innewohnt. Krähen und Raben wirken zerstörerisch und sind zugleich nützlich. Sie suchen und finden, sie nehmen und stehlen, es sind Gesandte verborgener Geheimnisse. Die Waage, traditionellerweise ein Symbol des Gleichgewichts von Gegensätzen, ist ein Attribut der Justiz. Oder sie zeigt im Bild des Jüngsten Gerichts die Gewichtung der Seelen. Auch symbolisiert sie Gleichgewicht oder Ungleichgewicht zwischen psychischen Gegensätzen wie Kopf und Herz, Materie oder Geist. Es liegt in der Natur der Entwicklung, dass die Waage nicht immer ausgeglichen sein kann. Zu Symbolen hat jeder Mensch seine eigene Annäherung. Im Besessenheitskult wird der Djinn als Symbol betrachtet, somit handelt es sich beim Trancetanz um die Einverleibung dieses Symbols. Das inkorporierte spirituelle Wesen steht symbolisch für die dem Menschen normalerweise nicht zugänglichen Kräfte. Sie eröffnen ein ungeahntes Potenzial.

»Da die Tänzerin sehr authentisch war, hat sie auch mir als Zuschauende erlaubt, authentisch zu sein.«

In der ersten Phase des Besessenheitstanzes bestimmen die monotonen, Trance induzierenden Bewegungen die tänzerische Form. Sie führen mit dem Fortschreiten des Rituals innerlich und äußerlich zu differenzierteren Bewegungen. Auch provoziert jeder Djinn unterschiedliche Bewegungsqualitäten. Der Tanz wird intensiver und schneller, je länger er dauert, und endet oft im erschöpften Zusammensinken der Tänzerin. Zuweilen verliert sie das

Bewusstsein. Die körperliche Erschöpfung ist ein beabsichtigter Zustand. Sie vertieft die grenzüberschreitende Erfahrung, indem sie das Ich-Bewusstsein in den Hintergrund treten lässt.

LIMINALITÄT IM RITUAL UND IN DER PERFORMANCE

Nach Fischer-Lichte (2004) schafft die autopoietische Feedback-Schleife eine wichtige Voraussetzung für das Erleben der Liminalität im Theater, denn das Publikum generiert zusammen mit den Tanzenden das künstlerische Ereignis. Das Konzept der autopoietischen Feedback-Schleife meint, dass jedes Verhalten eines Darstellenden auf der Bühne ein spezifisches Verhalten beim körperlich anwesenden Zuschauenden beeinflusst, das sich wiederum auf das weitere Verhalten der Darstellenden auswirkt. Diese Feedbackschleife holt das inszenierte Geschehen in die Gegenwart und verortet den vereinzelten Menschen allein durch seine körperliche Ko-Präsenz mit anderen in einer rituellen Gemeinschaft. Um liminale Schwellenzustände hervorzurufen, benötigt eine Performance weitere Komponenten: eine sich vom Alltag differenzierende Ästhetik und damit korrelierend die Art der Inszenierung, sowie die Kraft aus den Verkörperungsprozessen. Die Inszenierung lässt durch die ludische Komponente Spielraum für Kreativität und Spontaneität, die performative Ästhetik öffnet einen Zwischenraum durch das Verwischen von Dichotomien wie Realität und Inszenierung, Wahnsinn und Unsinn. Die Magie von Verkörperungsprozessen ermöglicht den Zuschauenden Teil des Rituals zu werden. Gemeinsam erzeugen sie eine erhöhte Aufmerksamkeit und Konzentration, aus der Schwellenerfahrungen möglich werden.

»Die Integrität der Tänzerin erlaubt es, die Inszenierung des Rituals glaubwürdig hinüberzubringen, es hat nichts Klischeehaftes. So konnte auch ich mich hineingeben.«

Trotzdem wird sich die Liminalität in einer künstlerischen Aufführung unterscheiden von jener in einem rituellen Kontext. Fischer-Lichte (2004) nennt dazu die zwei Kriterien, die nur für die rituelle Erfahrung gelten, nämlich jenes der Dauerhaftigkeit, der Irreversibilität, und jenes der gesellschaftlichen Anerkennung (ebd. 313). Beim Zâr bedeutet die Einweihung in den Kult einen performativen Akt, welcher über das Ritual hinaus eine neue Wirklichkeit erzeugt: Die Braut ist danach vermählt mit ihrem spirituellen Wesen, ihrem Djinn, und wird fortan von der ganzen Kultgruppe und allen Zuschauerinnen als Adeptin anerkannt. Sie durchläuft einen intensiven Transformationsprozess. Die Erfahrung der Liminalität während einer künstlerischen Performance kann theoretisch von gleicher Intensität sein und ebenfalls eine tiefgreifende Transformation auslösen, wird aber als solche nicht offiziell bekundet. Meist evozieren Aufführungen nur vereinzelte Momente von liminalen Zuständen, doch liegt gerade in ihnen das transformierende Potenzial, welches die Performance erreichen möchte. Die Abbildung auf dem Cover des vorliegenden Bandes zeigt Video-Projektionen. Sie visualisieren in symbolischen Bildern die inneren Prozesse des Rituals.

»Die Kraft der Symbole konnte ich besonders intensiv erfahren, durchs Hören und Schauen. Die Asche als Symbol für Vergängliches hinterlässt einen starken Eindruck.«

TranceForms als Aufführung

»Wozu braucht es diese Aufführung?«

Das künstlerisch inszenierte Bühnenritual vermittelt Erlebniswelten aus einem kulturellen und spirituellen Erfahrungsspektrum, welches unserer westlichen Gesellschaft nicht ohne Weiteres zugänglich ist. Es ist damit zum einen kulturvermittelnd und kann zum anderen Zugänge eröffnen, welche durch unsere modernisierte Lebensweise verschüttet sind.

»Als Marokkanerin konnte ich einen wichtigen Teil meiner kulturellen Wurzeln hier in Europa erleben. Das war für mich ein großes Geschenk.«

Sich mit den Kräften der Geister zu verbinden, eröffnet ungeahnte Perspektiven auf eine ausweglos erscheinende Situation und erschließt Energien im einzelnen Menschen, welche er sich zuvor nicht zutraute. Der Frauenkult Zâr öffnet seinen Anhängerinnen neue Perspektiven der Wahrnehmung und eine Erweiterung ihrer persönlichen Handlungsstrategien. *TranceForms* als Inszenierung und Aufführung des orientalischen Zâr-Rituals für europäische Bühnen hat zum Ziel, die Zuschauenden ins rituelle Erleben zu involvieren und sie in einen liminalen Zustand zu versetzen. Wenn dies gelingt, verwischen sich für einen Moment die Grenzen zwischen Ost und West, zwischen Islam und Christentum, zwischen Volksglaube und Monotheismus, womit ein transformatorischer Prozess ausgelöst werden kann. Die Erfahrung einer erweiterten Wahrnehmung überträgt sich. Ähnlich wie bei Teilnehmende des Ursprungsrituals kann diese künstlerische Übersetzung in neuer Form auch Teilnehmende an der Lecture Performance erreichen.

Literatur

Brandstetter, Gabriele (2010): Tanzen Zeigen. Lecture Performance im Tanz seit den 1990er Jahren, in: Margrit Bischof/Claudia Rosiny (Hg.), *Konzepte der Tanzkultur. Wissen und Wege der Tanzforschung*, Bielefeld: transcript, S. 45-61.
Farner, Maya (2013): *TranceForms. Das Zâr-Ritual als zeitgenössische Bühnenperformance*, Berlin: Logos.
Fischer-Lichte, Erika (2004): *Ästhetik des Performativen*, Frankfurt a.M.: Suhrkamp.
Wulf, Christoph (2006): *Anthropologie kultureller Vielfalt. Interkulturelle Bildung in Zeiten der Globalisierung*, Bielefeld: transcript.
Wulf, Christoph/Zirfas, Jörg (2004) (Hg.): *Die Kultur des Rituals. Inszenierungen, Praktiken, Symbole*, München: Wilhelm Fink.

Videos und visuelle Gestaltung TranceForms

Cordula von Martha, Zürich

Fotorechte

Nadja Elisa Trimboli, Zürich: Buchcover und Abb. 1
Samuel Wimmer, Zürich: Abb. 2

Building Bodies – Parallel Practices
Ein Bericht aus der choreographischen und tanzwissenschaftlichen Forschung

Rosalind Goldberg und Anne Schuh im Dialog

In Vorbereitung auf die Tagung der *Gesellschaft für Tanzforschung* (GTF) im November 2015 zum Thema *Practice as Research* fragten wir uns, inwiefern dieser Ansatz, dem wir uns als Choreographin (Rosalind Goldberg) und Tanzwissenschaftlerin (Anne Schuh) verbunden und verpflichtet fühlen, relevant für unsere jeweiligen Arbeiten ist. Im vorliegenden Dialog stellen wir drei Projekte aus unseren beiden Tätigkeitsbereichen in wechselseitiger Befragung vor. Diese sind nicht originär im Bereich von künstlerischer Forschung verortet, lassen sich aber, so glauben wir, zum Teil in Bezug dazu setzen. Unser Dialog soll dazu dienen, jene Bezugspunkte auszuloten und frei zu legen. Wie bei jeder Suchbewegung bleiben dabei manche Beobachtungen notwendig unbestimmt oder haben den Charakter einer behauptenden Aneignung. Gerade dadurch aber öffnen sich interpretative Räume, um zu fragen, was dieser Forschungsansatz konkret für uns bedeutet, wie und ob wir ihn umsetzen, bzw. wie unsere Projekte davon beeinflusst sind.

Drei theoretische Zugänge zu künstlerischer Forschung haben sich für uns als besonders relevant und fruchtbar herausgestellt. Sie bilden auch den Rahmen für unser Gespräch:

1. Demokratisierung und Enthierarchisierung. Gemeint sind damit jene Diskussionen, die künstlerische Forschung zwischen Wissenschaft, anderen Wissensformen, wie z.B. der Kunst, und Gesellschaft bzw. Alltagspraktiken verorten.[1]

---

1 | Vgl. hierzu etwa das Vorwort in Peters (2013) sowie den im gleichen Band enthaltenen Beitrag von Gesa Ziemer und Inga Reimers. Letzterer hat uns u.a. zu diesem Gespräch inspiriert.

2. Die Situiertheit und Materialität von Wissen: Erkennen und Verstehen ist immer auch ein physischer und sinnlicher Prozess, der in einer spezifisch sozialen und kulturellen Situation stattfindet. Der Titel unseres Beitrags – *Building Bodies* –, der an eines der hier vorgestellten Projekte angelehnt ist, spielt auf diese Situiertheit und Materialität von Wissen an und meint gleichzeitig den *body of work*, das, was sich während der Arbeit herstellt, das womit man zu tun hat.
3. Subjektivität, Fiktion, Spekulation, die als Gegenmomente eines zu rigiden, modernen Wissenschafts- (und Wahrheits-)Verständnisses gelten können. Dieses Wissenschaftsverständnis hat lange Zeit das Denken über Forschung geprägt, auch wenn, wie die Wissenschaftsgeschichte und die *Science and Technology Studies* inzwischen eindrücklich gezeigt haben, wissenschaftliche Forschung immer schon heterogen war und sich nicht auf Objektivität reduzieren lässt – eine Objektivität, die selbst kulturell und historisch situiert ist und von materiellen Kulturen abhängt.[2]

Dass wir das vorliegende Gespräch miteinander geführt haben, hängt größtenteils damit zusammen, dass wir befreundet sind und gemeinsame Interessen haben, die diese Freundschaft prägen. Anders gesagt: Unser Gespräch ist nicht zuvorderst institutionell motiviert. Im Hinblick auf das Thema *Practice as Research* scheint uns dies erwähnenswert, da die Beachtung der sozialen und persönlichen Dimension von Forschungssettings gerade für eine Methode wie diese fruchtbar gemacht werden kann. Das in den Diskursen über *Practice as Research* viel beschworene *andere* Wissen wollen wir dabei nicht idealisieren, gar frei von Disziplinierung verstanden wissen oder es einseitig der Kunst und der Praxis zuschreiben.[3] Vielmehr betrachten wir das sogenannte andere Wissen stets als Teil und als Resultat einer verantwortungsvollen und neugierigen Forschung.

CHOREOGRAPHIE

ANNE SCHUH (AS): *Bodybuilding* ist ein choreographisches Projekt, das Du, Rosalind, derzeit zusammen mit Stina Nyberg und Sandra Lolax durchführst, zwei Choreographinnen, mit denen Du schon länger zusammenarbeitest. Drei Arbeitsphasen haben bereits stattgefunden, Ende November 2015 startet nun

---

2 | Aus der breiten Literatur zu den drei genannten Punkten empfanden wir die Einleitung zu Burri/Evert/Peters/Pilkington/Ziemer (2014) sowie den darin enthaltenen Beitrag von Sibylle Peters als besonders hilfreich. Für einen weiterreichenden Überblick zum Thema vgl. Beckstette/Holert/Tischer (2011).

3 | Zur Kritik am anderen Wissen des Tanzes vgl. etwa Hardt/Stern (2014: 146f.).

eine vierte, wozu ihr auch den Theoretiker Tom Engels und mich für eine Woche gemeinsamer Produktionsresidenz eingeladen habt. Das Projekt *Bodybuilding* basiert auf der Idee vom parallelen Praktizieren – Ihr sprecht von *parallel practices*. Was ist damit gemeint?

ROSALIND GOLDBERG (RG): Thematisch geht es uns in diesem Projekt um den sozial und politisch konstruierten Körper und seine Gesundheit. Ausgehend von der Tatsache, dass wir in einer Welt leben, die auf Produktivität ausgerichtet ist und in der ein gesunder Körper als Kapitalanlage gilt, fokussieren wir auf die nicht-produktiven und vergänglichen Teile des Lebens – Krankheit, Verfall und Trägheit. In *Bodybuilding* nähern wir uns Choreographie durch eine Vielzahl von Wissenspraktiken, die *parallel* zueinander platziert werden. Konkret heißt das, dass wir z.B. während einer Arbeitsresidenz unterschiedliche physische und intellektuelle Praktiken wie tanzen, lesen oder schreiben verfolgen, diese aber erst einmal nichts miteinander zu tun haben. Aus diesem Grund sprechen wir von *parallel*. Der Begriff funktioniert für uns eher bildhaft, assoziativ. Entstanden ist dieses Bild am Beginn des Projekts als wir uns gegenseitig auf den aktuellen Stand der jeweiligen Interessen gebracht haben und dafür Trainingsprogramme miteinander geteilt und Leselisten erstellt haben, Filme und Audiofiles geteilt und Medien bestimmt haben, mit denen wir gerne arbeiten. Im Ergebnis zeigte sich ein Interesse an großen soziopolitischen Themen und der Wunsch, eine Vielfalt von Zugängen zu integrieren. Da wir nicht wussten, wie wir diese Vielzahl von Themen und Zugängen mit Choreographie verbinden wollten, haben wir beschlossen, unsere Zeit dafür zu nutzen, uns diesen Interessen separat aber kontinuierlich – daher der Begriff *parallel* – zu widmen. Wir wollten uns Zeit und Raum geben, um die Zugänge zu praktizieren und im Tun Verknüpfungen zu finden.

AS: Wie sieht das konkret aus? Wer kommt da wie zusammen, wie werden Tage strukturiert, wie Entscheidungen getroffen? Praktiziert Ihr alle gemeinsam eine Sache oder jede für sich neben den anderen her?

RG: Generell sind unsere Tage meistens so strukturiert, dass morgens jede ihr individuelles, tägliches Training durchführt. Danach arbeiten wir gemeinsam an *Scores* und Aufgaben, die jede vorbereitet, um sie mit den anderen zu teilen. Wir arbeiten also meistens alle gemeinsam an einer Sache. In Bezug auf die Entscheidungen gibt es Konsensentscheidungen, die im gemeinsamen Gespräch entstehen, wie man das auch aus anderen Arbeits- und Alltagszusammenhängen kennt. Oft stellen wir uns aber auch Aufgaben, inszenieren Situationen, durch die wir zu unseren Entscheidungen kommen bzw. die ein Thema kanalisieren. Beispielsweise haben wir während der letzten Arbeitsphase zum Teil über Skype miteinander kommuniziert, obwohl wir uns in einem und demselben Raum aufhielten. Wir wollten durch die vereinfachte Sprache des Chats einige Gedanken *runterkochen*. Wir saßen um einen Tisch und haben Fragen an die Person zu unserer rechten gestellt und die Fragen der Person links von uns beantwortet. Der Skype-Chat diente uns in mehrfacher Hinsicht: Es ging darum, die zu Ende gehende Arbeitswoche zusammenzufassen, eine Richtung für die kommende Phase zu finden und das Skypen als Schreibpraxis zu nutzten.

AS: Mir scheint, als sei dies, was Ihr *parallel practices* nennt, heute generell üblich: Im tänzerisch-choreographischen Probenprozess wird eben nicht nur körperlich gearbeitet, sondern auch gelesen und geschrieben, es werden Filme geschaut, Tondokumente gehört, Selbsterfahrungsexperimente gemacht, man spricht mit Experten, geht zusammen feiern etc. Kurz: Man versucht möglichst viel Zeit mit interessierten Menschen zu verbringen und in einer Art gemeinsamem Selbststudium Neues zu entdecken. Der Begriff *parallel practices* benennt also erst einmal etwas, was Tänzer-Choreographen sowieso tun. Indem ihr dafür ein Bild findet, das, was sonst stillschweigend passiert, artikuliert, scheint mir, als würdet Ihr in der *Banalität* dessen, wie ihr Eure Zeit verbringt, nach Potenzialen für Forschung suchen.

RG: Ich denke, dass gerade in dieser *Banalität* ein Anknüpfungspunkt zum Aspekt der Enthierarchisierung liegt. Denn dieses Parallelführen von Praktiken bedeutet, dass wir diese alle als gleich wichtig betrachten, auch wenn wir nicht zu allen den gleichen Bezug haben. Die Methode *parallel practices* ist geprägt vom Gedanken der Unübersetzbarkeit. Wir gehen davon aus, dass es unterschiedliche Wissensformen gibt, diese aber nicht hierarchisch zueinander stehen. Sie sind verschieden im Verhältnis zu Körperlichkeit, Geschichte, Geschlechternormen etc. und zwangsläufig gehen Dinge in der Übersetzung zwischen ihnen verloren. Anstatt nach Übersetzungen und Verbindungen zu suchen, wollen wir sie nebeneinander stellen, ihnen Raum geben. Indem wir parallel praktizieren, versuchen wir zwischen den verschiedenen Praktiken zu de-hierarchisieren. Wir wollen ihnen erlauben, in einem gemeinsamen Zusammenhang aufzutauchen, ohne dass wir schon wissen, was sie miteinander tun. Wir wollen ein Milieu schaffen, das uns in Komplexität eintauchen lässt. Das ist ein Weg, wie wir Choreographie durch Tanzen, Erzählen, Zuhören, Schreiben, Bewegen, Diskutieren etc. denken.

AS: Ihr lasst also erst einmal offen, wie sich diese Praktiken zueinander verhalten und wie dies alles mit Choreographie verknüpft ist. Dahinter steht kein großer theoretischer Überbau, sondern die Tatsache, dass ihr einfach nicht wisst, *wie*. Stimmt das? Das ist ja auch ein Klischee, wenn es um Kunst geht: Die Kunst hält etwas offen, ist frei, muss sich nicht festlegen usw. Trotzdem und genau deswegen würde ich gerne wissen: Was ist Deine Hoffnung, Idee, Ahnung, was dieses Offenhalten und parallele Praktizieren tun kann?

RG: Diese Methode benutze ich ja nicht zum ersten Mal, sie ist schon lange Teil meiner künstlerischen Praxis. Außerdem geht es nicht nur um das Offene: Ich bilde zugleich Rahmen und konstruiere Strukturen. Ich mache das, um mich auf Besonderheiten zu konzentrieren. Dabei geht es mir nicht um die Rahmen selbst, sondern um die Nebenprodukte, die dabei entstehen. Beispielsweise war während meiner Schulzeit das Format der Tanzklasse eine der ersten Strukturen, die ich für mich herauskristallisieren konnte, als eine Struktur, die in Beziehung zu meiner Wahrnehmung auf mich wirkte. Damals war Tanz ein *Extra*, etwas, das nicht Teil meines alltäglichen Lebens war, wie z.B. essen, schlafen, zur Schule gehen. Darum ist es als Struktur herausgestochen und ich konnte diese in Beziehung dazu setzen, wie ich ansonsten Dinge wahrgenommen habe. Bei *Bodybuilding* ist das ganz ähnlich. Diese Praktiken funktionieren wie ein Rahmenwerk, das unsere Wahrnehmung und Erfahrung modelliert. Indem wir verschiedene Praktiken parallel ausüben, werden Interessen geformt und kristallisieren sich heraus. Wenn sich ein Interesse herausdifferenziert, schauen wir, wie die Praktiken sich verändern und ihrerseits modelliert werden müssen, um dem Interesse wiederum zu dienen.

AS: Hier kommt der Begriff des *Parallelen* dann auch an seine Grenzen, denn die Praktiken fangen an, sich gegenseitig zu berühren …

RG: … oder besser: durchzukneten. Wir haben z.B. verschiedene Bücher zum Thema Krankheit und Körpernormierung gelesen (Karin Johannisson, Susan Sontag), die Filme *Black Power Mix Tape* und *About Violence* (Göran Olsson) gesehen und verschiedene tänzerische Trainingsprogramme durchgeführt. Dadurch wurde die schwache Seite des Körpers immer mehr zum Zentrum unseres Interesses. Die *parallel practices* haben insofern unser Thema geformt. Die Methode hat einen plastischen Effekt, der durch das Tun entsteht und der Fokus im Projekt liegt eben genau darauf: Sensibel dafür zu werden, was die Dinge tun, die man tut, und diesem Tun zu folgen. Es geht dabei am Ende nicht bloß um ein Offenhalten, das Offenhalten ist im Grunde eher ein Zwischenschritt, was wiederum nicht heißt, dass wir das Offenhalten bloß instrumentalisieren.

AS: Gerade weil Ihr von so Vielem ausgeht, stelle ich mir einen solchen Arbeitsprozess mühsam und aufreibend vor. Gibt es denn problematische Momente bei den *parallel practices*? Was sind Reibungspunkte und wie geht Ihr mit diesen um?

RG: Da wir nicht sagen können, auch nicht wollen, wozu die *parallel practices* uns am Ende führen, hatten wir Probleme bei der Bewerbung um Finanzierung. Denn Förderinstitutionen, Theater und Produktionshäuser gehen das Risiko eines so offenen Projekts, ohne absehbares Endprodukt, nur selten ein. Dies führte dazu, dass das Budget für *Bodybuilding* klein ist. Wir müssen darum besser finanzierten Projekten den Vorrang geben, wodurch viel Produktionszeit blockiert wird. Für *Bodybuilding* treffen wir uns nur in großen Abständen. Trotzdem haben wir in den Phasen dazwischen viel Zeit für unsere raumgreifende Methode, denn natürlich geht *parallel practices* quer durch alle anderen Projekte hindurch, an denen wir beteiligt sind. Das einseitige Finanzierungssystem geht hier paradoxerweise ganz gut mit unserer Methode zusammen. Für mich stellt sich dennoch die Frage, wie man ein Tun stattfinden lassen kann, ohne dass es eine nachvollziehbare Produktivität gibt. Ich möchte mich hier gar nicht über Förderbedingungen beklagen, denn mir persönlich ist es immer sehr wichtig, dass man die eigene Arbeit mit der Öffentlichkeit teilt und am Ende eine Art Produkt steht. Ich denke bloß, dass es von Finanzierungsseite her eine Flexibilität geben müsste, um Projekte durchführen zu können, die nicht in erster Linie kulturpolitische Ziele erfüllen.

TANZWISSENSCHAFT

RG: Du, Anne, schreibst derzeit an einer tanzwissenschaftlichen Dissertation. Deine Perspektive auf Tanz ist dabei eine, die man als qualitatives Bewegungsverständnis umschreiben könnte, wie es, im Anschluss an Henri Bergson, in den letzten Jahren vor allem durch die kanadischen Philosophen Brian Massumi und Erin Manning in die Tanzwissenschaft eingeführt wurde.[4] Kannst Du näher beschreiben, um was es Dir geht?

---

4 | Vgl. hierzu exemplarisch Massumi (2002), besonders die Einleitung, sowie Manning (2009). Während ein quantitatives oder extensives Bewegungsverständnis Bewegung vornehmlich als messbare Ortsverlagerung eines Körpers im Raum, also von A nach B, denkt, betrachtet ein qualitatives Bewegungsverständnis Bewegung von den Übergängen und dem Dazwischen her. Bewegung wird dabei als dynamisches Relationsverhältnis gedacht, bei dem auch die Koordinatenpunkte A und B als relational und bewegt verstanden werden. Dabei steht nicht der menschliche Körper mit einer festen Form im Vordergrund, sondern größere Praxiszusammenhänge und Kräftefelder im Sinne von Ökologien oder Milieus.

AS: Mir geht es in meiner Arbeit um eine bestimmte Blickeinstellung auf Tanz, die die Praxis des Bewegens, den Vollzug, das Kinästhetische[5], oder, um den Begriff noch einmal zu benutzen, das Qualitative, ins Zentrum der Beobachtung rückt. Mich interessieren jene Bereiche an Tanz, die schwer zu sehen, schwer zu beobachten sind, wie z.b. Mikrobewegungen oder die Reibung verschiedener Stofflichkeiten in der Bewegung. Wenn man so will, die Tiefenstruktur von Bewegung, wobei mir mit dieser Umschreibung nicht wohl ist, da sie eine Dichotomie von Oberfläche und Tiefe impliziert. Erin Manning benutzt die Formulierung: »How movement moves« (Manning 2009: 6, 76). Das trifft es sehr gut. Es geht mir um das, was sich oft leichter in Metaphern sagen lässt als in konkreten Beschreibungen oder detaillierten Analysen.

RG: Ähnlich wie wir mit *parallel practices* hast Du es in Deinen Recherchen mit unterschiedlichen Zugängen zu tun. Was sind das für welche und warum ist das für Dich wichtig?

AS: Gerade wenn es um dieses Schwer-Fassbare an Bewegung geht, scheint mir eine multiperspektivische Herangehensweise wichtig. Ich arbeite daher mit verschiedenen Ansätzen: Es gibt die eigene Bewegungserfahrung, die in Notizen, oft in Bildern (sprachliche Bilder oder Zeichnungen/Skizzen) festgehalten ist. Es gibt tanzwissenschaftliche Texte und Theorietexte, Praktikertexte wie z.B. Handbücher zu einzelnen Techniken, Interviews, Transkriptionen von Gesprächen, Notizen aus Workshops oder Trainings- und Aufführungsnotizen. Es gibt also das klassische Forschungssetting der Schreibtischarbeit, aber auch die teilnehmende Beobachtung im Feld, wo mein Körper auf andere Weise als am Schreibtisch involviert ist: Ich bin bei Produktionen dabei, mache bei Workshops mit, schaue mir Trainings an.

RG: Bisher hast Du Dir vorwiegend somatische Bewegungsansätze, kurz: Somatics, angeschaut. Warum gerade Somatics?

AS: Techniken wie Body-Mind Centering oder Klein Technique haben eine Aufmerksamkeit für die schwer sichtbaren Bewegungsbereiche, um die es in meiner Arbeit geht. Somatics machen also bestimmte Aspekte von qualitativer

---

5 | Eine hilfreiche Formulierung zur Kinästhesie findet sich bei Bernhard Waldenfels: »Mit der Annahme einer Kinästhese wird der Versuch gemacht, die Bewegung zunächst mit einer Empfindung von der Bewegung zu verbinden. Husserl hat diesen Gedanken dann allerdings viel radikaler gefaßt: Kinästhese heißt nicht: ›da bewegt sich etwas, und es wird zudem noch empfunden‹, sondern das Sichbewegen, das er Kinästhese nennt, bedeutet ein ›ich bewege mich‹ und ein ›ich kann mich im Raum bewegen‹.« (Waldenfels 2000: 40).

Bewegung sichtbar, erfahrbar. Anders gesagt: Sie stellen Bewegung als qualitative her. Tatsächlich schaue ich mir Somatics nicht nur an, sondern praktiziere sie auch selbst, d.h. mein Blick ist informiert durch die Bewegungs- und Trainingserfahrung. Es macht für mich Sinn, *mit* dem Sensorium dieser Techniken oder *durch* diese Techniken auf Tanz zu schauen, dieses Körperwissen für das Schreiben zu nutzen. Hier überschneiden sich empirische Verfahren der Wissenschaft mit dem Vorgehen der künstlerischen Forschung. Dabei geht es immer auch um die Frage, wie ich eine Mystifizierung meines Gegenstandes verhindern kann. Das scheint mir gerade dann wichtig, wenn man durch Somatics schaut, da diese stark von Ideologien durchzogen sind. Manchmal ist das eine Gratwanderung: Wie kann ich das Praxiswissen aus der Bewegungsarbeit vermitteln bzw. dieses zum Ausgangspunkt für weitere Überlegungen machen, ohne solche Selbstbilder unreflektiert weiterzuschreiben.[6]

RG: Du arbeitest also mit vielen verschiedenen Zugängen parallel, weil Du hoffst, dem Gegenstand damit näher zu kommen. Wie bringst Du die verschiedenen Wissensformen in deiner Forschung zusammen?

AS: Über ein Beschreibungsverfahren. Ich suche einen Beschreibungsansatz für das Bewegungspraktische, eine Sprache, die selbst heterogen ist und analytisch wirksam werden kann, indem neue Wissenszusammenhänge hergestellt werden können. Es geht mir darum zu beschreiben, wie sich Bewegung bewegt und dafür Sprache zu benutzen.

RG: Wie sieht das konkret aus? Wie vermittelst Du zwischen diesen unterschiedlichen Zugängen?

AS: Beispielsweise habe ich in meiner Masterarbeit für die Analyse von Jefta van Dinthers Choerographie *Kneeding* ein Verfahren ausprobiert, das ich *informiertes Spekulieren* genannt habe. Es war ein Versuch, ein Verfahren zu entwickeln, das es, trotz aller Schwierigkeiten hinsichtlich der Rezeption der qualitativen Ebene von somatisch geprägtem Tanz, ermöglicht, über die spezifische Art von Bewegung in solchen Stücken wissenschaftlich zu sprechen. Konkret sah das so aus, dass ich die Aufführungs- und Inszenierungsanalyse erweiterte, indem ich einzelne Bewegungsereignisse durch den Spiegel von Techniken wie *Body-Mind Centering* oder *Ideokinese* beschrieben und diese Bewegungsszenen zudem theoretisiert habe, wofür ich mich vor allem auf Erin Manning bezog. Die Theoretisierung war dabei Teil der Bewegungsbeschrei-

---

6 | Einige phänomenologische Herangehensweisen bleiben gegenüber den Ideologien, die den Praktiken inhärent sind, unkritisch. Für eine Kritik an phänomenologischen Zugängen zum Thema der *Somatics* vgl. die Einleitung in George (2014: 34ff.).

bung – so, wie ich überhaupt versucht habe, die beschreibenden und theoretisierenden Zugänge eng ineinander zu verschränken. Mir ging es darum, dass sich die verschiedenen Stimmen auf sprachlicher Ebene berühren und eine Erzählung generieren. Der Begriff des *informierten Spekulierens* war durchaus ambivalent gedacht: Spekulativ war dieses Verfahren insofern, als eben gerade produktionsästhetische Aspekte, d.h. Erläuterungen zur Generierung und zur Funktionsweise der beobachteten Bewegung, notwendig spekulativ bleiben mussten, denn ich selbst war an der Produktion von *Kneeding* nicht beteiligt. Mein Verfahren lieferte kein *objektiv* abgesichertes Wissen im Sinne eines *richtig, so war es*. Und dennoch, so meine ich, ließen sich produktionsästhetische Aspekte bestimmen und aufzeigen, da die Spekulation nicht beliebig, sondern eben informiert war. Informiert insofern, als der fachliche Blick die Analyse und Anschauung anleitete. In meiner aktuellen Forschung erweitere ich dieses Vorgehen durch Beschreibungen und Analysen aus der teilnehmenden Beobachtung, die auch als Korrektiv – wir sprachen eben schon von Mystifizierung – funktionieren kann.

RG: Deine eigene Bewegungserfahrung dient Dir also nicht nur als, sagen wir, tiefergehender Blick, sondern auch als Korrektiv? Wie entsteht ein solches Korrektiv durch die Praxis?

AS: Mir fällt dazu der *Dancemaker Workshop* mit Peter Pleyer und Eszter Gal ein, der im Frühjahr 2014 in der Tanzfabrik Berlin stattfand und sehr somatisch ausgerichtet war. Es gab da eine Situation, in der ich bewegungsmäßig für mich nicht weiterkam. Wir waren in einer Bewegungsimprovisation, jeder mit dem Fokus nach innen gerichtet und wir sollten uns frei durch den Raum bewegen. Offenbar haben sich die Teilnehmer von außen betrachtet wenig oder eintönig bewegt, denn die Workshopleiter gaben die Anweisung, dass wir verschiedene Raumrichtungen ausprobieren sollen; sie ermutigten uns, mehr Diversität in die Bewegung zu bringen. Ich fühlte mich träge, besonders weil es anstrengend war in mir zu suchen, was Bewegungsimpulse sein könnten. Ich hatte den Eindruck, dass mir sehr viel Verantwortung übertragen wurde und ich immer in einem Zustand des Wissen-Wollens sein musste, um dem Somatischen gerecht zu werden. Viel lieber hätte ich in diesem Moment eine Bewegung nachgemacht, kopiert. Früher habe ich solche sperrigen Erlebnisse oft unbeachtet gelassen. Ich habe die Langeweile zensiert. Irgendwie passte diese nicht zu meiner Vorstellung von einer Bewegung im *Flow*. Das Misslingen schien nicht zum Bewegungsereignis selbst zu gehören, ich hatte vielmehr den Eindruck, dass ich das Bewegungsereignis aufgrund meines fehlenden Interesses oder meiner fehlenden Tanzausbildung verpasst hätte. Hinzu kamen Momente der Irritation, denn zu merken, dass mich dieses somatische Tanztraining zum Teil sehr langweilt, hat auch mein Forschungsthema in Frage gestellt. Ich wollte über etwas forschen, das spannend ist und mich begeistert. Also habe ich solche Störfaktoren in meiner Forschung kaum beachtet. Ich denke, es ist wichtig, solche Momente eines scheinbaren Misslingens, die durch die Konfrontation mit der Praxis entstehen, in die Beobachtung mitaufzunehmen, quasi als kritische Lektüre.

RG: Was sagt Dir ein solcher Moment des Misslingens über die Art der Bewegung?

AS: In Bezug auf den Workshop lässt sich feststellen, dass dieses Spüren, das der somatischen Bewegungspraxis zugrunde liegt, nicht unmittelbar *da* ist, nicht universal verfügbar. Es muss vielmehr hergestellt werden. In der Bewegungsbeschreibung sollte also auftauchen, wie etwa die Gedanken zwischendurch abschweifen, sich Widerstand regt, welche Rolle die Stimme des Lehrers spielt, um die Aufmerksamkeit wieder zu fokussieren und welche Ideen von *Flow* man bereits mitbringt. Das gehört mit hinein in eine Beschreibung darüber, wie sich Bewegung bewegt.[7]

RG: Wenn ich es richtig verstehe, sitzt Du aber bei Deinem *informierten Spekulieren* trotzdem alleine herum und spekulierst. Gerade in Bezug zum Thema Enthierarchisierung scheint jedoch der Aspekt von Kollektivität wichtig. Sibylle Peters hat ein Buch zu künstlerischer Forschung mit dem Titel *Das Forschen aller* (2013) herausgegeben und Gesa Ziemer spricht darüber, dass sich in kollektiven Forschungsprozessen die Rollen zwischen Forschenden und Beforschten vertauschen. Künstlerische Forschung macht etwa andere Experten zu aktiv »Mitforschenden«, so dass diese auch an der Entwicklung des Forschungsformats und -themas sowie an der Präsentation der Forschungsergebnisse beteiligt sind. Dann wird man als Forschende »rückbeforscht« und in Frage gestellt.[8] Was wären Momente einer solchen Umkehrung der Verhältnisse in Deiner Forschung?

AS: Mein Zugang ist ethnographisch oder praxeologisch inspiriert. Eine Rückbeforschung, wie Gesa Ziemer sie beschreibt, findet nicht statt. Künstlerische Forschung ist da radikaler.[9] Als Du, Stina Nyberg und Sandra Lolax mich 2011 als sogenanntes *outside eye* für das Projekt *Fake Somatic Practices* eingeladen habt, gab es eventuell so einen Moment von Rückbeforschung. Euer kritischer

---

7 | Vgl. in diesem Zusammenhang Hardt/Stern (2014, besonders: 145-149), die für eine praxeologische Perspektive plädieren, um »die konkreten Formierungsprozesse von Tänzern« (146) zu untersuchen.
8 | Ziemer/Reimers (2013: 49f., 54, 59. Die Zitate befinden sich auf den Seiten 60 und 49).
9 | Vgl. in diesem Zusammenhang ebd.: 50.

Blick auf euer eigenes Tanztraining hat mich einerseits ermutigt, selbst kritische Momente zuzulassen, aber auch, der Sache nachzugehen und sie nicht bloß als New Age-Quatsch ab zu tun.

RG: Dein Zugang des *informierten Spekulierens* erinnert mich übrigens auch an unser Projekt damals. Unsere Motivation für *Fake Somatic Practice* war, uns kritisch mit den Wahrheitsbehauptungen, der Idee eines gesunden Körpers oder einer *richtigen* Bewegung, sowie mit dem Aspekt der Ökonomisierung in den Somatics auseinanderzusetzen. Gleichzeitig fragten wir uns aber auch, was diese Praktiken, die wir jahrelang trainiert hatten, in künstlerischer Hinsicht für uns tun können. Für drei Choreographien haben wir *fake somatic practices* entwickelt: Ihnen fehlte der Teil von somatischen Praktiken, der behauptet wahr und gut zu sein. In Bezug auf ihre politische, physische und choreographische Kapazität haben wir unsere Praktiken aber durchaus ernst genommen. Dieses *Faken* und Erfinden, das Zulassen von Imagination und Fantasie erinnert mich an Deinen Zugang des Spekulierens. Das fast schon Anmaßende, Überbordende, das darin liegt, finde ich interessant ...

AS: ... dieser Aspekt des Rumspinnens, sich etwas ausdenken, das ist ja etwas, was man aus Freundschaften kennt ...

Literatur

Beckstette, Sven/Holert, Tom/Tischer, Jenni (Hg.) (2011): Vorwort, in: *Texte zur Kunst (Sonderausgabe Artistic Research)*, Heft 82, S. 4-37.

Burri, Regula Valérie/Evert, Kerstin/Peters, Sibylle/Pilkington, Esther/Ziemer, Gesa (2014): Versammlung, Teilhabe und performative Künste – Perspektiven eines wissenschaftlich-künstlerischen Graduiertenkollegs. Einleitung, in: Regula Valérie Burri/Kerstin Evert/Sibylle Peters/Esther Pilkington/Gesa Ziemer (Hg.), *Versammlung und Teilhabe. Urbane Öffentlichkeit und performative Künste*, Bielefeld: transcript, S. 7-20.

George, Doran (2014): *A Conceit of the Natural Body: The Universal-Individual in Somatic Dance Training*. Dissertation an der University of California, Los Angeles, vgl. http://escholarship.org/uc/item/2285d6h4 (letzter Zugriff: 20.5.2016).

Hardt, Yvonne/Stern, Martin (2014): Körper und/im Tanz. Historische, ästhetische und bildungstheoretische Dimensionen, in: Diana Lohwasser/Jörg Zirfas (Hg.), *Der Körper des Künstlers. Ereignisse und Prozesse der Ästhetischen Bildung*, München: kopaed, S. 145-162.

Manning, Erin (2009): *Relationscapes: Movement, Art, Philosophy*, Cambridge, London: MIT Press.

Massumi, Brian (2002): *Parables for the Virtual. Movement, Affect, Sensation*, Durham, London: Duke University Press.

Peters, Sibylle (2013): Das Forschen aller – ein Vorwort, in: Sibylle Peters (Hg.), *Das Forschen aller. Artistic Research als Wissensproduktion zwischen Kunst, Wissenschaft und Gesellschaft*, Bielefeld: transcript, S. 7-21.

Peters, Sibylle (2014): Das Wissen der Versammlung. Versammeln als Forschungsverfahren einer beteiligten Wissenschaft, in: Regula Valérie Burri/Kerstin Evert/Sibylle Peters/Esther Pilkington/Gesa Ziemer (Hg.), *Versammlung und Teilhabe. Urbane Öffentlichkeit und performative Künste*, Bielefeld: transcript, S. 215-229.

Waldenfels, Bernhard (2000): *Das leibliche Selbst. Vorlesung zur Phänomenologie des Leibes*, Frankfurt a.M.: Suhrkamp.

Ziemer, Gesa/Reimers, Inga (2013): Wer erforscht wen? Kulturwissenschaft im Dialog mit Kunst, in: Sibylle Peters (Hg.), *Das Forschen aller. Artistic Research als Wissensproduktion zwischen Kunst, Wissenschaft und Gesellschaft*, Bielefeld: transcript, S. 47-61.

Teil III: Pädagogische und therapeutische Kontexte

Reimagining the Body
Attunement of Intentionality and Bodily Feelings

Einav Katan-Schmid

The tragedy of the first position[1] is a video that went viral and gained more than 6.5 million views on youtube. This video demonstrates one of the common challenges in learning a technique. Acquiring new physical knowledge, which lies beyond one's existing patterns of movements, is not a self-evident task. In the video a little girl, approximately 4 years old, is confused by the request to perform a first position in a ballet class. First position seems to be a very basic task to perform for dancers. Thus, when dancers watch this video they know how to achieve what the girl in the video is trying to realize. Nevertheless, the video became viral among some professionals, not as a target for mocking the girl, but rather as a source for empathy. The movements the little girl performs demonstrate her determination in comprehending the request of the teacher. Alongside with her misunderstanding, the girl's movements express her natural intelligence, her cognitive effort, and her ambition. When she touches her legs and opens her wrists her cognitive effort becomes apparent. It is noticeable that she conceptually understands the requested task of the first position. However, she does not comprehend how to conduct her body accordingly. The girl changes her strategy, and as the teacher corrected her position beforehand by replacing her feet, she reaches her legs with her hands and tries to open them. Focusing on the position as a requested result, the girl relates to her feet as if they were an external object to her own consciousness and spirit. After the attempt to move the feet with her hands, the girl loses balance. Losing balance becomes a sudden moment of grace. It seems that her feeling of almost falling induces an inner recognition, which directs the immediate catch up that she, as a sovereign agent,[2] successfully originates.

---

1 | https://www.youtube.com/watch?v=tdyIQeg5B9I (last access: 14.06.2016).
2 | Aili Bresnahan defines agency as the control and intention of dance performers. The act of catching balance reviles that the girl is able to take hold on physical control. For that reason, it testifies her existing agency. (Bresnahan 2014: 86)

For the reasons of trying to achieve the task, and the success in catching balance, it becomes evident that this girl is neither senseless nor incapable of physical coordination. She is clever enough to understand the task and her physicality is just fine. What the girl lacks in this moment of confusion is the capacity to grasp and to embody a *new physical idea*. The idea of the first position seems to be mysterious and abstract and she cannot realize how it can be operative. Her attempts are common for acquiring new knowledge. Accordingly, the girl tries to comprehend the operative method for reaching the first position as a result. The girl's challenge in comprehending a new task is a very basic human challenge. Furthermore, moments of physical confusion are familiar to dancers, who ask to improve and push further their physical performance and techniques; they often face the not yet understood. For most people, no matter what their background of training, performing and comprehending movements that are not within their habitus does not come without effort.

This article deals with the challenge of reimagining the body and suggests concentration upon attunement to sensory information and intentionality is a productive promise for dealing this challenge. Incorporating sensory information within movement's intentionality means to conduct bodily movements within physical awareness. Accordingly, bodily movements are comprehended both as appearance and as a sovereign process of shaping and designing them. The question of exceeding habitual patterns of behavior has varied expressions in dance. As it is presented in the example of *The Tragedy of the First Position*, reimagining the body may deal with the wonder of how to embody a new dance move where a student is not familiar with its operative technique. Another aspect, which is more typical of creative processes and improvising, relates to the challenge of imagining and performing new patterns of movements that are not merely a repetition of what has already been done. Moreover, the question of reimagining the body may occur while activating a familiar bodily procedure by course of a habit. Thus, the realization of current physical capacities is cut short. An example for it may be the attempt of leading the extension of the working leg within a développé to a familiar spatial direction, without realizing, and therefore without fulfilling, the actual potential of the stretch. All these aspects express the challenge of reimagining the body. Those cases deal with similar confusions and can be resolved within a concentration on mutual exchange between bodily feeling and its relation to the intentionality of movement. Accordingly, the argument here is that imagination in dance has to be comprehended as an innovative organization of actual physical capacities.

Imagination of a new physical task may become less mysterious than it might at first seem, once we comprehend its relationship to habitus and perception. Human practices are social and individual at the same time. As it is within any other body of knowledge, dancing holds the tension of an antinomy. On the one hand knowing how to dance is a technique with a cultural structure; on the other hand it is a personal skill, accordingly the individual dancer handles their perceptual experience. As individual and social human beings, dancers know how to think within movement, according to their ensemble of already acquired techniques, or *Habitus*. Technique, as Marcel Mauss (1935/1994: pp. 461) defines it, »is an action that is effective and traditional.« It conveys the effective knowledge that has been learnt during social history. However, the affectivity of traditional knowledge is acquired and confirmed within personal experience. Following Mauss, in the social philosophy of Pierre Bourdieu (1977), habitus defines the schemata of perception that each individual in a certain society is used to follow (and society for this purpose, can also be a dance society, as the societies of urban dancing, release technique, Gaga, ballet, and so forth). Implicitly, or explicitly, movements and perceptions are organized by already-known patterns. Thus, for ballet dancers, dancing ballet is habitual activity. Thus, it both follows and confirms their cultural training. As a technique of handling movements the body of a ballet dancer is able to coordinate and comprehend physical tasks within the technique without thinking too much. Thus, accordingly, the operative knowledge of a technique is physically embodied. However, more than that, it is not merely the body that finds its coordinative manners easily within a technique. Rather, the resulting movements regulate the aesthetic tendency of the educated dancers. Thus, dancers recognize easily the aesthetic and the operative value of their own dance moves. Consequently, dancers direct their imagination within the paths of their techniques.

The notion of habitus can elaborate the challenge of imagination: how dancers move is identical to how dancers perceive. Thus, reimagining the body demands to move beyond habits. Consequently, the problem of imagination is circular: moving beyond habits requires new manners of perceiving movement, while different perceptual manners require novel patterns of physical arrangement.[3] The physicality of habitus is articulated in Merleau-Ponty's phenomenology, as a challenge for perceptual awareness. For Merleau-Ponty the habits of perception are identical with the habits of movement perceivers have.[4] Thus, also in case of looking at pictures, for example, observers are attentive to pictures in relation to their habitual patterns of moving their heads and directing their gazes. Since movement and perception are combined, Merleau-Ponty claims: »[i]nattentive perception contains nothing more and indeed nothing other than attentive kind.« (1945/2007: 32) Accordingly, for Merleau-Ponty attention cannot be a mere cognitive act of awareness towards objects in the world. For that reason, Merleau-Ponty claims that the physical manners of perceiving have to be considered within the perceiver's attentiveness. Hence, Merleau-Ponty promotes

---

3 | Friedrich Ast defines such a problem as the hermeneutical circle, cf. Palmer 1969: 77-78.

4 | »In fact, every habit is both motor and perceptual.« (Merleau-Ponty 1945/2007: 170)

somatic attention as conditional for perceptual judgment. Merleau-Ponty's phenomenology of the body stresses that bodily sensations have to take part in consciousness, not as something consciousness reflects *upon*, but rather reflects *with*. Otherwise, both perception and attention become empty concepts (ibid.). Therefore, his criticism of both intellectualism and empiricism is that sensual information cannot be a disturbance for knowledge. Merleau-Ponty criticizes the empiricist tradition for looking merely on the world without considering the enactive part of the observer, and the intellectual tradition for examining solely cognition, without comprehending the world it inhabits. Accordingly, both traditions do not fully comprehend the nature of perception.[5] For Merleau-Ponty, »perception and experience of one's own body are mutually implied.« (ibid. fn. p. 150) To perceive is not to remember but rather to live through.

Inasmuch as it is basic; we all have bodies and we all feel our bodies, to take hold of somatic awareness is not always easy. Merleau-Ponty's phenomenology is an opposition to the dualist tradition in western philosophy that divides between body and mind. However, being detached from experience is so embedded within human culture, that ignoring bodily feelings as a source for knowledge is not solely a challenge for dualist philosophers. Those who ask to work within their physicality and to dance might occasionally experience misunderstanding regarding the coordination of body and mind as well. In the case of dancing, the body, the *soma* always underlies focus of attention. However, being attentive to the body is not sufficient for perceiving. It is, rather, necessary to consider the body as a knowledgeable source that organizes movement. If dancers are attentive merely to how their bodies feel when they move, they tend to repeat their patterns of movement. In such cases, habitual patterns are thought to be *natural* and *biological*, without considering the cultural, artificial, knowledge that movement embodies.[6] This problem occurs in another variation, as it is in *The Tragedy of the First Position*, once the body is considered as a result of shaping, as a mere effect, rather than as a knowledgeable origin that organizes, handles and shapes movements. In the first case, cultural results are assumed to be natural because they belong to the body. In the second case, cultural knowledge is considered as mysterious because it does not fit the current physicality. In both cases the body as an origin of knowledge is ignored.

---

5 | »Empiricism cannot see that we need to know what we are looking for, otherwise we would not know we are looking at it, and intellectualism fails to see that we need to be ignorant of what we are looking for, or equally again we should not be searching.« (Merleau-Ponty 1945/2007: 33)

6 | John Dewey defines culture as artificial in a good sense. Accordingly, culture is an artifact that enables thinking as an invented effective procedure. However, in order to be effective further, the artificiality of cultural knowledge has to be considered within the reflective thought. (Dewey 1910: 68-79)

Dance is not a sequence of results; it is rather a thoughtful, innovative and knowledgeable process of shaping. For that reason, when in *The Tragedy of the First Position* the teacher tells the girl to open her feet »just like my feet«, her guidance is insufficient. It is not enough to be attentive to a mere effect. The girl in the video needs to learn the cultural logic behind the first position as an operative technique that her body can handle. Similarly, if ballet dancers want to follow Forsythe's *Improvisation Technologies* they have to physically follow and to incorporate its conducting game rules, as a new cultural knowledge this technique conveys. Thus, in order to know *how* to move, dancers have to be attentive to *why* movements are operative in relation to a requested task.[7] In *Art as Experience* John Dewey explains perceptual experience as the activity of organizing doing and undergoing. Accordingly, »an experience has pattern and structure, because it is not just doing and undergoing in alternation, but consists of them in relationship.« (1934/1980: 40) For Dewey, perception is a constitutive act that demands the evaluation of what undergoes in relation to the work that is needed for achieving further harmony. I would like to suggest here a practical elaboration of this argument: the *harmonic result* of the first position is the opened feet, the *manners of doing* are the intentional direction of the physical movement, and *what undergoes* is the physical feeling of the legs. The challenge here is, however, how to comprehend the mutual correspondence between the task, the intentionality of action and the current feeling of it.

Thoughtful conduction of movement considers the intentionality of the dance within and in relation to the feeling of the body. Accordingly, dancers are able to take hold of both their intention and their feeling. The sovereignty of conducting the dance is cut short, if there is a gap between body and mind (cf. Varela/Thompson/Rosch 1991: 27-29). Thus, as it is in the case of the *Tragedy of the First Position*, cognitive effort is detached from the physicality of its regulation. Evan Thompson marks out the perceptual gap between body and mind as a case of being led by the body image. Accordingly, the relationship to one's own body is conceived as the relationship to »an intentional object of consciousness.« (2005: 411) However, once the body is considered as an »intentional object«, it is not merely the body that becomes alien to the dancer, but intentionality is withdrawn from the sovereignty of the dancer as well. When the girl in *The Tragedy of the First Position* repeats the movement of the teacher, and corrects the position of her feet with her hands, she does not merely relate her body as external object, she also does not realize the intention to move the feet as her own. The first position becomes an external order (that of the teacher) that the girl attempts to fulfill.

---

7 | For John Dewey, thinking is always an activity in relation to a problem. Thus, the reflective thought considers the best method of solving that issue (ibid.).

Bodily movements are organized within the body in regard to spatial direction and the conduction of it within time. For this reason, in the case of relating the body as external, the body and the mind are detached from their sovereignty. »Body image« is a psychological term, which is adopted nowadays by philosophies of embodiment as a cross model for body schema. The body schema is a continuous, coherent organization of sensory-motor capacities held by the body from within. It is the body's *knowing how* to move.[8] However, more than a mere knowing how, for Merleau-Ponty, the body schema is also a »knowing that.« Merleau-Ponty's sees the body schema as dynamic. Accordingly, being dynamic »means that my body appears to me as an attitude directed towards a certain existing or possible task.« (1935/2007: 114) Thus, human motility is situated and movements take place with a background and a reason in relation to experience. Movements, even if without awareness, are intentional; they relate the world regarding to the interest of the human being as an agent within. Accordingly, the spatiality of the body is not directed towards a spatiality of position, but towards a spatiality of situation. The body schema is, therefore, a perceptual physical capacity regarding a situation. Thus, it enables movement to happen unconsciously, without thinking too much about how to move, but rather why to move.[9] For this reason, the girl in *The Tragedy of the First Position* was not confused when she directed her hands towards her feet, she knew her task and her body schema was organized accordingly.

Imagination in dance is external neither to dealing with the physicality of thinking nor to considering the physicality of knowledge. The way dancers move is always related to how they physically handle the ensemble of techniques that their bodies posses and have. The challenge of reimagining the body occurs since unlike intentional movements from everyday life, like grasping a glass or reaching my feet, dance movements do not have a situated reason within. Dance movements are invented rules of game, and they are conducted according to the embodied accumulation of cultural knowledge. Thus, the perceptual act of dancing is directed beyond the here and now. Imaginary rules of game become the reason and the ground of movement. However, the fulfillment of dancing has to consider the here and now, and to integrate actual situation within. Executing a grand jeté, for instance, the dancer has to consider the current feeling of physical heaviness in relation to gravity within the intentionality of directing the physical energy towards springing. It is not enough to learn dance as set of

---

8 | »[I]t is a system of sensory-motor functions that operate below the level of self-referential intentionality. It involves a set of tacit performances – preconscious, subpersonal processes that play a dynamic role in governing posture and movement.« (Gallagher 2005: 26)

9 | »[...] the fact that bodily space may be given to me in an intention to take hold without given in an intention to know.« (Merleau-Ponty 1935/2007: 114)

positions, but as conduction of movement. Trained ballet dancers implicitly *know that* in order of performing a développé, it is not enough to lead the working leg, they also have to ground their standing leg, to counterpart their pelvis and their balance and so forth. Likewise, they know that in order to perform a grand jeté, the knees have to plié beforehand. However, this knowledge is not a detached set of rules for action. Rather, the feeling of the current sensory-information in relation to the intentionality of the spring is immediate, tacit, knowledge that conducts the momentum of the jump. The situation of the dance is the body as its subject of inquiry; the body as feelings, information, archive of knowledge. Dancers who consider their bodies learn to integrate their bodily feelings and to guide their intentions accordingly. As a result, following exceptional current bodily feeling and conducting them further into experience enables the dance to become genuine. On the one hand the dance is fulfilling and intentional, and on the other hand the movement becomes advanced and innovative.

REFERENCES

Bourdieu, Pierre (1977): *Outline of a Theory of Practice*, Richard Nice (trans.), Cambridge: Cambridge University Press.
Bresnahan, Aili (2014): Improvisational Artistry in Live Dance Performance as Embodied and Extended Agency, in: *Dance Research Journal*, 46/1, pp. 85-94.
Dewey, John (1910): *How We Think*, New York: D.C. Heath & Co.
Dewey, John (1934/1980): *Art as Experience*. New York: Perigee Books.
Gallagher, Shaun (2005): *How the Body Shapes the Mind*, New York: Oxford University Press.
Mauss, Marcel (1935/1994): *Techniques of the Body*, in: Jonathan Crary/Sanford Kwinter (ed.), *Incorporations*. New York: Zone books, pp. 461.
Merleau-Ponty, Maurice/Smith, Colin (trans.) (1945/2007): *Phenomenology of Perception*, New York: Routledge.
Palmer, Richard E. (1969): *Hermeneutics. Interpretation Theory in Schleiermacher, Dilthey, Heidegger, and Gadamer*, Evanstone IL: Northwestern University press.
Thompson, Evan (2005): Sensorimotor Subjectivity and the Enactive Approach to Experience, in: *Phenomenology and the Cognitive Sciences* (4).
Varela, Francisco/Thompson, Evan/Rosch, Eleanor (1991): *The Embodied Mind. Cognitive Science and Human Experience*, Cambridge MA: MIT Press.

INTERNET REFERENCE

https://www.youtube.com/watch?v=tdylQeg5B9I (last access: 14.06.2016)

Tanztechnik 2.0 – Der Lehr- und Lernansatz nach Dorothee Günther
Eine bewegungsreflexive Ausrichtung?

Dilan Ercenk-Heimann

> Was hat der junge Mensch mit dem Tanzkunstwerk zu operieren, [...] der wohl sein Handwerk dank seiner jungen Glieder oft erstaunlich gut erlernte, aber sonst weder sich selbst noch die Tiefe der Dinge erblickt?

Dorothee Günther, die neben Maja Lex eine der grundlegend prägenden Protagonistinnen des *Elementaren Tanzes*[1] war, formulierte diese Fragestellung in ihrem Beitrag »Warum Tanzpädagogik?« bereits im Jahre 1930 für die Fachzeitschrift *Schrifttanz* (vgl. Fußnote 33 in Haselbach 2002: 58). Sie war der Meinung, dass zwar die Methodik zu einem bestimmten Stil gelinge, »aber im eigentlich pädagogischen Sinne noch keine Methodik zur Lösung der in jedem Schüler liegenden grundlegenden Bildungsmöglichkeiten erstrebt oder gefunden wurde« (Günther 1933/2002: 153). Die vor nahezu neunzig Jahren mitgeteilten Ansichten Günthers sind nach wie vor aktuell. Damals wie heute existiert im Kontext von Tanzbildung der Anspruch die *Tiefe der Dinge* offen zu legen, um die Basis für ein tiefergehendes Verständnis im künstlerisch-handwerklichen Tun zu schaffen. Damals wie heute werden Bildungswirkungen von Tanz- und Bewegungskonzepten hinterfragt (vgl. u.a. Klinge 2010 und Bäcker 2008). Am Beispiel des Lehr- und Lernansatzes des Elementaren Tanzes – insbesondere in der Grund- und Auslegung nach Günther – soll im Folgenden dargelegt werden, inwieweit ein tiefergehendes Bewegungsverständnis mit dieser Ausrichtung etabliert und gestärkt werden kann. Günther geht es, wie bereits erwähnt, darum, *die Tiefe der Dinge zu erblicken*. Vorliegender

---

[1] | Siehe hierzu auch die drei Bände umfassende, grundlegende Publikation von Maja Lex und Graziella Padilla *Der Elementare Tanz* (1988). Sowie die Publikation *Elementarer Tanz – Elementare Musik* (2002) herausgegeben von M. Kugler.

Beitrag fasst dies als ein *reflexives* Tun bzw. Können im Tanz auf und bezieht sich dabei auf Konzepte des körperlichen resp. praktischen Reflektierens, die u.a. von Schürmann (2008) und Temme (2015) hervorgehoben werden. Mit Herder präzisiert Temme eine Lesart von Reflexion, nach der ein reflektiertes Können bedeute, sich selbst in dem je eigenen Können prüfend zu betrachten (Temme 2015: 240f.). Dieses *Das-Können-vor-sich-Hinstellen* sei nicht als ein Sich-im-Tun-Betrachten gleichsam von *außen* gefasst im Sinne eines Sich-Von-Außen-Anschauen, sondern als ein Gewahrwerden der körperlichen Tätigkeit des Bewegungsvollzugs in dem *Wie* dieses Vollzugs (ebd. 241). Wie jedoch werden Tanz- und Bewegungslernende zu reflektierten Könnern? Inwiefern sind theoretische Überlegungen zur Reflexivität in Bewegung anschlussfähig an die Praxiskonzeption des Elementaren Tanzes im Besonderen? Wie wird Reflexivität im Tanzbildungskontext im Allgemeinen gedacht und wie verhandelt? Warum ist dieser Aspekt so bedeutsam geworden?

DAMALS UND HEUTE. REFLEXION IM TANZBILDUNGSKONTEXT

Seit den 1990er Jahren kommt es u.a. durch den Bologna-Prozess und der Studie *Tanzausbildung in Deutschland* (vgl. Hartewig 2013: 43), die aufgrund der schlechten Stellung des zeitgenössischen Tanzes in Deutschland im Vergleich zu den westeuropäischen Nachbarländern vom Bundesministerium für Bildung und Forschung in Auftrag gegeben wurde, zu inhaltlichen und strukturellen Veränderungen in der universitären Tanzausbildung. Zur Stärkung der Kunstsparte Tanz rief die Kulturstiftung des Bundes 2005 die Initiative *Tanzplan Deutschland* ins Leben. Viele Projekte dieser Initiative geben wesentliche Impulse zur Reform. Darunter auch die *Biennale Tanzausbildung*, die alle wichtigen Ausbildungsinstitute zum Austausch zusammenführt. Die Anstöße führen zu strukturellen Veränderungen: Studiengänge und Studienabschlüsse werden erweitert, differenziert und modifiziert (vgl. Fleischle-Braun 2008: 12). Die Notwendigkeit zu inhaltlichen Veränderungen und Anpassungen wird von der tanzkünstlerischen Berufspraxis bestimmt (vgl. Feest 2008: 285ff.). Dieter Heitkamp, Leiter des Studiengangs Zeitgenössischer und Klassischer Tanz (ZuKT) der Hochschule für Musik und Darstellende Kunst (HfMDK) in Frankfurt a.M., bemerkt hierzu, dass die Arbeit der Choreographen vielschichtiger und komplexer geworden ist. Der Übergang zur Performance Art, so Heitkamp, ist fließend. Die Tänzer im zeitgenössischen Tanz müssen demnach nicht nur vielseitig begabte Interpreten sein, sondern auch »Kreatoren, Partner der Choreographen und in vielen Fällen auch Koautoren« (Heitkamp 2006: 106). Angesichts der dargelegten Anforderungen an das heutige Berufsprofil scheinen tanztechnische Fertigkeiten damit eher in den Hintergrund zu rücken.

Günther nimmt in ihren Aufsätzen aus den Jahren 1930 bis 1933[2] Stellung zur damals vorherrschenden Tanzerziehung und lässt damit Parallelen zu aktuellen Forderungen im Tanzbildungskontext entstehen. Sie forderte ebenfalls ein Tanzverständnis ein, das dem einseitigen Könnertum, den reinen Fertigkeiten ein Ende macht, Technik nicht mit Formung verwechselt, den Lernenden nicht mehr staunend vergöttern, sondern nachempfindend verstehen lässt (vgl. Günther 1932/2002: 150). »Denn die technische Leistung wird vom ›Verstehenden‹ ganz von selbst in ein enges Verhältnis zur inneren Leistung – zur Formung – gebracht.« (Ebd.) Die Tanzstudierenden müssen – damals wie heute – über den Vollzug von Tanztechniken hinaus über ihr Können verfügen können, um Interpreten, Assistenten und Performer zu werden. Sie müssen in der Lage sein, ihre Fähig- und Fertigkeiten zu transformieren und zu transferieren, um in der tanzkünstlerischen Berufswelt Fuß fassen zu können. Der reflektierte Umgang mit dem Potenzial der eigenen Fähig- und Fertigkeiten macht den Besitz von Können letztendlich nutzbar. Laut Heitkamp geht es in erster Linie darum »Tänzerinnen und Tänzer zu erziehen, die über sich und die eigene Kunstform in künstlerischem, historischem und gesellschaftlichem Kontext reflektieren können« (Heitkamp 2006: 120). Damit ist das zentrale Anliegen heutiger Tanzausbildung – wie Ingo Diehl und Bettina Masuch in ihrem Vorwort zur *Ersten Biennale Tanzausbildung* hervorheben – die Stärkung der Reflexion (Diehl/Masuch 2008: 5). Die vorgenannten Autoren machen dabei nicht explizit, welchen Begriff von Reflexivität sie der Tanzbildung zugrunde legen. Anhand der Reflexionsmodelle von Schürmann und Temme soll im Folgenden solch eine Begriffsbestimmung vorgenommen werden.

KÖNNEN UND *KÖNNEN HABEN*. REFLEXIONSMODELLE NACH SCHÜRMANN UND TEMME

Reflektiertes Können macht mit Philosoph Volker Schürmann den Unterschied zwischen einem *Können* und einem *Können haben* aus. Der reflektierte Könner hat sein Können und kann darüber verfügen (Schürmann 2008: 54f.). Diese Tatsache gibt dem reflektierten Könner die Möglichkeit – die Freiheit –, das Handwerk in einer oder in anderer Weise vollziehen zu können. »Haben ist Verfügen-können und das heißt: das Können so-oder-auch-anders vollziehen zu können.« (Ebd. 55) In dieser Differenzierungsfähigkeit liegt das Versprechen höherer Flexibilität und die Aussicht auf Entfaltung kreativer Potenziale, um noch einmal auf das zentrale Anliegen heutiger Tanzausbildung zu verweisen. Somit *muss* die Reflexion zum Können hinzutreten, um berufliche Anschlussfähigkeiten zu gewährleisten. In der Art und Weise jedoch *wie* die

---

2 | Die Aufsätze von D. Günther sind in Kugler (2002: 139-168) zu finden.

Reflexion zum Können hinzutreten kann, entwirft und differenziert Schürmann zwei unterschiedliche Modelle.

Für das erste Modell stellt er zunächst einmal fest, dass das handwerkliche – im vorliegenden Fall das tanztechnische – Können im Grunde genommen ein solches ist, welches »auch ohne es eigens zu reflektieren, vollzogen werden kann« (bd. 56). Nach Schürmann ist die Reflexion nicht zwingend Gelingensbedingung einer technisch einwandfreien Bewegungsausführung. »Ein bloßer Geselle weiß [...] gar nicht, wie ihm geschieht, dass er es so perfekt hinbekommt.« (Ebd. 54) So gesehen, bräuchten Tanzvermittlungskonzepte, die technische Fertigkeiten fokussieren, keine Reflexion. Sie *könnten* im Grunde genommen ohne Reflexion auskommen. Demnach stellt dieses Schürmannsche Reflexionsmodell lediglich eine *Option* dar, die zum Können hinzutreten kann – aber nicht zwingend muss. Wird die Reflexion jedoch optional zum Könnensvollzug hinzugezogen, ist sie – nach Schürmann – eine hinzukommende, zeitlich distanzierte Bezugnahme auf den Gegenstand. In den Fällen *optionaler Reflexion* sind Könnensvollzug auf der einen und Reflexion auf der anderen Seite, zwei unterschiedliche Aspekte, die abwechselnd – und damit zeitlich voneinander getrennt – zur Anwendung kommen (ebd. 6of.). Die Reflexion tritt demnach als kognitive Wahlmöglichkeit zum Bewegungsvollzug hinzu. Besonders deutlich wird dies, wenn reflektieren gemeinhin als (nach-)denken aufgefasst wird (ebd. 56). Eine Auffassung, die im Tanzbildungskontext präsent zu sein scheint: Soll es doch darum gehen, *denkende* Tänzerinnen und Tänzer zu erziehen (Heitkamp 2006: 120) oder die Studierenden zu motivieren ihre Körper durch konzentriertes *Denken* zu trainieren (Hardt 2008: 244).

Die *optionale Reflexion* ist aber nicht das einzige Reflexionsmodell nach Schürmann. Er stellt auch ein Gegenmodell zur Diskussion: Im zweiten Modell wird der Reflexion als Option die sogenannten *praktische Reflexion* gegenübergestellt. Reflexionsprozesse in Fällen von *praktischer Reflexion* finden *im Sich-Bewegen* statt und werden nicht als zur Bewegung hinzukommendes Plus verstanden oder gar gebraucht. »*Praktische Reflexion* ist vielmehr von vornherein als ein Vollzug gedacht, *an dem* sich diese zwei Momente – Könnensvollzug und Reflexion – unterscheiden lassen.« (Schürmann 2008: 58)

Die Sportwissenschaftlerin und Choreografin Denise Temme entwirft u.a. bezugnehmend auf Schürmanns *praktische Reflexion*, die Gedankenfigur der *Bewegungsreflexivität* (Temme 2015: 231). Temme geht der Frage nach, wie eine (beispielsweise didaktische) Konkretisierung einer *praktischen Reflexion* aussehen könnte. Bei der *Bewegungsreflexivität* geht es nach Temme um eine reflexive Kompetenz (in) der Bewegung. Dabei reduziert sich diese Kompetenz nicht bloß zu einem Gemisch aus bewegungstechnischen Fertigkeiten. Vielmehr geht es darum, jene Fertigkeiten – z.B. eine Tanzstilspezifik, ein Improvisationsmoment – *im* Bewegungsvollzug prüfend betrachten zu können, indem das eigene Können *vor-sich-hingestellt* wird. Temme macht in diesem Zusammenhang deutlich, dass das *Können-vor-sich-Hinstellen* nicht gleichbedeutend mit einem *Sich-von-Außen-betrachten* ist: Diese Distanznahme wird vielmehr als Gewahrwerdung der Besonderheit der Tätigkeit im Bewegungsvollzug gefasst. Im engeren Sinn bedeutet reflektiertes *Sich-Bewegen*, gewahr zu werden dessen, *was* in dem Vollzug die Charakteristik der Bewegung ausmacht (ebd. 241). Temme sieht den Mehrwert der *Bewegungsreflexivität* in der gegenstandsadäquaten – die Bewegung fokussierenden – Beschäftigung mit Reflexion (ebd. 230f.). Die Aussicht, tanz- und bewegungstechnische Bildung auch *bewegungsreflexiv* verhandeln zu können, schließt das *Reflektieren-über-Bewegung* selbstredend nicht aus. Vielmehr geht es Temme hierbei um die Feststellung eines *Unterschieds*, der die Möglichkeit schafft, ein Reflektieren nicht ausschließlich als kognitiven Akt zu fassen (ebd. 229).

TANZTECHNIK 2.0? RÜCKBEZUG AUF DIE BEDEUTSAMKEIT VON REFLEXION IN DER TANZBILDUNG

Wie bereits angemerkt, lassen sich inhaltliche Veränderungen und Anpassungen in den Lehrplänen der Tanzhochschulen und Tanzinstitutionen auf eine, sich stets verändernde tanzkünstlerische Berufspraxis zurückführen. Um die Anforderungen des erweiterten Berufsprofils abzudecken, reagieren die Tanzhochschulen u.a. mit einer Verbreiterung der Lehrinhalte. Die vielgestaltige Fülle von Tanz- und Bewegungssystemen stellt gewissermaßen die Entgegnung zur Berufspraxis dar: Ein hybrides Geflecht aus Tanzformen, Körpertechniken, Vermittlungsformen (vgl. Diehl/Lampert 2011: 11) und Methoden des Choreographieren, das nach In-Verhältnis-Setzung drängt. Die Ausbalancierung der unterschiedlichen Ausprägungen erfordert eine starke Inbezugnahme der Systeme aufeinander. Denn das Üben bestimmter Techniken, so merkt der Choreograph Thomas Lehmen kritisch an, erziehe die Schüler zu Ausführenden einer bestimmten Praxis und Ästhetik. Und das sei ein großes Problem der traditionellen Tanzhochschulen (vgl. Lehmen 2006: 214). Warum das so ist, meint Günther zu wissen:

> Das Erarbeitete steht kaum in Beziehung zum tatsächlichen Ich des Schülers, geschweige denn zu seiner Umsetzungsmöglichkeit in der Umwelt, es steht vorwiegend in Beziehung zum Schulstil [...]. [Der Schüler; Anm. D. E.-H.] wird oft über seine Grenzen hinaus und in eine bestimmte künstlerische Richtung hineingesteigert, statt vielfältige Möglichkeiten der Anwendung ein und desselben Gebiets entfalten zu lernen. Zum Beispiel: seine Bewegungsvielfalt lehrend so zu verwerten, dass er sie an Menschentypen, an bestimmte soziale Schichten, an Alterstypen anpassen kann; auswerten kann für

rein künstlerische oder pädagogische, für regenerierende oder therapeutische Zwecke. (Günther 1933/2002: 155)

Anwenden, entfalten, lehren, verwerten, anpassen, auswerten können sind reflexive Qualitäten, die an das spezifische Können gekoppelt sind. Somit tritt die reflexive Auseinandersetzung (notgedrungen) als (Lösungs-)*Option* zur Relativierung der beschriebenen Problematik hinzu. Eine reflexive Befassung mit tanz- und bewegungstechnischen Vermittlungsformen vermindert die Gefahr einer einseitigen und *flachen*[3] Prägung. Daneben wird das Erfordernis einer reflexiven Zuwendung durch die Tatsache verstärkt, dass die Körper-, Tanz- und Bewegungssysteme teilweise konträre Ansichten und Prinzipien thematisieren und vertreten (vgl. Hardt 2008: 242). Die Aufgabe der Reflexion besteht dann u.a. darin, die oben beschriebene Fülle für die Tanzstudierenden in ein Verhältnis zu setzen, und sie dazu zu animieren, eine Offenheit für diese Vielfalt zu entwickeln. Die Auffassung von Reflexion im Tanzbildungskontext scheint dem Modell der optionalen Reflexion zugewandt zu sein: Reflexive Momente finden sich vorwiegend außerhalb des Bewegungsvollzugs und außerhalb der tanztechnischen Bewegungsausführung. Hier steht vielmehr das kognitive, das theoretische Reflektieren über das Bewegungsgeschehen im Fokus (ebd. 232-245). Die Problematik, die mit der optional reflexiven Behandlung einhergeht, scheint präsent zu sein. So bemerkt die Tanzwissenschaftlerin und Dozentin Yvonne Hardt, dass Tanzstudierende lernen könnten »simultan zu reflektieren und sich zu bewegen« (ebd. 239). Das Reflektieren wird in den Bewegungsvollzug verschoben: Zwar suggeriert die Simultanität eine Einheitlichkeit, aber die Tatsache, dass reflektieren (auf der einen Seite) *und* sich-bewegen (auf der anderen Seite) separierte Aspekte bleiben, trennt die Reflexion als kognitive Tätigkeit vom Bewegungsvollzug.

Wie aber ist eine *praktische Reflexion* bzw. *Bewegungsreflexivität* zu fassen? Die Annäherung an die Idee einer reflexiven Tanz(technischen)bildung – im Sinne einer Tanztechnik 2.0 – könnte über Temmes Ansatz der *Bewegungreflexivität* erfolgen und sich auf der Basis der Lehrkonzeption des *Elementaren Tanzes* konkretisieren. Der *Elementare Tanz*, dessen Konzeption auf Günthers künstlerisch-pädagogischen Grundlegungen und Forderungen (vgl. hierzu Padilla 1990: 245-271) aufbaut, scheint eine Ausrichtung zu sein, die Reflexion nicht nur als optionalen Bonus versteht. Eine Methode, die kennzeichnend für den *Elementaren Tanz* ist, integriert die *praktische Reflexion* bzw. *Bewegungsreflexivität* im Besonderen. Die sog. *Anpassung* ist eine spezifische Methode des Improvisierens nach Lex und Padilla (Lex/Padilla 1988a: 263-299). Sie soll im Folgenden exemplarisch für die didaktisch-methodische Herangehensweise in der *Elementaren Tanzbildung* angeführt werden.

---

3 | Bezogen auf Günthers Eingangszitat: flach im Sinne von nicht vertiefend.

Die Anpassung im Elementaren Tanz.
Eine Improvisationsmethode mit bewegungsreflexiver Charakteristik?

Die von Maja Lex und Graziella Padilla konzipierte Improvisationspraktik der *Anpassung* ist eine Methode, die in erster Linie über Partner- und Gruppenimprovisation funktioniert. Der von Lex und Padilla eingeführte Begriff der *Anpassung* will nicht als passive Unterordnung in Gruppengeschehnisse verstanden werden. Im Gegenteil: Die selbstbestimmte und aktive (aber auch aufgabenpezifische) Einordnung in das Geschehen wird in der *Anpassung* als Gelingensbedingung aufgefasst (Lex/Padilla 1988a: 263). Sie erfordert ein hohes Maß an *Bewegungsreflexivität* von den Teilnehmenden, weil sie sich erst im Moment des Vollzugs gestaltet und dort Form annimmt. Bei der Anwendung werden zwei Arten differenziert. Die *raumdynamische* und *formdynamische Anpassung*. Sie können jeweils für sich stehen oder auch als Mischform angewendet werden.

Bei der *formdynamischen Anpassung* wird die Improvisation durch den Bezug zu einem Partner, mehreren (Einzel-)Personen oder zu einer Gruppe vollzogen. Die Besonderheit der sogenannten *Formdynamik* basiert auf der Auffassung, dass die (Bewegungs-)Form stets durch die (Bewegungs-)Dynamik getragen wird. Nach Lex und Padilla ist *Formdynamik* ein nach außen projizierter dynamischer Vorgang (ebd. 289). Diese sich von innen-nach-außen herausbildende Bewegungsdynamik sorgt u.a. dafür, dass Form beispielsweise nicht zu einem unverbindlichen Spiel der Glieder ohne innere Beteiligung gerinnt. Bei der *identischen Anpassung*, die eine Unterart der *formdynamischen Anpassung* darstellt, kommt dieser Aspekt besonders zum Tragen: Hierbei wird die Bewegungsvorgabe der vorderen Person im Augenblick des Entstehens von der dahinter stehenden Person übernommen (ebd. 291). Die Nachdrücklichkeit, mit der die Bewegungs-Übertragung nach *außen* transportiert wird, ist wesentlich für die Übernahme der Bewegung. Die Nachdrücklichkeit der zu übertragenden Bewegung lässt sich auch an der Qualität der Bewegungsausführung messen: Die Bewusstheit für Form, Verlauf und Wirkung der vorgelegten Bewegung sind an das Können gekoppelt. Der variable Umgang mit der eigenen Bewegungssprache ist wiederum an die Reflexion gebunden. Ein klares und bewusstes Anbieten-Können ist ein Indiz für reflexives Bewegungskönnen.

Auf der anderen Seite ist das intuitive Erfassen – Lex und Padilla bezeichnen dies treffend als *Witterung* (ebd. 292) – der zu übernehmenden Bewegung für ein verstehendes Nachempfinden förderlich und stärkt damit auch bewegungsreflexive Kompetenzen. Denn nur wer in der Lage ist, eine Bewegungsvorgabe, oder anders ausgedrückt: eine Bewegungseinladung zu erkennen, kann auch adäquat antworten. Temme führt hierzu an, dass die Bewegung in ihrer Bedeutungsdimension erfasst wird und damit etwas anderes als ein rein mechanisches Erlernen ist (Temme 2013: 2). Nach Temme fußt die Ermöglichung des *Sich-Zu-Eigen-Machens* einer Bewegungsvorgabe (Temme 2015: 238) auf dem Verständnis, dass ein Nachmachen in dem Erkennen des Vorgemachten aufgeht: »Für das, was nachgemacht werden kann, ist das, was je vorgemacht ist, wesentlich. Nachmachen ist somit nicht gleich Nachmachen, sondern von dem *Wie* der Tätigkeit des Vormachens und dem *Was* des je Vorgemachten abhängig.« (Ebd. 236f.) Bei der *formdynamischen Anpassung* sind nicht nur identische – auf Nachahmung fokussierte Bewegungsvorgaben, sondern auch kanonische Bewegungseinsätze oder Anders-Interpretationen der Bewegungsvorgaben Bestandteile dieser Methode.

Die zweite Spielart der *Anpassung* gilt der *Raumdynamik*. Die *Raumdynamik* hat sich – wie die Bezeichnung schon vermuten lässt – auf räumlich einwirkende Bewegung(swege) festgelegt. Hierbei spielen imaginäre Raumdimensionen und Raumaspekte eine Rolle. Die Orientierungsfähigkeit, Raum- und Partnerwahrnehmung werden im hohen Maße beansprucht. Gedachte Boden- oder Luftlinien, Verbindungslinien und -räume werden in der Improvisation verfolgt, verlassen, abgegangen, eingenommen etc. »Es entwickelt sich ein Gemeinwesen, indem sich alles zusammenfindet: Gehende, Verharrende, Eilende, Gruppen, Vereinzelte; ein Gemeinwesen, das sich durch Ablösung und Neugliederung in seiner Struktur ständig wandelt und voller Leben ist.« (Lex/Padilla 1988a: 295) Die Akteure sind immerwährend dazu aufgefordert, sich zum Geschehnis zu positionieren und aktiv in das Geschehen einzugreifen. Somit nehmen sie Einfluss auf den Improvisationsprozess dort, wo die eigene Überzeugung es zulässt und dort wo die Bewegungsaufgabe es erfordert (ebd. 263).

Die Freiheit, das Spiel auch verändern zu können, anstatt es nur spielen zu können, wäre ein Verfügen-Können über das bewegungstechnische Handwerkszeug und damit als bewegungsreflexiv einstufbar. Mit Schürmann zusammengefasst könnte dies bedeuten, »nicht nur zu lernen, wie man das Spiel gemäß den Regeln spielt, sondern auch zu lernen, mit den Regeln zu spielen« (Schürmann 2010: 67). Ein solches Spielen mit den Regeln, zeichnet sich in der Improvisationsmethode der *Anpassung* deutlich ab.

Ausblick

Die kurz dargelegten Anpassungsformen im *Elementaren Tanz* mit ihren je spezifischen Besonderheiten lassen bereits reflexive Qualitäten im Bewegungsvollzug erkennen. Inwieweit jedoch eine – nach Temme – *bewegungsreflexive* Fähigkeit mit diesem Lehr- und Lernansatz etabliert und gestärkt werden kann, und welchen Konsequenzen sich hieraus für das Potenzial eines reflektierten Bewegungskönnens für die Tanzvermittlung ergeben können, bedarf noch eingehender Forschung.[4] Eine Frage, die sich in diesem Zusammenhang stellen würde, wäre: Kann diese *alte* Ausrichtung mit ihrem spezifischen Vermittlungsstil *neue* Impulse geben für das Lehren und Lernen von Tanz im Kontext von Tanzbildung? Diese zentrale Fragestellung war u.a. auch Ansatzpunkt der gtf-Tagung *Das Erbe der Tanz-Moderne im zeitgenössischen Kontext*, die im Juni 2015 an der Deutschen Sporthochschule Köln stattfand.[5] Die Besonderheit des *Elementaren Tanzes* und ähnlicher Konzepte,[6] die aus der Rhythmus- und Ausdruckstanzbewegung hervorgegangen sind, wurden anlässlich ihrer Aufnahme in das Verzeichnis des immateriellen Kulturerbes erstmalig bei dieser Tagung zusammengeführt. Erörtert wurde u.a. der aktuelle Stellenwert der verschiedenen Ansätze – und damit auch der Ansatz Günthers – im Tanzbildungskontext.[7] Insbesondere die praxisorientierten Tanz-Labore bestärkten die Lebendigkeit und Aktualität der vorgestellten Vermittlungskonzepte. Das praxisgeleitete Forschen und Entfalten umfasst auch jene Reflexionsprozesse *im* Sich-Bewegen. Somit sollten im Verständnis eines *Practice as Research*, praktisches Tun und theoretische Reflexion nicht nur als gleichwertige Aspekte zweier Pole betrachtet werden, sondern als »zwei *unterscheidbare* Seiten eines Eines« (Temme 2015: 22).

Literatur

Bäcker, Marianne (2008): Tanzen bildet!? Zum tanzpädagogischen Diskurs im Bildungs- und Ausbildungskontext, in: Claudia Fleischle-Braun/Ralf Stabel (Hg.), *Tanzforschung & Tanzausbildung*, Berlin: Henschel, S. 161-175.
Diehl, Ingo/Lampert, Friederike (2011): Einleitung, in: Ingo Diehl/Frederike Lampert (Hg.), *Tanztechniken 2010 – Tanzplan Deutschland*, Berlin: Henschel, S. 10-23.

---

4 | Aktuelle Forschungsprojekte der Forschungsgruppe zur Bewegungsreflexivität bzw. zur Reflexivität in Tanzbewegung am Institut für Tanz und Bewegungskultur der Deutschen Sporthochschule Köln setzen sich sowohl mit Theoriebildung als auch mit empirischer Forschungen auseinander. Siehe hierzu auch https://www.dshs-koeln.de/institut-fuer-tanz-und-bewegungskultur/kunst-forschung/forschungsbereiche/ (letzter Zugriff: 21.4.2016)
5 | www.gtf-tanzforschung.de/download/Tagung_Das %20Erbe %20der %20Tanz-Moderne.pdf (letzter Zugriff: 05.02.2016).
6 | Chladek-System, Laban-Bartenieff-Bewegungsstudien, Jooss-Leeder-Methode. Vgl. hierzu www.gtf-tanzforschung.de/download/Tagung_Das %20Erbe %20der %20Tanz-Moderne.pdf (letzter Zugriff: 05.02.2016).
7 | Vgl. hierzu auch den Beitrag von Claudia Fleische-Braun in diesem Band.

Diehl, Ingo/Masuch, Bettina (2008): Vorwort, in: Tanzplan Deutschland e.V. (Hg.), *Tanzplan Deutschland Jahresheft. 1. Biennale Tanzausbildung/Tanzplan Deutschland im Rahmen von CONteXt#5 im Hebbel am Ufer/HAU*, Berlin, S. 5-6.

Feest, Claudia (2008): Neue Tendenzen der professionellen Tanzausbildung. Ein Arbeitskreisbericht, in: Claudia Fleischle-Braun/Ralf Stabel (Hg.), *Tanzforschung & Tanzausbildung*, Berlin: Henschel, S. 285-298.

Fleischle-Braun, Claudia (2008): Tanzforschung & Tanzausbildung. Einführung, in: Claudia Fleischle-Braun/Ralf Stabel (Hg.), *Tanzforschung & Tanzausbildung*, Berlin: Henschel, S. 11-27.

Günther, Dorothee (1932/2002): Der rhythmische Mensch und seine Erziehung (1932), in: Michael Kugler (Hg.), *Elementarer Tanz – Elementare Musik*, Mainz: Schott, S. 144-150.

Günther, Dorothee (1933/2002): Die Einheit von Musik und Bewegung. Eine pädagogische und methodische Stellungnahme (1933), in: Michael Kugler (Hg.), *Elementarer Tanz – Elementare Musik*, Mainz: Schott, S. 151-162.

Hardt, Yvonne (2008): Denkende Praxis, bewegende Praxis. Reflexionen zu einer angewandten Tanzwissenschaft, in: Claudia Fleischle-Braun/Ralf Stabel (Hg.), *Tanzforschung & Tanzausbildung*, Berlin: Henschel, S. 238-245.

Hartewig, Wibke (2013): *Traumberuf Tänzer*, Leipzig: Henschel.

Haselbach, Barbara (2002): Dorothee Günther, in: Michael Kugler (Hg.), *Elementarer Tanz – Elementare Musik*, Mainz: Schott, S. 50-65.

Heitkamp, Dieter (2006): Körperbewußt zwischen Technik und Kreativität, in: Cornelia Albrecht/Franz Anton Cramer (Hg.), *Tanz (Aus) Bildung. Reviewing Bodies of Knowledge*, München: epodium, S. 105-126.

Klinge, Antje (2010): Bildungskonzepte im Tanz, in: Margrit Bischof/Claudia Rosiny (Hg.), *Konzepte der Tanzkultur*, Bielefeld: transcript, S. 79-94.

Kugler, Michael (Hg.)(2002): *Elementarer Tanz – Elementare Musik*, Mainz: Schott.

Lehmen, Thomas (2006): Ich bin ja kein echter Lehrer-Lehrer, in: Cornelia Albrecht/Franz Anton Cramer (Hg.), *Tanz (Aus) Bildung. Reviewing Bodies of Knowledge*, München: epodium, S. 213-218.

Lex, Maja/Padilla, Graziella (1988): *Der Elementare Tanz. Der Gang* (Band 1), Wilhelmshaven: Noetzl.

Lex, Maja/Padilla, Graziella (1988a): *Der Elementare Tanz. Die Arme. Die Anpassung* (Band 2), Wilhelmshaven: Noetzl.

Padilla, Graziella (1990): Inhalt und Lehre des Elementaren Tanzes, in: Eva Bannmüller/Peter Röthig (Hg.), *Grundlagen und Perspektiven ästhetischer und rhythmischer Bewegungserziehung*, Stuttgart: Klett, S. 245-271.

Schürmann, Volker (2008): Reflexion und Wiederholung. Mit einem Ausblick auf *Rhythmus*, in: Franz Bockrath/Bernhard Boschert/Elk Franke (Hg.),

Körperliche Erkenntnis. Formen reflexiver Erfahrung, Bielefeld: transcript, S. 53-72.

Schürmann, Volker (2010): Die Unverfügbarkeit der Bildung, in: Carsten Kruse/Volker Schürmann (Hg.), *Wie viel Bildung braucht der Sport, wie viel Sport braucht die Bildung. Symposionsbericht*, Berlin: LIT-Verlag, S. 61-73.

Temme, Denise (2013): *Laufen und Am-Ort-Verlagern bei gleichbleibender Frontausrichtung – A man comes around (J. Cash). Unterrichtsentwurf im Rahmen einer Lehrprobe*, unveröffentlichtes Manuskript, Köln.

Temme, Denise (2015): *Menschliche Bewegung als Tätigkeit. Zur Irritation fragloser Gewissheiten*, Berlin: Lehmanns Media.

Internetquellen

www.gtf-tanzforschung.de/download/Tagung_Das %20Erbe %20der %20 Tanz-Moderne.pdf (letzter Zugriff: 05.02.2016)

https://www.dshs-koeln.de/institut-fuer-tanz-und-bewegungskultur/kunstforschung/forschungsbereiche/ (letzter Zugriff: 21.4.2016)

Praxis begreifen
Eine praxeologische Perspektive auf Praktiken
und Episteme des Wissens und Forschens
im Kontext tänzerischer Vermittlung

Yvonne Hardt

»In my practice I do... in my practice I am interested in ...« – mit diesen Formulierungen stellt Russell Maliphant im Kontext der 5. *Biennale Tanzausbildung* in Köln seinen Workshop vor.[1] Er beschreibt, dass er seinen Arbeitsansatz als hybride Zusammenführung unterschiedlichster von ihm praktizierter Techniken begreift und diese darüber hinaus mit neuster Forschung zu den Faszien verbindet. Der Workshop ist als Experimentierfeld zu verstehen. Eine solche Benennung naturwissenschaftlicher bzw. medizinischer Forschungseinflüsse, das Begreifen von tänzerischen Vermittlungssituationen als Laboratorien und die Vorstellung, dass tänzerische Praktiken der Ort eigenständigen Handelns sind, kennzeichnen in unterschiedlicher Weise die Entwicklung zeitgenössischer und vor allem auch somatisch inspirierter Tanztechniken seit längerem (Hardt/Stern 2014; Lampert/Diehl 2014; Legg 2011). Tänzerische Vermittlungspraxis wird dabei dahingehend verstanden, dass sie nicht nur tanztechnische Fähigkeiten vermittelt, sondern auch Ort der Recherche, der Wissensfindung und -produktion ist. Ausgehend von diesem Verständnis erweisen sich gerade Vermittlungssituationen als besonders geeignet, um an die aktuelle Diskussion von *Practice as Research* anzuknüpfen.

---

1 | Die 5. *Biennale Tanzausbildung* unter dem Titel »Feedback und Reflexion« fand vom 15. bis 22. Februar 2016 am Zentrum für Zeitgenössischen Tanz an der Hochschule für Musik und Tanz Köln statt. Die *Biennale Tanzausbildung* wird alle zwei Jahre von der *Ausbildungskonferenz Tanz* ausgerichtet und an wechselnden Hochschulorten durchgeführt. Sie dient dem Austausch und der grundlegenden Diskussion über universitäre Tanzausbildungen und wird gefördert durch das Bundesministerium für Bildung und Forschung im Rahmen der kulturellen Bundeswettbewerbe. Vgl. www.biennale-tanzausbildung.de/

In dem folgenden Beitrag möchte ich Beobachtungen von der 5. *Biennale Tanzausbildung* im Rahmen meines aktuellen Forschungsinteresses an Praktiken der tänzerischen Vermittlung und mit ihnen verwobenen Körper- und Wissensepistemen aus einer praxeologischen Perspektive beleuchten. Diese praxeologische Perspektive – die sich mittlerweile als ein »turn to practice« (Reckwitz 2003: 282; Schatzki 2001) in den Sozial- und Kulturwissenschaften etabliert hat – fordert dazu auf, das Verständnis von Praxis genauer zu definieren und mit der Verwendung des Begriffs, wie er in *Practice as Research* anklingt, gegenzulesen. Denn während es eine rege Diskussion um das spezifische Wissen tänzerischer Praxis gibt,[2] scheint in diesem Kontext der Begriff der Praxis bisher nur wenig thematisierungsbedürftig.[3] Doch ein differenzierteres Verständnis von Praxis – sowohl im Sinne einer klareren Definition als auch ihrer empirischen Erfassung – könnte dazu beitragen, Fragen nach den Wissens- und Forschungspotenzialen tänzerischer Praxis zu justieren. Welches Verständnis von tänzerischer Praxis liegt vor, wenn Tanz vor allem dahingehend diskutiert wird, dass dieser klassische, statische Wissenskonzepte in Frage stellt? Eine dabei durchaus sichtbare Tendenz zur Essenzialisierung tänzerischen Wissens ist erkennbar, wenn dieses beispielsweise grundlegend als ein »anderes« oder »implizites« Wissen konzipiert wird (Brandstetter 2007; Borgdorff 2011).

Im Folgenden wird es also darum gehen, sowohl auf ein aus der Praxeologie[4] stammendes Verständnis von Praxis zu rekurrieren, um die Diskussion von *Practice as Research* zu erweitern, als auch damit verbunden die jeweils spezifischen Konstellationen von Wissen und Forschung in den Praktiken zu betrachten. Wissen ist nicht per se im Tanz vorhanden, sondern wird durch Praktiken erst erzeugt, etabliert und sichtbar – und das je nach Situation oder Kontext auf unterschiedliche Art und Weise. Dabei muss es auch darum gehen, diese Differenzen innerhalb einzelner Vermittlungskonstellationen in

---

2 | Das Feld der Diskussion um ein tänzerischen Wissen und um *Practice as Research* ist mittlerweile riesig – wie auch die Beiträge dieses Bandes belegen. Eine systematische Auswertung und Weiterentwicklung der Wissenskonzeptionen in *Practice as Research*-Figurationen bietet die Dissertation von Katarina Kleinschmidt: *Wissensgefüge choreographischer Forschung. Zu generativen Routinen und Partizipanden des Probens im zeitgenössischen Tanz*, Dissertationsschrift HfMT Köln, 2016.

3 | Dies geschieht zumeist ausschließlich in soziologisch beeinflussten Forschungskontexten, siehe z.B. Klein 2014.

4 | Mit dem Begriff der Praxeologie wird hier nicht auf ein einheitliches Konzept eines praxistheoretischen Zugangs verwiesen, sondern der Begriff steht für multiple methodische Zugänge, die Praxis als zentralen Ausgangspunkt der Forschung begreifen und immer bereits von einer Verflechtung von Theorie und Praxis ausgehen.

den Blick zu rücken, und nicht nur entlang diverser Vermittlungsformate oder -konzepte zu unterscheiden.

BEOBACHTUNG 1:
UNTERRICHTSKONSTELLATIONEN

Die 5. *Biennale Tanzausbildung* bot hier einen sehr spezifischen Rahmen, um tänzerische Forschung und Vermittlung als ineinander verzahnt zu betrachten. Zehn deutsche Hochschulausbildungen im Tanz und einige internationale Institutionen sandten jeweils zehn Studierende, um in gemeinsamen Workshops zu arbeiten und zu reflektieren, worin die neuesten Entwicklungen und Potenziale von Tanzausbildung bestehen könnten. Die Workshops vereinen daher eine sehr heterogene Gruppe von Studierenden, die aus unterschiedlichen Kontexten stammen und deren Vorbildungen stark differieren. Da sind jene Studierende der Staatlichen Ballettschule Berlin, deren Ziel es ist, an staatlichen Bühnen zu reüssieren, jene von der Folkwang Universität der Künste in Essen, deren Nähe zum Tanztheater deutlich wird, und dort Studierende vom Hochschulübergreifenden Zentrum Tanz (HZT Berlin), deren Ziele bewusst offener formuliert werden, so dass Körper und Tanz möglicherweise nur ein Aspekt ihrer choreographischen bzw. künstlerischen Arbeit ist.

Diese Studierenden zusammen in dem Gaga- und Performance-Workshop *On Relationships between Performance and Training* von Yael Schnell und Jörg Schiebe zu beobachten, kann sehr erkenntnisreich in Bezug auf die Komplexität von Vermittlungssituationen sein.[5] In diesem Co-Teaching-Format stand das Improvisieren, Erforschen und eigenständige Entwickeln von performativen Kompetenzen wie der Erzeugung von Präsenz und spezifischen Qualitäten oder Improvisationsfähigkeiten im Vordergrund. Damit lässt sich der Workshop in einem weiteren Trend verorten, in dem klassische Verständnisse von Tanztraining befragt werden. Solche Settings generieren Fragen wie: Wie lernen angehende Tänzerinnen und Tänzer bestimmte Zustände und Qualitäten zu verkörpern und erfahrbar zu machen? Was passiert, wenn wir sie ebenso wie das Vermitteln von virtuosen Bewegungsformen als ein Können und Technik verstehen? Dabei steht in den Workshops nicht die Diskussion dieser Fragen im Mittelpunkt, sondern der praktische Vollzug als Ort der Reflexion und Entwicklung. In der Beobachtung des Workshops werden daher zunächst

---

5 | Die hier folgende Beschreibung ist eine kondensierte und abstrahierte Beschreibung von Workshopbeobachtung (vgl. Hirschauer 2004), die aus den Notizen teilnehmender Beobachtungen der Autorin, von Studierenden, und aus Gesprächen mit Studierenden im Anschluss verdichtet wurde. Es wird daher eine verallgemeinernde Benennung der Beobachterposition in der Beschreibung gewählt.

andere Dinge auffällig. So sind während der ersten Tage die lang gestreckten Beine der angehenden Ballett-Tänzer, die expressiven Bewegungen der Folkwangstudierenden und eine auffällig entspannte Haltung jener vom HZT deutlich zu erkennen. Erst im weiteren Verlauf des Workshops werden diese ausgeprägten Bewegungsmuster weniger dominant, und es werden Prinzipien und Qualitäten der Studierenden sichtbar, die deutlich von der Aufgabenstellung der beiden Lehrenden beeinflusst sind. Obwohl ich den klar erkennbaren Wandel, wie er auf einer abschließenden Workshop-Präsentation zu sehen ist, für wirklich bemerkenswert halte – eine Entwicklung, die nicht im gleichen Maße in allen Workshops zu sehen war –, blieb der ursprüngliche Lernkontext der Studierenden sichtbar. Mehr noch, werden Studierende nach ihrer Erfahrung mit dem Workshop gefragt, so wurden die Differenzen der Lernaneignung und -wahrnehmung noch sehr viel deutlicher. Während ein Student der Ballettschule Hamburg *Ballett John Neumeier* den Workshop als eine Offenbarung begriff, die seine Sichtweise sowohl auf das, was Tanz als auch Tanztraining sein kann, erweitert hat, so sagte eine Studierende vom Zentrum für Zeitgenössischen Tanz (ZZT) Köln, dass sie die Lehrer und Gruppe toll fand, aber dass sie viele Aufgaben und Elemente bereits kannte, und dass es ihr phasenweise zu langsam voranging.[6] Was ein anderer Ballett-Student als eine wirklich mutige und provokative Bewegung einer anderen Workshop-Teilnehmerin bewertete, nämlich das intensive Schütteln auf allen Vieren unter dem Klavier, beschrieb diese selbst dahingehend, dass andere in ihrer Schule es wahrscheinlich als zu typisch für sie und damit kritisch und wenig innovativ bewerten würden. Auch gab es eine ganz unterschiedliche Wahrnehmung und Wertschätzung in Bezug auf das Unterrichtsformat und die Funktion der Lehrer.

Der Workshop wurde in Form eines Co-Teachings (wie alle Workshops dieser *Biennale*) gegeben. Konzentrierte sich Yael Schnell vor allem auf die Vermittlung der Gaga-Technik, so war Jörg Schiebe für die improvisatorischen und Performance-orientierten Teile zuständig. Ein Studierender der Ballettschule Hamburg war noch nicht vertraut mit dieser Form des Co-Teachings und erstaunt, dass sich Lehrer in Improvisationen und Aufgaben physisch gleichwertig neben den Studierenden ausprobierten. Daraus resultierte für ihn eine ungewohnt flache Hierarchie zwischen Lehrer und Schüler, die er als sehr befreiend empfand. Eine Studierende des ZZTs mochte zwar durchaus beide Lehrer und ihre sich gegenseitig manchmal widersprechenden Unterrichtsformen, allerdings sah sie zugleich Jörg Schiebe als durchaus dominant an, vor

---

6 | Die Aussagen der Studierenden stammen aus abschließenden Gesprächen in einem Format, das sich *Smuggeling* nannte. Hier konnten Studierende in Eins-zu-eins-Begegnungen in einem abgesteckten Raum sowohl in Gesprächen als auch im Tun ihre Erfahrungen mit anderen Studierenden und Lehrenden teilen.

allem in den improvisierten Performance-Situationen. Dadurch wurde auf der einen Seite das ausgeprägte Improvisations-Können von Jörg Schiebe sichtbar, gleichzeitig begriff die Studierende seine Art und Weise in der Performance mitzuwirken und klare Vorschläge demonstrativ einzubringen als eine implizite Wertung, dass die Performance-Situation der Studierenden gerade nicht »interessant« genug sei. Der Raum wurde von ihr somit keinesfalls als frei von Hierarchien oder Wertungen begriffen; allerdings ohne diesen Umstand als einen qualitativen Verlust des Workshops zu bewerten.

Was hier als scheinbar kaum erklärungsbedürftige und fast schon stereotype Differenzen beschrieben wird, scheint mir dennoch erwähnenswert, weil es in der Frage, was eine Vermittlungspraxis konstituiert, wenig diskutiert wird. Denn in dieser Situation wird deutlich, dass wir nicht so einfach von *der* Lernsituation, Tanzausbildung oder gar Technik bzw. Vermittlungspraxis sprechen können. Eine differenzierte Betrachtung von Tanzvermittlungssituationen erfordert vielmehr sowohl die einzelnen Teilnehmer und ihre Erfahrungen und biografischen Reisewege in den Blick zu nehmen, als auch die kollektive Situation der Lernerfahrung nicht aus den Augen zu verlieren. Obwohl es sicherlich in dem Workshop von Yael Schnell und Jörg Schiebe etwas in den Aufgabenstellungen, in der Offenheit und Atmosphäre gab, das den Lernprozess ermöglichte und die Qualität von Bewegung und Performance veränderte, so kann die Praxis der Tanzausbildung und Tanzvermittlung nicht allein von diesen Intentionen der Lehrenden oder einem übergreifenden Konzept (z.B. dem Lehrer als *Facilitator*) abhängig verstanden werden. Vielmehr ist ein komplexeres Szenario, wie Tanz unterrichtet wird, zu erfassen, insbesondere dann, wenn wir es als Form der (kollektiven) Wissensgenerierung und Ort der Forschung verstehen wollen.

Praxis verstehen:
Definitionen und Methoden einer
praxeologischen Perspektive

Eine Analyse derart komplexer Konstellationen könnte aus einer praxeologischen Perspektive geschehen, also in enger Verzahnung von empirischer Forschung und Theoriebildung (Hillebrandt 2014: 118). Ausgangspunkt und Erkenntnisinteresse richten sich dabei auf die Praxis »in ihrer materiellen Vollzugswirklichkeit« (Schäfer/Daniel 2015: 43). Ähnlich wie in der »grounded theory« – deren Einfluss hier in der Art meiner Beschreibung und darin, wie aus dem Feld heraus Themen, Begriffe und Konzepte generiert werden, durchaus sichtbar ist – geht es in einer praxeologischen Perspektive darüber hinaus darum, nicht nur die Perspektive der Teilnehmenden, sondern eine komplexe Konstellation von »Körper-Ding-Assoziationen« zu erfassen (Hillebrandt 2015:

27). Beiden Forschungsansätzen ist dabei gemein, dass die empirische Recherche im Feld unabdingbar ist. Allerdings werden in der Praxeologie neben bewährten ethnografischen Verfahren wie der Teilnehmendenbeobachtung und Interviews, vor allem auch Situations- und Diskursanalyse als Methoden diskutiert.[7]

Wie verhält sich nun ein Verständnis von Praxis aus praxeologischer Perspektive zu einem im Feld gängigen, und jenem im Kontext von *Practice as Research*? Es geht hier nicht darum, die unterschiedlichen Nutzungen des Begriffs zu bewerten, sondern aus einer praxeologischen Perspektive zu fragen, auf welche Art und Weise der Begriff im Feld genutzt wird und welche Implikationen dies z.b. für die Tanzvermittlungspraxis hat.

Im tänzerischen Feld wird mit dem Begriff, wie Russell Maliphant ihn beispielsweise verwendet, wenn er sagt »In my practice I do ...«, auf eine individualisierte Praxis hingewiesen, die aus persönlichen Erfahrungen aus unzähligen körperlichen Trainings- und Probenstunden hervorgeht und als Hort eines *substanziellen* Wissens verstanden wird. Gleichzeitig geht mit dieser Tendenz zur Individualisierung von Praxis auch der Anspruch einer eher weniger hierarchischen oder dogmatischen Vermittlungspraxis einher, die nicht unbedingt auf eine Universalisierung angelegt ist. Es gibt nicht mehr das eine tänzerische System, sondern die Praxis wird als der individuelle Handlungsraum gesehen, in der aus ganz unterschiedlichen Praktiken und Interessen über die Jahre eine *eigene* Praxis zusammengesetzt werden kann. Manchmal wird der Begriff von Tänzern auch genutzt, um auf das spezifische Wissen im körperlichen Tun hinzuweisen und es von möglichen theoretischen Rahmungen abzugrenzen, die z.B. durch einen Kontext wie die *Biennale* mit ihren übergreifenden Ideen vorgegeben werden.

Als solches unterscheidet sich dieser Gebrauch des Begriffs der Praxis aus dem tänzerischen Feld von jener Art wie Praxistheorien ihn verwenden (Alkeymer 2009 und 2014). Einschlägige Praxistheorien – allen voran die Studien von Pierre Bourdieu, Theodore Schatzki oder auf der deutschen Seite beispielsweise von Andreas Reckwitz und Frank Hillebrandt – würden trotz ihrer Differenzen untereinander im Detail zunächst einmal Praxis nicht als individuell fassen, auch wenn zu einer Praxis dazu gehören kann, Individualität und das Herausstellen dieser als ein zentrales Prinzip, wie es in *doings and sayings* der Praxis entworfen wird, zu positionieren (Schatzki 2002: 73). Praxis ist für die Praxistheorien immer sozial und intersubjektiv bzw. interobjektiv (Reckwitz 2003: 290; Schmidt 2012; Hillebrandt 2014; Latour 2007). Ein Satz wie »In my practice I do ...« – als ein wiederkehrendes Phänomen wäre dann im Sinne

---

7 | Obwohl die empirische Arbeit für die Praxeologie bzw. praxisanalytische Verfahren so zentral ist, steht eine dezidierte Diskussion ihrer Methoden erst am Anfang. Vgl. Schäfer/Daniel 2015.

der Kategorien von Schatzki ein *saying* einer Praktik, die das praktische Vollziehen ebenso wie Individualität zu zentralen Aspekten erhebt und dadurch auch Ausschlusskriterien des Feldes markiert, z.B. jenen gegenüber, die eher beobachten oder aus dem Feld der Theorie stammen.

Praxistheorien gehen davon aus, dass Praktiken zentral für das Verständnis von sozialen Ordnungssystemen sind, und dass diese die Regeln, Konzepte, Wissensbestände, Konventionen und Grenzen erst performativ hervorbringen. Praxis ist demnach ein hoch komplexes Phänomen, das immer eine Art menschlicher, sozialer Organisation ist (Reckwitz 2003: 290; Schatzki 2002: 101; Hirschauer 2004). In Bezug auf den Tanz und die Tanzvermittlung bedeutet dies immer ein ganzes Setting in den Blick zu nehmen: dazu gehören neben den Teilnehmern und Dingen, den artikulierten Diskursen, z.B. auch die impliziten Regeln der Felder. Diese sind allerdings nicht als vorgefundene, stabile Strukturen zu verstehen, denen lediglich gefolgt wird. Vielmehr werden sie jeweils in den einzelnen Konstellationen als solche mit hervorgebracht und erkennbar. Dabei sind sie nicht beliebig, sondern greifen auf bereits etablierte Praktiken zurück. Gerade diese impliziten Regeln geraten oftmals in der Betrachtung eher intentional orientierter Lernsituationsanalysen aus dem Blickfeld. Zu solchen impliziten Konventionen gehört z.B., dass wir in der Regel pünktlich zum Tanzunterricht erscheinen und keine Straßenkleidung mehr tragen, dass wir es im Ballettunterricht als normal empfinden, dass französische Begriffe auch in einem deutschen Kontext für die Vermittlung genutzt werden, dass eine Tanzstunde damit beginnt, einzelne Körperteile (Füße, Beine, Arme) zu trainieren, indem mit kleinteiligen Übungen wie Tendus begonnen wird, gefolgt von größeren Battements, und die Bewegung erst am Ende der Unterrichtseinheit in raumgreifendere Kombinationen übergeht. Solche Konventionen sind aber auch in Vermittlungskonstellationen zu finden, die als alternativ betrachtet werden. Eine release-basierte Klasse fängt z.B. eher am Boden an, es wird zunächst aufgefordert, ein Gefühl, ein Spüren für die einzelnen Bewegungen zu finden. Dieses Spüren ist meist genauso kleinteilig organisiert und steigert sich ähnlich wie in konventionelleren Klassen oft von einfach zu komplex. Auch gibt es trotz unterschiedlicher Übungen einzelner Lehrer ein übergreifendes Interesse, eine spezifische, offene Lernatmosphäre zu schaffen. Auch Begrifflichkeiten, die beispielsweise auf das *liberating of joints* und die Durchlässigkeit hinweisen, sind wiederkehrende Tropen. Dass dieses analytische oder spürende Zergliedern körperlicher Bewegung ein sehr spezifisches Verständnis von Regeln tänzerischer Vermittlung ist, wird deutlich, würden wir das Szenario eines Tanztees mit älteren Menschen oder eine Volkstanzgruppe zum Vergleich heran ziehen, das auch Momente des Unterrichten und Lernens enthält. Während ein Warm-up in diesen Settings durchaus möglich ist, wird Tanzen hier primär mimetisch durch das Ausführen von Tänzen, vor allem ihres Schrittmaterials erlernt und praktiziert.

Betrachtet man die anfangs geschilderte Beschreibung der Vermittlungssituation vor diesem Hintergrund an Regeln und (impliziten, theoretischen) Referenzsystemen, so wird die Reflexion von Vermittlungspraktiken noch komplexer und weißt einmal mehr darauf hin, dass die Lernsituation nicht auf der Grundlage einzelner Vermittlungsideen oder deren Konzeptualisierung zu erfassen ist. Auch solche übergreifenden Konzepte, wie das jeweilige Verständnis von Wissen oder Forschen, oder was als Wissen in Frage stellend und grundlegend bildungstheoretisch relevant sein könnte, ist daher nicht in der Vermittlungsintention der Lehrenden alleine zu suchen. Von daher sollte eine empirische Forschung zwar die Vorstellung von »In my practice I do...« als Teil der Praxis ernst nehmen, sich aber auch den konkreten Konstellationen in ihrer performativen Hervorbringung widmen.

PRAXIS ALS FORSCHUNG UND WISSENSFELD

Es ließe sich nun genauer fragen, inwiefern sich solch ein Praxisbegriff als soziale Organisationsform zu einem Praxisverständnis wie es in *Practice as Research*-Diskursen verwendet wird, verhält. Grundsätzlich könnte man zunächst davon ausgehen, dass sowohl Praxistheorien als auch Diskurse des *Practice as Research* von ähnlichen Prämissen ausgehen, in dem Sinne, dass sie Praxis selbst als einen Ort der Reflexion und des Wissens begreifen. Mit solch einer Perspektive stellen sie ältere Verständnisse von Wissen in Frage, die dieses primär in den intellektuellen Kapazitäten des Menschen und rationalen und geplanten Aktionen verorten (Borgdorff 2011; Brandstetter 2007). Schaut man jedoch etwas genauer auf die Diskurse – wie das beispielsweise Katarina Kleinschmidt in ihrer Dissertation getan hat (Kleinschmidt 2016) – werden zwei sehr unterschiedliche Trends, diesen Begriff zu gebrauchen, sichtbar. Während Kleinschmidt vor allem in Bezug auf die in der Literatur verwendeten Wissensverständnisse feststellt, dass es zum einen jene gibt, die versuchen, *Practice as Research* in institutionellen Kontexten mit den Standards anderer Forschungskontexte in Einklang zu bringen, gibt es andererseits jene, die versuchen, Tanzwissen als ein spezifisches Wissen zu profilieren, das gegenüber solchen Standardisierungen resistent ist oder verstanden werden sollte. Obwohl letzteres darauf hinzielt, die für das Wissenssystem destabilisierenden Eigenschaften tänzerischer Praxis zu fokussieren, birgt es die Gefahr nicht minder essenzialisierend zu sein. Dadurch, dass eine grundsätzliche Differenz zu etablierten Wissensformen postuliert wird und oftmals von *dem* Tanz als einer Art Überkategorie gesprochen wird, können die stark diversifizierten Ausformungen tänzerischer Praktiken und ihrer Wissenskonzeptionen nicht erfasst werden. Damit wird nicht nur ungewollt eine Dichotomie zwischen Praxis und Wissen aufrechterhalten, sondern es geraten auch die Regeln, Routinen und Strukturen aus dem Blickfeld, die durchaus stabil, deshalb aber nicht weniger wissenstechnisch innovativ sein müssen. Noch bedeutsamer an Kleinschmidts empirisch fundierter Studie ist, dass sie aufzeigt, wie diese Modelle zu tänzerischem Wissen nur bedingt anschlussfähig sind an aktuelle Wissenstheorien, die gerade in den Routinen einer forschenden Praxis das Potenzial zur Generierung von Wissen erkennen (wie z.B. in der Forschung von Bruno Latour oder Karin Knorr Cetina).[8] Bezogen auf die anfangs gestellte Frage, wie denn nun Praxis zu begreifen ist, ist es notwendig durch eine differenzierte Betrachtung der jeweiligen komplexen Szenarien tänzerischen Schaffens und tänzerischer Vermittlung einer Essenzialisierung sowohl des jeweiligen Wissens- als auch Praxisverständnisses entgegen zu wirken. Die Erforschung tänzerischer Vermittlungspraxis entpuppt sich dann als ein Feld, in dem die Diversität tänzerischer Vermittlungskonstellationen beschrieben werden kann, und erlaubt in idealer Weise gerade jene konstitutiven Momente der Genese der Einverleibung körperlichen Wissens nachzugehen. Während viele Praxistheorien zwar eine dezidierte Methodik zur Erfassung körperlicher Vollzugsprozesse einfordern, so bleibt mit Fokus auf die Gelingensmomente der jeweiligen Praxis diese Hervorbringung körperlichen Wissens eher ausgeblendet. In der Analyse tänzerischer Vermittlungskonstellationen kann jedoch konkret beobachtet werden, wie Theorie und praktische Übungen interagieren, um jenes körperliche Wissen, jenes *tacit knowing* hervorzubringen und jeweils kontextspezifisch zu aktualisieren. Das erlaubt, die tägliche Routine tänzerischer Vermittlungsarbeit – die auch und gerade in forschungsorientierten, mit Improvisation arbeitenden Vermittlungskontexten auftreten – als zentral für die Wissensproduktion zu erkennen.

Damit wird es auch möglich, die diversen Wissens- und Forschungsvorstellungen tänzerischer Praxis (ähnlich wie auch in der Wissenschaft) zu erfassen und die Frage nach der Innovationsfähigkeit tänzerischer (Vermittlungs-) Praxis von der Ebene der Vermittlungskonzepte und choreographischer Verfahren, hin zu jenen Situationen und Interaktionen des Vermittelns zu verlagern, in denen diese Verfahren als Teil einer differenzierten Vollzugspraxis ebenso einfließen wie sie sie auch mit hervorbringen. Eine Offenlegung von wissenschaftlichen Referenzsystemen in den Vermittlungskonzepten, die mitunter durchaus klassisch und stabilisierend (in Hinblick auf ein Forschungs- oder Wissensverständnis) sein können, wäre dann nicht per se eine Kritik an der Vermittlungssituation selbst. Vielmehr können diese für Einzelne oder Gruppen durchaus bildungsrelevante Momente in ihrer Anwendung generieren. Gerade weil es im Erlernen und Aneignen tänzerischer Kompetenzen oft erst um die Schaffung einer Resonanz zwischen verwendeten Imaginationen

---

8 | Solch eine Perspektive befragt auch eine Trennung von einem sogenannten impliziten und expliziten Wissen. Vgl. hierzu neben Kleinschmidt 2016 auch Stern 2011.

bzw. leitenden Konzeptbildern einerseits und der körperlich-sinnlichen Ausführung andererseits geht,[9] können sie auf ganz unterschiedliche Weise destabilisierende Effekte auf ein vorgängiges Wahrnehmungs- oder Wissensmodell haben. Selbst klassische Wissensmodelle können so dazu beitragen, das *wie* eines Unterrichts zu befragen, neue Erfahrungen provozieren und Vermittlungspraxis als eine forschende und offene Situation erfahrbar zu machen. Ob sie hingegen stabilisierend auf Wissensepisteme oder gar normativ auf Vermittlungssituationen wirken können – wie es in der Regel mit klassischen Wissensverständnissen assoziiert wird –, hängt also von einer spezifischen Vermittlungskonstellation ab.

WISSENSEPISTEME BEGREIFEN – ODER VERMITTELN MIT (NATUR-)WISSENSCHAFTLICHEN FORSCHUNGSVORSTELLUNGEN

Wie wird aber ein forschender Unterricht angeleitet? Was meine ich, wenn ich davon spreche, wie forschende, auf Improvisation und Eigeninitiative basierende Unterrichtsformate in ihrer wissenstheoretischen Referenz und ihrem Verständnis von Forschung eher stabilisierend sind in Bezug auf klassische Wissenskonzeptionen, aber durchaus nicht für die daraus resultierende tänzerische Erfahrung? Bevor ich dafür auf den anfangs benannten Workshop von Russell Maliphant zurückkomme, möchte ich zunächst eine Lecture-Performance von Eva Karczag beschreiben, um Maliphants Arbeit (gleichsam über einen Umweg) in einer langen Tradition des Aufrufens naturwissenschaftlicher Diskurse in alternativen Tanzpraktiken zu verorten und Verschiebungen innerhalb dieses Wissensverständnis aufzuzeigen.[10]

Eva Karczag liegt auf dem Boden, sie wartet, und während sie wartet, spricht sie in ein Mikrofon, sie erzählt genau von diesem Warten und darüber, dass sie wartet bis »images come« – Bilder, Imaginationen – die dann zum Ausgangspunkt einer Bewegungsregung werden. Es sind Bilder von Wellen, die in ihr aufsteigen, wie auch ihr Atem sie wellenförmig durchströmt. Gleichzeitig werden Bilder über einen Beamer projiziert. Wir sehen Wellen, die sanft am Strand brechen, oder später Abbildungen des menschlichen Skeletts, während sie davon spricht, wie sie versucht ihre Gelenke verfügbar zu machen (»make joints available«), sie frei und unblockiert, effizient und offen werden zu lassen. Die Art und Weise, in der Karczag dies performt, die Zeit,

---

9 | Für eine ausführliche Diskussion zur Bedeutung von Imagination für die tänzerische Vermittlungspraxis siehe Hardt/Stern 2014.

10 | Eva Karczag hielt die Lecture Performance »When Dance Became Movement (and Movement Material)« im Rahmen des Symposiums zum Abschluss der 5. *Biennale Tanzausbildung* unter dem Titel »(Re)thinking Modes of Artistic Learning« am 21.02.2016.

die sie sich nimmt, um ihren Bildern und Wahrnehmungen und letztlich der Qualität ihrer Bewegungen nachzuspüren, zeigen sie als eine herausragende Performerin, deren Worte glaubwürdig sind. All das weist sie sicherlich als eine alternative Tanzkünstlerin aus, die den leichten kommerziellen Erfolg und die Verdinglichung des Körpers in vorgefertigten Formen ablehnt. Allerdings könnten ihre Begrifflichkeiten wie Effizienz, das *Unblocking* und ihr Ziel, eine *Responsiveness* im Körper zu erzeugen, auch in neoliberalen Kontexten Verwendung finden (Hardt/Stern 2014: 155f.). Man könnte es auch als eine Strategie einer *Sorge um das Selbst* begreifen wie Foucault sie beschrieben hat (ebd. S. 156; Foucault 1993).

Es soll mir hier aber nicht darum gehen, das alternative Anliegen der Performerin und Lehrerin grundsätzlich zu befragen, sondern durch einen Fokus auf die impliziten wissenschaftlichen Referenzen eine Sensibilisierung für die Komplexität von Wissensgefügen in Vermittlungssituationen zu bewirken, die keinesfalls *per se* nur wissenschafts*kritisch* oder alternativ sind, wie viele somatische Praktiken ebenso wie Theorien zum Wissen der Künste bzw. in *Practice as Research* postulieren.[11] Gerade vor dem Hintergrund, dass künstlerisches Wissen und Vermittlungssituationen sich von jenen Wissensepistemen leiten lassen, die aus einer wissenschaftskritischen Position eher als *faktenbasiert* und *statisch* und damit wenig selbstreflexiv in Bezug auf die Genese ihrer Kategorien und kritisch gelten, sollte doch dazu auffordern, nach dem konkreten Gebrauch und Nebeneinander von wissenschaftlichen Referenzsystemen in der tänzerischen Vermittlungssituation zu fragen. Dass Karczag hier nicht nur beiläufig diese Begrifflichkeiten nutzt, sondern aktiv auf medizinisch-anatomische Diskurse zurückgreift, wird daran deutlich, dass es nicht einfach nur um ein Finden von Bildern und dem Nachspüren von *irgendwelchen* Imaginationen geht. So inspiriert sie ihre Zuschauer und Schüler durch eine Vielzahl von anatomischen Abbildungen. Wenn sie darauf angesprochen wird, sagt sie, dass sie diese oft nutzt, da die meisten Studierenden nur eine rudimentäre oder »falsche« Vorstellung vom menschlichen Skelett haben. Das wissenschaftliche Referenzsystem ist hier also deutlich ein anatomisch-medizinisches, wie es die Tanzszene – und gerade auch die release-basierten Techniken – unter anderem seit dem Buch von Mabel E. Todd *The Thinking Body*[12] beeinflusst hat. Dass dies aber nur eine und an spezifische Wissensepisteme gebundene Form von medizinisch geleiteten Vorstellungsbildern in der Tanzvermittlung ist, wird deutlich, wenn man sich der neuesten Forschung der Faszien widmet, wie sie Russell Maliphant in seiner Vorgehensweise aufruft. Nimmt man das den Körper überspannende System der Faszien als Referenz,

---

11 | Für eine ausführliche Diskussion zu diesem Aspekt siehe Kleinschmidt 2016.
12 | Die Originalausgabe erschien bereits 1937, die deutsche Übersetzung erst 2001 unter dem Titel *Der Körper denkt mit. Anatomie als Ausdruck dynamischer Kräfte*.

so wird die Struktur, der Zusammenhalt und das Zusammenspiel des Körpers zu denken keinesfalls mehr an Metaphern der Statik oder dem Knochengerüst festgemacht. Faszien, die einst als Überschüssiges, die Muskulatur verdeckendes Material betrachtet und bei Autopsien entfernt wurden, sind in den letzten Jahren zum zentralen Ausgangspunkt für die Erforschung des menschlichen Körpers geworden. Die Faszien spannen sich dabei über Muskel- und Knochen hinweg, sie verweben die Körperpartien miteinander. Dementsprechend geht es in Russel Malphiants Klassen, die mit dem Vorstellungsbild der Faszien arbeiten, nicht mehr um die Isolation einzelner Körperteile, ihre Freiheit und Offenheit, sondern es geht um die Zusammenhänge. So bittet Maliphant die Studierenden sich vorzustellen und zu erfahren, wie es sich anfühlt mit dem Gedanken einer Faszie zu arbeiten, die vom unteren Rücken, nach vorne auf die Brust und weiter bis zum und um den Nacken herum reicht.[13] Verbundenheit und das Bild der Spirale scheinen hier auf, die er exemplarisch auf bekannte Hebungen in der Partnerarbeit der Contact Improvisation übertragen möchte. Sie schaffen die nötige Spannung bei gleichzeitiger Flexibiltät und interner Rotation. Maliphant verweist hier auf Praktiken wie Yoga und Kampfsportarten, die mit diesen Prinzipien arbeiten. Sie dienen ihm als Erklärung und gleichzeitige Legitimierung seiner Verfahrensweise.

Spannend ist hier, dass sowohl Maliphant als auch Karczag auf ein naturwissenschaftliches Referenzsystem zurückgreifen, um ihre Tanzvermittlung im Sinne einer Forschung zu begreifen – diese wissenschaftlichen Parameter aber keinesfalls in sich selbst unveränderlich sind. Vielmehr wird gerade in der Differenz ein Paradigmenwechsel innerhalb des medizinisch-anatomischen Diskurses sichtbar. Hat Mabel E. Todd einst noch von »Statik« gesprochen, und war das Referenzsystem die Bauweise des klassischen Ingenieurs, so verweist jetzt Maliphant in einer Zeit, in der flexible Systeme von Bedeutung werden, auf den Einfluss von Buckminster Fuller und zeitgenössischen Architekten, die Bauten nicht mehr durch Wände, sondern durch Gehänge und Seile stabilisieren. Hier ergibt sich ein Spannungsverhältnis zwischen jenen alternativen Unterrichtsformaten und der Arbeit mit klassischen, faktenbasierten Wissenschaftsreferenzen, insofern tänzerische Praktiken das kontextspezifische und veränderliche dieser Forschung unreflektiert lassen. Umso wichtiger ist es also, dass wir nicht nur von den Vermittlungskonzepten ausgehen, wenn wir den forschenden Aspekt einer tänzerischen Praxis verstehen wollen, sondern dass wir die gesamte Unterrichtskonstellation in den Blick rücken.

Hier wird sich dann zeigen, dass die Arbeit mit naturwissenschaftlichen Referenzen sowohl unterschiedlich eingesetzt werden kann als auch zu

---

13 | Dies berichtet Maliphant in einem informellen Showing, das er als Präsentation zur Forschung von Faszien nutzt, im Rahmen der »Resonanzen« zum Abschluss der *Biennale* am 20.02.2016.

unterschiedlichen Effekten führt. Beispielsweise gibt es solche somatischen Praktiken, die trotz einer in sich postulierten Differenz zwischen einzelnen Körpern dazu tendieren, ein durchgängiges Ideal der Durchlässigkeit und somit ein universelles Referenzsystem zu etablieren. Solche Verfahren können zwar einzelne Bewegungsmuster aufbrechen und in Frage stellen, grundsätzlich Modelle des Lernens oder des Wissens, die zwischen falsch und richtig unterscheiden, werden dadurch jedoch nicht befragt. Werden hingegen solche naturwissenschaftlichen Referenzen derart eingebunden, dass sie ein allgemeines Befragen hervorrufen, wie wir uns Bewegung aneignen und eine Offenheit für sämtliche Verfahren des Lernens schaffen, dann kann auch das routinierteste wissenschaftliche Referenzsystem einen Raum für Experimente bieten, im Sinne einer Erforschung des Unbekannten im Bekannten.[14] Zwar lassen sich wahrscheinlich gewisse Affinitäten bestimmter tänzerischer Vermittlungspraktiken zu einer forschenden Haltung im Unterricht finden, die dazu geeignet sind, Neugier an Systemen – und nicht nur an *einem* System – zu ermöglichen. Allerdings lässt sich das nur in der (konkreten) Praxis, also in der spezifischen Vollzugswirklichkeit untersuchen. Um das Gefüge tänzerischer Vermittlung und ihrer Dimensionen der Forschung und des Wissens daher dezidierter erfassen zu können, bedarf es einer eingehenden Untersuchung der Diversität tänzerischer Praktiken und Vermittlungskonstellationen und nicht nur der theoretischen Beschäftigung mit Wissensmodellen *des* Tanzes.[15]

LITERATUR

Ahrens, Sönke (2011): *Experiment und Exploration. Bildung als experimentelle Form der Welterschließung*. Bielefeld: transcript.
Alkemeyer, Thomas/Schürmann, Volker/Volbers, Jörg (Hg.) (2015): *Praxis denken. Konzepte und Kritik*, Wiesbaden: Springer.
Alkemeyer, Thomas/Brümmer, Kristina/Kodalle, Rea/Pille, Thomas (2009): Einleitung: Zur Emergenz von Ordnungen in sozialen Praktiken, in: dies. (Hg.), *Ordnung in Bewegung. Choreographien des Sozialen. Körper in Sport, Tanz, Arbeit und Bildung*, Bielefeld: transcript, S. 7-19.

---

14 | Diese Trennung geht auf das bildungstheoretische Konzept von Sönke Ahrens (2011) zurück, der hier gerade die Erforschung des Bekannten als *experimentieren* begreift im Gegenzug zu einem eher additiven Lernen, das Lernen nicht selbst befragt, das er mit dem Begriff des *Explorierens* bezeichnet.
15 | Zu unterschiedlichen bildungsrelevanten Dimensionen von tänzerischen Praktiken siehe auch Stern 2011.

Borgdorff, Henk (2011): The Production of Knowledge in Artistic Research, in: Michael Biggs/Henrik Karlsson (Hg.), *The Routledge Companion to Research in the Arts*, London/New York: Routledge, S. 44-63.

Brandstetter, Gabriele (2007): Tanz als Wissenskultur. Körpergedächtnis und wissenstheoretische Herausforderung, in: Sabine Gehm/Pirkko Husemann/Katharina von Wilcke (Hg.), *Wissen in Bewegung. Perspektiven der künstlerischen und wissenschaftlichen Forschung im Tanz*, Bielefeld: transcript, S. 37-48.

Bourdieu, Pierre (1998): *Praktische Vernunft. Zur Theorie des Handelns*, Frankfurt a.M.: Suhrkamp.

Clarke, Gill/Cramer, Franz Anton/Müller, Gisela (2014): Gill Clarke. Minding Motion, in: *Dance Techniques 2010. Tanzplan Germany*, Leipzig: Henschel, S. 200-229.

Diehl, Ingo/Lampert, Friederike (2014): Introduction, in: dies. (Hg.), *Dance Techniques 2010. Tanzplan Germany*, Leipzig: Henschel, S. 10-23.

Foucault, Michel (1993): Technologien des Selbst, in: Gutman, Huck/Hutton, Patrick H./*Martin, Luther H.* (Hg.): *Technologien des Selbst*, Frankfurt a.M.: Suhrkamp, S. 24-62.

Hardt, Yvonne/Stern, Martin (2014): Körper und/im Tanz – historische, ästhetische und bildungstheoretische Dimensionen, in: Diana Lohwasser/Jörg Zirfas (Hg.): *Der Körper des Künstlers. Ereignisse und Prozesse der Ästhetischen Bildung*, München: kopaed, S. 145-162.

Hillebrandt, Frank (2014): *Soziologische Praxistheorien. Eine Einführung*, Stuttgart: Springer VS.

Hirschauer, Stefan (2004): Praktiken und ihrer Körper. Über materielle Partizipanden des Tuns, in: Karl H. Hörning/Julia Reuter (Hg.): *Doing Culture. Neue Positionen zum Verhältnis von Kultur und sozialer Praxis*, Bielefeld: transcript, S. 73-91.

Klein, Gabriele (2014): Praktiken des Tanzens und des Forschens. Bruchstücke einer praxeologischen Tanzwissenschaft, in: Margrit Bischof/Regula Nyffeler (Hg.): *Visionäre Bildungskonzepte im Tanz. Kulturpolitisch handeln – tanzkulturell bilden, forschen und reflektieren*, Zürich: Chronos, S. 103-115.

Kleinschmidt, Katarina (2016): *Wissensgefüge choreographischer Forschung. Zu generativen Routinen und Partizipanden des Probens im zeitgenössischen Tanz*, Dissertationsschrift Hochschule für Musik und Tanz Köln (HfMT).

Knorr Cetina, Karin (2002): *Die Fabrikation von Erkenntnis. Zur Anthropologie der Naturwissenschaft*, Frankfurt a.M.: Suhrkamp.

Latour, Bruno (2000): *Die Hoffnung der Pandora. Untersuchungen zur Wirklichkeit der Wissenschaft*, Frankfurt a.M.: Suhrkamp.

Legg, Joshua (2011): *Introduction to Modern Dance Techniques*, Hightstown: Princeton Books Company.

Reckwitz, Andreas (2003): Grundelemente einer Theorie sozialer Praktiken: Eine sozialtheoretische Perspektive, in: *Zeitschrift für Soziologie* (32/4), S. 282-301.

Schäfer, Franka/Daniel, Anna/Hillebrandt, Frank (Hg.) (2015): *Methoden einer Soziologie der Praxis*, Bielefeld: transcript.

Schäfer, Franka/Daniel, Anna (2015): Zur Notwendigkeit einer praxissoziologischen Methodendiskussion, in: dies./Frank Hillebrandt (Hg.): *Methoden einer Soziologie der Praxis*, Bielefeld: transcript, S. 37-58.

Schatzki, Theodore/Knorr Cetina, Karin/Savigny, Eike von et al. (Hg.) (2000): *The Practice Turn in Contemporary Theory*, London/NY: Routledge.

Schatzki, Theodore (2002): *The Site of the Social. A philosophical account of the constitution of social life and change*, Pennsylvania: University of Pennsylvania Press.

Schmidt, Robert (2012): *Soziologie der Praktiken – Konzeptionelle Studien und empirische Analysen*, Frankfurt a.M.: Suhrkamp.

Stern, Martin (2011): Tanz als Möglichkeit ästhetischer Bildung in der Schule, in: Yvonne Hardt/Ders. (Hg.): *Choreographie und Institution. Zeitgenössischer Tanz zwischen Ästhetik, Produktion und Vermittlung*, Bielefeld: transcript, S. 209-232.

Todd, Mabel E. (2001): *Der Körper denkt mit. Anatomie als Ausdruck dynamischer Kräfte*, Bern: Huber.

Artistic Inquiry
Eine Forschungsmethode in den künstlerischen Therapien

Nicole Hartmann

> Not only is there no conflict between science and art, but [...] in their psychological roots they are almost identical. The unity of art and science exists almost luminously in the motivations, drives, rhythms, and itches which lies behind creativeness in any realm, artistic or scientific (Nisbet 1979, zit.n. Hervey 2000: 9)

Während es im Diskursfeld der zeitgenössischen Künste und in Teilen der Geistes- und Sozialwissenschaften eine breite Diskussion und hohe Akzeptanz gibt, Kunst als forschendes und wissensproduzierendes Medium zu verstehen, steht diese Diskussion in der Psychologie und in den künstlerischen Therapien noch am Anfang. Kunst und Wissenschaft werden hier eher als zwei unterschiedliche »soziale und kognitive Regelsysteme« (Kriz 2011: 78) verstanden und weniger als zwei forschende Systeme, die beide relevantes Wissen hervorbringen können. Mit Dombois kann man Forschung als eine »Systematisierung der Neugier« (Dombois 2006: 22) betrachten, die zudem, wie im PhD Studiengang der Kunstuniversität Linz beschrieben wird, »originär, transparent, nachvollziehbar und auch zu einem späteren Zeitpunkt kommunizierbar und kritisierbar sein muss« (Kunstuniversität Linz o.J.). Ausgehend von dieser Prämisse beleuchtet der Beitrag das kritische Potenzial einer künstlerischen Forschungsmethode, das durch die Verschränkung von Körper und künstlerischem Tun den Diskurs in der Psychologie und die Wissensgenerierung erweitern kann. Im Anschluss folgt das beispielhafte Vorgehen bei einem künstlerischen Forschungsprozess im Rahmen des Seminars *Artistic Inquiry*, durchgeführt mit Studierenden des Studiengangs *Tanz- und Bewegungstherapie* an der SRH Hochschule Heidelberg.

1. Artistic Inquiry als qualitative Forschungsmethode

Während Begriffe wie *Artistic Research, Practice as Research* oder *Künstlerische Forschung* die Kunst als eigenständige Forschungspraxis auffassen, beziehen sich *Arts based Research, Arts based Inquiry* oder *Artistic Inquiry* auf Forschungsprozesse, die vor allem zur Erforschung der künstlerischen Therapien genutzt werden. Lenore Hervey definiert Kunst als *Artistic Inquiry* wenn sie einen oder alle der folgenden Punkte enthält:

1. Artistic inquiry uses artistic methods of gathering, analyzing and/or presenting data.
2. Artistic inquiry engages in and acknowledges a creative process.
3. Artistic inquiry is motivated and determined by the aesthetic values of the researcher. (Hervey 2000: 7)

Diese offene Definition wird durch das Vorhandensein eines systematischen Prozesses (Chilton/Manders 2014) sowie der Forschungskriterien Transparenz, Nachvollziehbarkeit und Kritisierbarkeit (vgl. Kunstuniversität Linz, o.J.) ergänzt. So ist *Artistic Inquiry* einerseits ergebnisoffen, kann auf die sich verändernden Ergebnisse während des künstlerischen Prozesses reagieren und diese gleichzeitig nach außen kommunizieren.

Nach diesen Kriterien erfüllt *Artistic Inquiry* die Grundlagen qualitativen Denkens nach Mayring: »Subjektbezogenheit der Forschung, Deskription und Interpretation der Forschungsergebnisse, Untersuchung der Subjekte in ihrer alltäglichen Umgebung und Verallgemeinerungsprozesse, d.h. die Generalisierung der Ergebnisse« (Mayring 2002: 19). Qualitative Forschung beschreibt damit wichtige Parameter von *Artistic Inquiry*, indem sie Forschung als einen Prozess (der methodisch begründet und nachvollziehbar sein soll) begreift, der die Vorerfahrungen der Beteiligten (die immer auch gesellschaftliche Entwicklungen und Diskurse widerspiegeln) reflektiert und Forschung als erkenntnisgewinnende Interaktion auffasst. Aufgrund dieser Übereinstimmungen und trotz der vorhandenen Vielzahl an qualitativen Methoden mit unterschiedlichen Schwerpunkten, erscheint es sinnvoll, *Artistic Inquiry* als eine weitere qualitative Forschungsmethode hinzuzufügen.

Welchen Mehrwert gegenüber den anderen Methoden bietet aber die künstlerische Forschungsmethode? Qualitative Methoden haben eine Vielzahl an Untersuchungsmethoden hervorgebracht und leisten wichtige und vielfältige Forschungsarbeit. Sie fußen auf einem holistischen Menschenbild, wie sich u.a. in einer der von Mayring postulierten 13 Säulen[1] qualitativer Forschung,

---

1 | Die 13 Säulen qualitativen Denkens bestehen nach Mayring (2002: 24ff.) in: Einzelfallbezogenheit, Offenheit, Methodenkontrolle, Vorverständnis, Introspektion, Forder *Ganzheit*, zeigt: »Analytische Trennungen in menschliche Funktions- bzw. Lebensbereiche müssen immer wieder zusammengeführt werden und in einer ganzheitlichen Betrachtung interpretiert und korrigiert werden.« (Ebd. 33) Jedoch beziehen sich qualitative Methoden, abgesehen von Beobachtungs- und Feldforschungsmethoden, vorrangig auf die sprachliche Ebene. So wird der Anspruch der Ganzheit nur in einem begrenzten Sinn abgebildet. Denn weder die Künste als sinnstiftendes Medium, noch der Körper – im Sinne des Embodiment und des Enaktivismus[2] – werden als Wissensproduzent oder als der Ort, an dem die unterschiedlichen »Funktions- und Lebensbereiche« (ebd.) zusammengeführt werden, verstanden. Das Reden über den Körper ist kein Reden mit dem Körper. Die Metaebene des über den Körper Sprechens setzt eine nachrangige Reflexion über das Körpergeschehen voraus, während der Prozess – die Interaktion von Körper und Forscher/Beforschtem – in den Hintergrund rückt und nicht zur Erkenntnisgewinnung genutzt wird.

2. WISSENSGENERIERUNG

Welches Wissen generieren nun aber die Künste und der Körper? Diese oft gestellte Frage wird meist damit beantwortet, dass den Künsten und dem Körper das implizite und der Wissenschaft das explizite Wissen zugeordnet wird. Diese Differenzierung ist jedoch nicht haltbar: Nach Geuter (2015) besteht das explizite Gedächtnis aus dem semantischen Gedächtnis, dem kognitives Wissen zugeordnet wird, und aus dem episodischen Gedächtnis, in dem biografische Ereignisse und Erinnerungen gespeichert werden. Das implizite Gedächtnis hingegen besteht aus stärker unbewussten prozeduralen Repräsentationen (z.B. motorischen Fähigkeiten wie: *Ich kann Fahrradfahren*), die durch Priming (Reize, die wiederholt erlebt werden und unbewusste aber abrufbare Wissensinhalte schaffen, z.B. *Fahrräder nähern sich schneller als Fußgänger*), oder Konditionierung (Reiz und Reaktion werden gekoppelt, z.B.: *Wenn ein Radfahrer klingelt, schrecke ich auf*) (Geuter 2015: 167) entstanden sind. Nach Welzer (zit.n. Geuter 2015: 167) sind »die verschiedenen Gedächtnissysteme als Funktionssysteme zu betrachten, die in Wechselwirkung zueinander stehen ([...]«. Durch diese Wechselwirkung sind sie für die Interpretationen von Daten und Ereignissen, die Bestandteile jedes Forschungsprozesses sind, bedeutsam, da sie Vorannahmen, die individuell und gesellschaftlich/kulturell begründet sind, und so unbewusst Interpretationen beeinflussen, offenlegen.

---

scher-Gegenstands-Interaktion, Ganzheit, Historizität, Problemorientierung, Argumentative Verallgemeinerung, Induktion, Regelbegriff, Quantifizierbarkeit.
2 | *Körper* wird hier verstanden als der Ort an und in dem unser Denken, Fühlen, Handeln und Wahrnehmen entsteht und von dem es ausgeht.

Es besteht also ein Kreislauf, in den therapeutische Bearbeitungen und künstlerisches Tun eingebettet sind und in dem sich implizites und explizites Gedächtnis mit ihren jeweiligen affektmotorischen und kognitiven Schemata[3] in Beziehung zueinander setzen. Dadurch wird vorhandenes Wissen neu organisiert und erweitert – ein Prozess, der in einem künstlerischen Werk bzw. im therapeutischen Kontext in einer Verhaltensänderung münden kann. Aus der Neuorganisation/Erweiterung entstehen wiederum implizite und explizite Wissensinhalte.

Abb. 1: Modell der Wissensgenerierung durch künstlerisches und therapeutisches Tun (Abbildung N.H.)

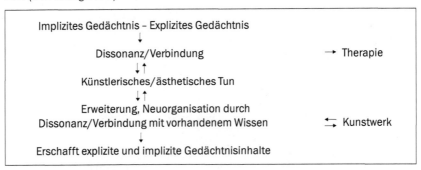

Das künstlerische Tun beinhaltet darüber hinaus noch einen weiteren wichtigen Aspekt: Sowohl das therapeutische Geschehen als auch die Persönlichkeitsentwicklung sind interaktive Vorgänge zwischen zwei oder mehreren Personen. In diesem Bezugsfeld entsteht nach Winnicott in der frühkindlichen Entwicklung ein Übergangsraum, ein intermediärer Raum, der sich zwischen interner und externer Welt bewegt. In diesem Raum entwickelt sich Spiel, und aus diesem Kunst und Kultur (Winnicott 1971: 10). Reflexion könnte man dabei als Vorgang beschreiben, in dem innere (Erfahrungen, Schemata, Emotionen, Wünsche, Wissen) und äußere Welt (Umwelt, äußere Bedingungen, die innere Welt meines Gegenübers) abgeglichen werden, interagieren und sich im so entstehenden intermediären Raum Neues entwickelt. Man könnte also sagen, dass das künstlerische Tun zum einen auf die frühen Interaktionen zurückweist und zum anderen einen Reflexionsraum schafft, der Schemata, kulturelle Annahmen, subjektive (Beziehungs-)Erfahrungen offenlegt und so neue Interpretationsmöglichkeiten schafft. In diesem Sinne kann künstlerisches

---

3 | Schema: »Eine vorgeformte emotional-kognitiv-behaviorale Reaktionsweise auf bestimmte Stimuli, die durch wichtige Lernerfahrungen in der Kindheit und Jugend Bedeutung erhalten haben.« (Lammers 2007: 74, zit.n. Geuter 2015: 239)

Tun auch für quantitative Forschung von Bedeutung sein, denn: »Auch in rein quantitative Forschung fließen introspektive Daten ein. Dies ist jedoch ein Grundzug qualitativen Denkens: solche Prozesse zu explizieren und so einer wissenschaftlichen Überprüfung zuzuführen.« (Geuter 20015: 31).

3. ÄSTHETISCHE WAHRNEHMUNG UND ÄSTHETISCHES TUN

Wie aber ist der Körper in bestehenden Modellen von ästhetischer Wahrnehmung und ästhetischem Tun eingebettet? Das Modell von Leder et al. erklärt die ästhetische Wahrnehmung von Kunstobjekten in fünf Stufen: »Perzeptuale Analyse, implizite Gedächtnisintegration, explizite Klassifikation, kognitives Meistern und Evaluation« (Leder/Belke/Oeberst/Augustin 2004: 492). In diesem Modell wird von einer Verschränkung von kognitiven und emotionalen Prozessen ausgegangen, die dazu führen, dass über die ästhetische Wahrnehmung die damit verbundenen affektmotorischen und kognitiven Schemata reflektiert und in Bezug zum Kunstwerk gesetzt werden können.[4] Wenig erforscht ist hingegen die ästhetische Erfahrung im künstlerischen Tun, im Prozess des Kunst-Schaffens. Koch (2016) stellt eine erste Theorie vor, in der sie einen Kreislauf beschreibt, in dem die ästhetische Wahrnehmung des Kunstwerkes oder der Umwelt über die körperliche Resonanz affektiv und kognitiv bewertet wird, was wiederum zur ästhetischen Aktion oder dem künstlerischen Tun bewegt. Es entsteht eine Bewegung von Impression zu Expression zu Impression etc., die als parallel ablaufende Prozesse angenommen werden.

---

4 | »Aesthetic experience through art ‚occurs when information coming from the artwork interacts with information already stored in the viewer's mind. The result of this conjunction might be a sudden expansion, recombination, or ordering of previously accumulate information‹ [...].« (Csikszentmihalyi/Robinson 1990: 18, zit.n. Hervey 2000: 15).

Abb. 2: Modell der Verkörperten Ästhetik nach Koch (2016)

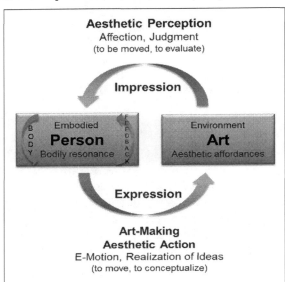

In diesem zirkulären Prozess von Bewegen, Erinnern, Handeln, Bewerten, Reflektieren, Kommunizieren mit der Umwelt und dem Kunstwerk werden Vorstellungen, Bedürfnisse und Widersprüche freigelegt und künstlerisch genutzt. In der künstlerischen Bearbeitung entsteht dabei zwischen Wahrnehmung und Tun ein Raum, der kritisches Denken und Handeln ermöglicht. Über die körperliche Beteiligung[5] werden implizite Wissensfelder in Bezug zu expliziten gesetzt und so eine Neubewertung, eine Hinterfragung und gleichzeitig eine Veränderung in Gang gesetzt: »Forschung wird als Interaktionsprozess aufgefasst, in dem sich Forscher und Gegenstand verändern.« (Mayring 2002: 32)

4. Systematisierung/Transparenz/Nachvollziehbarkeit

In der Betrachtung von künstlerischen und wissenschaftlichen Prozessen lassen sich viele Gemeinsamkeiten finden, die insbesondere den Prozess der Recherche, der Erstellung und Durchführung eines Konzeptes, der Analyse und der Interpretation betreffen. Richard Siegesmund beschreibt *Artistic Inquiry* als einen Kreislauf, wie ihn die folgende Abbildung veranschaulicht:

---

5 | Nach der Theorie des embodied mind gibt es kein vom Körper getrennt agierendes Bewusstsein (vgl. Geuter 2015: 82).

Abb. 3: A Cycle of Artistic Inquiry (Performing Arts Workshop und Siegesmund 2000)

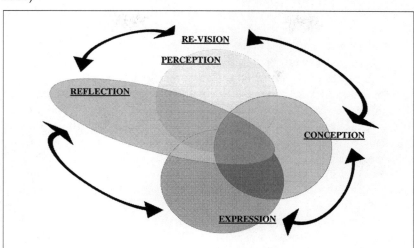

Angelehnt an Manders (Chilton/Manders 2014) lässt sich die Wahrnehmung als Recherche, die Konzeption als Datensammlung – und der Ausdruck als Analyse/Interpretation auffassen, so dass mit anschließender Reflektion und Re-Vision ein genuin qualitativer Forschungsprozess vorliegt. Siegesmund (2000) reflektiert und analysiert das künstlerische Vorgehen auf einer sprachlichen Ebene, um dann das gesamte Projekt zu evaluieren und eventuell wieder ein neues Konzept zu erstellen. Dazu wird eine Form der nachvollziehbaren Dokumentation benötigt, die den künstlerischen Prozess und damit die Datengenerierung offenlegt.

Genau diese Nachvollziehbarkeit des künstlerischen Prozesses könnte den Unterschied zwischen Kunst und künstlerischer Forschung ausmachen. Ob durch diese Punkte einerseits das künstlerische Geschehen behindert, und ob andererseits die Systematisierung ausreicht, um Transparenz und Nachvollziehbarkeit zu gewährleisten, bleibt weiter zu diskutieren. Strittig ist auch, inwiefern der künstlerische Prozess in Sprache übersetzt werden kann.

Ich möchte an dieser Stelle dem Standpunkt, dass Tanz/Körper ein nicht zu beschreibendes Wissen hervorbringe, da es auf ein vordiskursives Wissen verweist, widersprechen. Jede Umsetzung in ein anderes Medium ist zunächst eine Form der Übersetzung und jede Übersetzung verändert das Ursprungsmedium. Dies gilt für den Tanz ebenso wie für die grafische Darstellung, die mathematische Formel oder das Interview. Zudem ist unklar, ob uns nicht lediglich die Sprachkultur fehlt, die dieses Wissen in Worte fassen kann (teilweise auch mit der Motivation, die Exklusivität der Künste bzw. der Bewegung zu bewahren). Oder wie Wittman sagt: »Sprache ist nicht langsamer, nicht schwieriger und auch nicht unbedingt bewusster als Bewegung.« (Wittmann 2007: 27) Müssen also Körper und Sprache im Widerspruch miteinander stehen? Neurowissenschaftliche Forschungsergebnisse stützen die Annahme, dass Gehirnareale, die Sprache und Bewegung zugeordnet werden, weit stärker verbunden sind als bisher gedacht. So könnte es u.a. sein, dass sich Sprache aus einem System von Gesten entwickelte (Brown/Parsons 2008). Philosophisch gesehen kann man mit Butler davon ausgehen, dass es kein vordiskursives Wissen gibt. Es finden somit keine Einschreibungen in den Körper statt, sondern der Diskurs mit seinen Normen materialisiert sich in den Körpern durch Wiederholungen, »Sedimentierungen« (Butler 1997: 35ff.), die wiederum auf den Diskurs zurückwirken. Eine sprachliche Übersetzung, Beschreibung und Reflexion von Bewegungs- und künstlerischen Prozessen kann also möglich und erkenntnisfördernd sein.

Wie aber soll diese Analyse und Systematisierung des sprachlichen Prozesses aussehen? In dem Seminar *Artistic Inquiry* des MA Studiengangs Tanz- und Bewegungstherapie der SRH Hochschule Heidelberg haben Studierende an einer auf den Forschungsprozess zugeschnittenen, inhaltlichen Systematisierung gearbeitet, die als Dokumentation des Prozesses dienen sollte und gleichzeitig Eingang in die Konzeption des performativen Geschehens fand.

5. Das Seminar

In dem Seminar *Artistic Inquiry*, das ich mit den Studierenden der Tanz- und Bewegungstherapie durchführte, wollte ich insbesondere erforschen, inwieweit es möglich ist, eine Systematisierung zu erstellen, die einerseits Daten generiert und den sprachlichen Zugang zum künstlerischen Material gewährleistet, und die andererseits auf das künstlerische Geschehen rückwirkt. Da viele der Studierenden noch wenig (oder gar keine) Erfahrung mit choreographischen/kompositorischen Prozessen hatten und der zeitliche Rahmen sehr begrenzt war (je vier Veranstaltungstermine zu 1,5 Stunden), konnte dies nur ein erster Anfang sein. Die einzelnen Arbeitsschritte des künstlerischen Prozesses wurden von mir vorgegeben. Ich verfolgte dabei das Ziel, kollaborative Arbeitsweisen zur Entwicklung eines Solos einzuführen.

Am ersten Seminartermin arbeitete ich mit den Studierenden an Forschungsfragen in Bezug zu den Themen ihrer Masterarbeiten, die sich gerade in der Phase des Exposés befanden. Hier lag der Schwerpunkt mehr auf der performativen Umsetzung als auf der Datengenerierung. Am zweiten Seminartermin legte ich dann einen größeren Schwerpunkt auf die Entwicklung einer spezifischen Systematisierung, die den Arbeitsprozess, bezogen auf die performative Umsetzung, begleiten sollte. Da die Studierenden zu diesem Zeitpunkt nicht an eigenen Themen arbeiteten, wählte ich die Prinzhorn Sammlung (http://prinzhorn.ukl-hd.de/index.php?id=84), eine Sammlung von Bildern psychisch kranker Menschen (vornehmlich des letzten Jahrhunderts), als Forschungsschwerpunkt aus. Wir erhielten einen Vortrag über Entstehung der Sammlung, die Patienten/Künstler und die Bedingungen in der Psychiatrie. Ich wählte drei Bilder aus, zu denen jeweils Gruppen von Studierenden zusammenfanden und gemeinsam improvisierten. Durch *automatisches Schreiben*,[6] Weitergabe von Fragen und Reformulierung derselben durch die Gruppe, wurde eine individuelle Forschungsfrage[7] entwickelt. Es setzte ein Prozess ein, die diese Frage in Bewegung erforschte. Von da aus entstand ein Prozess, der mit dem Spiegeln des Bewegungsmaterials begann, mit einer darauf aufbauenden Improvisation fortsetzte und anschließend mit ästhetischen Antworten[8] durch die Partnerinnen weitergeführt wurde. Zu diesem Prozess entwickelten die Studierenden spezifische Systematisierungen in Form von Tabellen, mindmaps oder auch assoziativen Texten, die sowohl in Bezug zur künstlerischen Arbeit als auch zu der (Ausgangs-)Frage diskutiert wurden. Ziel war es, zu jedem weiteren Arbeitsschritt diese Systematisierung als Dokumentation nutzen zu können – mit der Option, die Systematisierung verändern bzw. weiterentwickeln zu können. Aus Zeitgründen konnten jedoch diese Arbeitsschritte leider nicht mehr realisiert werden.

---

6 | Eine Form des Schreibens, in der Gedanken, Gefühle, Eindrücke und Wahrnehmungen ohne Beachtung von Grammatik oder Rechtschreibung, niedergeschrieben werden. Es wird möglichst ohne Pause geschrieben, eine Art freies Assoziieren. Dies soll Zugang zu weniger bewussten Anteilen ermöglichen.
7 | Beispielsweise: Braucht es eine Form, um etwas auszudrücken? Oder: Kann man Wahrheit empirisch erforschen? Oder: Was braucht ein Mensch (was brauche ich) zur »Ent-Faltung«?
8 | Ästhetische Antwort ist ein Begriff aus den künstlerischen Therapien, die das Reagieren des Therapeuten mittels ästhetischer Ausdrucksformen beschreibt (vgl. Eberhard-Kaechele 2011: 147).

Abb. 4: Beispiel der Systematisierung einer Studentin (Christina Strahm).

Tag 1	Unbewusste Parameter			
	Formwahr-nehmung	Assoziation	Raumebene	Innen/Außen
Konkrete Form in Bezug zum Raum				
Formerprobung				
Form als innere Idee				

Als Dokumentation bewährte sich dieses Vorgehen: Wir konnten anhand der Systematisierungen individuelle Arbeitsprozesse und die damit verbundenen Gedankengänge nachvollziehen und diskutieren, allerdings auf der Basis mündlicher Erläuterungen. Die Rückwirkung auf das performative Geschehen lag in diesem ersten Schritt vor allem darin, dass die Studierenden in einem sehr frühen Stadium Intentionen, Themen und Formen ihres künstlerischen Tuns klärten und sich darüber austauschten. Es bedarf jedoch weiterer Forschung, um die Idee von Analyse, Systematisierung, sprachlicher Reflexion und deren Rückwirkung auf das künstlerische Schaffen genauer zu erfassen.

Fazit

Artistic Inquiry eröffnet einen kreativen Zugang zu Formen des Wissens, die sich über den Körper und das künstlerische Tun eröffnen. Es ist eine Methode, die die qualitativen Methoden im Sinne ihres holistischen Menschenbildes bereichern und erweitern würde. Es ist nicht möglich, ein für alle Prozesse der künstlerischen Forschung verbindliches Verfahren zu skizzieren. Für jede Forschungsfrage muss ein individuelles Verfahren erzeugt werden, das offengelegt und systematisiert wird. In dieser kreativen, offenen und doch systematischen Vorgehensweise entstehen Reflexionsräume, die den gesellschaftlichen Diskurs analysieren, in Frage stellen, diskutieren und neu ordnen können.

Literatur

Brown, Steven/Parsons, Lawrence M. (2008): The Neuroscience of Dance, in: *Scientific American* 18 (7), S. 58-63.
Butler, Judith (1997): *Körper von Gewicht*, 1. Aufl., Frankfurt a.M.: Suhrkamp.
Chilton, Gioia/Manders, Lisbeth (2014): *Unveröffentlichte Seminarpräsentation*. SRH Hochschule Heidelberg.
Eberhard-Kaechele, Marianne (2011): Ästhetisches Antworten: Kunstbasierte Medizin – Kunstbasierte Reflexion – Kunstbasierte Forschung?, in: Peter Petersen/Harald Gruber/Rosemarie Tüpker (Hg.), *Forschungsmethoden Künstlerischer Therapien*, Wiesbaden: Reichert, S. 143-166.
Geuter, Ulfried (2015): *Körperpsychotherapie*, Heidelberg: Springer.
Hervey, Lenore Wadsworth (2000): *Artistic Inquiry in Dance Movement Therapy. Creative Alternatives for Research*, Springfield/Illinois USA: Charles C. Thomas.
Koch, Sabine (2016): *Arts and Health: Active factors and a theory framework of embodies aesthetics. Unveröffentlichtes Manuskript*, SRH Hochschule Heidelberg/Alanus Hochschule Alfter.
Kriz, Jürgen (2011): Kritische Reflexion über Forschungsmethoden in den Künstlerischen Therapien, in: Peter Petersen/Harald Gruber/Rosemarie Tüpker (Hg.), *Forschungsmethoden Künstlerischer Therapien*, Wiesbaden: Reichert, S. 63-88.
Leder, Helmut/Belke, Benno/Oeberst, Andries/Augustin, Dorothee (2004): A Model of Aesthetic Appreciation and Aesthetic Judgement, in: *British Journal of Psychology*, 95 (4), S. 489-508.
Mayring, Philipp (2002): *Einführung in die Qualitative Sozialforschung*, 5. Auflage, Weinheim, Basel: Beltz.
Winnicott, Donald (1971): *Playing & Reality*, Travistock Publications.
Wittmann, Gabriele (2007): Jeder Faser atmet den Zug: Sind Tanz und Sprache ein Widerspruch?, in: *Die deutsche Bühne*, 1, S. 24-28.

Internetquellen

Dombois, Florian (2006): *Kunst als Forschung. Ein Versuch, sich selbst eine Anleitung zu entwerfen*, http://whtsnxt.net/044 (letzter Zugriff: 18.5.2016).
Kunstuniversität Linz (o.J.): *Doctor of Philosophy (PHD)*, www.ufg.ac.at/PhD-Studium.6930.0.html (letzter Zugriff: 15.1.2016).
Siegesmund, Richard (2000): A Cycle of Artistic Inquiry, http://www.performingartsworkshop.org/pages/pdf/rc.CycleofArtisticInquiry.pdf (letzter Zugriff: 18.5.2016).
Universitätsklinikum Heidelberg, *Sammlung Prinzhorn*, http://prinzhorn.ukl-hd.de/index.php?id=84 (letzter Zugriff: 4.2.2016).

Physical Thinking as Research

Monica Gillette and Stefanie Pietsch

The primary focus for professional dancers is usually to create and perform work for the stage – years of dance training and studio hours guided towards performance. But many dance artists have increasingly begun to ask: What else is this knowledge good for? Can a dance practice lead to outcomes other than a piece of art? Can choreographic logics be applied to other fields? How does one's thinking change through movement and how does one's research change when the body is actively involved? These were just a few of the questions instigating two interdisciplinary projects, which put dance and a *physical thinking* practice at the center of research on the topics of movement and movement disorder, specifically Parkinson's. The following article will be in four parts: (1) a brief history and structure of the two projects (*BrainDance*, 2014 and *Störung/Hafra'ah*, 2015), (2) the research process as developed and experienced by Monica Gillette, a dance artist and co-artistic director of the projects, (3) the reflective questioning process by Stefanie Pietsch, a young researcher and project participant, and (4) a brief conclusion.

PROJECT I – *BRAINDANCE* (2014)

Physical thinking as an approach to research was first developed during *BrainDance*, a collaborative project between Theater Freiburg and University Freiburg within their Excellence Cluster *BrainLinks-BrainTools*. It brought together dancers, neuroscientists, philosophers, dramaturges and people with Parkinson's to analyze movement (disorder) and what it means to lose control over it. The dance artists Monica Gillette and Mia Haugland Habib led the artistic research with the desire to both confront their own artistic practices and to bring their tools and near lifetime of dance knowledge into a new context. For this interest, they created a four part research design:

1. The offering of *weekly dance classes* for people with Parkinson's, built on the training and choreographic tools of the dancers.
2. *Theoretical meetings* with experts in the fields of neuroscience and philosophy.
3. *Studio diaries of physical thinking* where they engaged in a daily practice of going into the studio to physically question what they encountered and were confronted by over the course of the project.
4. *Open practice*, which were evenings open to the public to create a group think tank responding to the physical thinking outcomes from the time in the studio and the theoretical discussions that sprung from it.

PROJECT II – *STÖRUNG/HAFRA'AH* (2015)

The four track model of research from *BrainDance* was greatly expanded for *Störung/Hafra'ah*.[1] The project was a continuation of the collaboration between Theater Freiburg and University Freiburg, growing to include over 40 dancers, choreographers and young scientists in Germany and Israel in cooperation with Yasmeen Godder Company, Ben-Gurion University Be'er Sheva, Technion Haifa, University Haifa, Weizmann Institute of Science, Bar-Illan University Ramat-Gan and Hebrew University Jerusalem. With this second project, young scientists were included into the concept of physical thinking through regular dance classes based on themes such as embodiment, intention, identity and interactivity. In these dance classes, the theoretical and analytical viewpoints of the scientists were merged with the physical knowledge of the professional dancers to create unique research opportunities, which were body and movement oriented, as well as the joint creation of movement research labs.

The discovery of the benefits of dance classes for people with Parkinson's began at the Mark Morris Dance Group in Brooklyn/New York (Morris, o. J.) in 2001 and has since spread worldwide with national dance and Parkinson's networks now existing in USA, Canada, Holland and England and numerous classes quickly spreading in several other countries. One of the key points of interest and understanding for David Leventhal, co-founder of Dance for Parkinson's (Dance for PD®)[2] in the United States, was the level of focus and reflection that both professional dancers and people with Parkinson's need to be able to control their movement.

---

1 | Funded by Kulturstiftung des Bundes, with support from Stiftung Deutsch-Israelisches Zukunftsforum and the Deutsche Forschungsgemeinschaft. See also the blog https://hafraah.wordpress.com/
2 | See http://danceforparkinsons.org/

People living with Parkinson's and dancers really have the same challenges. We're both presented with choreography, weather that's choreography made up by a choreographer [...] or the choreography of life, the choreography of walking down the street or getting into a car, it's really the same challenge [...] they need the same strategies [...]. If we can have dancers share their thoughts on those [strategies] with people with Parkinson's and have people with Parkinson's share their thoughts about how they have to learn movement anew everyday, and practice it with dancers, then we start to have a fruitful exchange. (Leventhal 2015)

Pamela Quinn, a former professional dancer who was diagnosed with early onset of Parkinson's at the age of forty-two, described her relationship to dance and having Parkinson's as this:

[...] the disease disrupts normal neural circuitry, but it's possible for a person to develop alternative methods – cuing systems – to initiate and control movement. We can substitute conscious activity for what was once automatic movement. Musical and visual cuing, the use of touch, and other forms of sensory feedback are all means of retraining the brain to talk to the muscles. [...] Perhaps most important of all, dance involves the practice of conscious movement every day. A dancer is constantly directing the body, talking to it. (Quinn 2013: 40)

Adding on to this idea that a dancer is in constant dialog and *talking* to the body, we were interested not only to see how a dancer's *way* might enhance movement possibilities for people with Parkinson's, but if that process could also interact with the reflection and analysis skills of the scientists in a new way. Could a dancer's mind body dialogue skills used to control movement not only enable new movement possibilities for people dealing with Parkinson's but also open up new pathways of thinking for the scientists? At the core of physical thinking within these projects is the idea that it is possible to embody a concept and that through questioning with the body in a movement practice, the combining of a corporal knowledge with a theoretical and analytical approach provides a new understanding of movement and movement disorder. As well, that physical thinking can be a vehicle for dialogue between fields and populations. With dance as the unifying element, each field (dancers, scientists and participants with Parkinson's) engaged in a first person discovery of movement, enhanced by a third person study of the body and disease via scientific research.

Photo 1

A DANCER'S PRACTICE IN AN INTER-FIELD AND INTER-GENERATIONAL CONTEXT

For the next part of this essay I, Monica Gillette, will continue in the first person to go deeper into my own experience in these two projects. As mentioned for *BrainDance*, Mia Haugland Habib and I were interested to understand our many years of dance training and choreographic knowledge in another context. We called it a *silent knowledge* as it doesn't typically have visibility in other fields or have applications and outlets beyond making creations for the stage. To prepare for the project, we had several meetings with scientists, doctors and people with Parkinson's and it was initially explored via verbal discussions, reading documentations and entering the other fields' spaces of research. After a while, we were missing our instruments (our bodies) and our research space (the studio), so as part of our research design, we defined one layer as *Studio diaries of physical thinking*. The *diary* part was to signify a daily practice and *physical thinking* to distinguish our body-led approach to questioning the project's themes as opposed to the typically more mind-led thinking in the scientific realm. Without having the pressure to produce a performance and in a context where the *process* was the research, we were able to utilize our choreographic tools in a new way – to question the situation of a movement disorder and how we deal with disease in society. One of the first experiments we tried was to create movement scores (a set of rules to improvise by and a common choreographic tool) from the Parkinson's symptoms. Initially we were concerned it would be perceived as *taboo* as we did not want to pretend we could ever fully understand the experience of someone who has the disease or be seen as mimicking the symptoms. But with time, we understood the value of trying to come *close*, to build a bridge towards understanding another's physical experience. Parkinson's has a very wide range of symptoms, including tremor, rigidity, freezing and slowness, to name a few. As part of our movement research process, which put the body at the center of questioning, we took the approach of creating movement scores for each symptom as a way to try to embody elements of the disease and to be open to what it could reveal to us. Here I will describe the four tasks for the symptom of slowness score:

1. Select a movement you want to accomplish – For example, to raise your arm or to sit down on the floor.
2. Visualize yourself doing this movement – You can use the first person approach, imagining your body fully doing the action »as if« but not actually moving, or the third person approach, where you see yourself from the outside doing the action like you are watching yourself on video, but with neither are you actually moving.
3. Physically analyze the movement – What has to happen on a mechanical level to accomplish the movement? Do you need to shift your weight to one side? Contract a muscle? Bend one particular joint? It should be as isolated and detailed as possible.
4. Finally begin to move – After these several internal steps, you can now try to finally accomplish the movement in all its details.

But to try to get closer to the Parkinson's experience, we added one more layer. Since one of the main situations of having Parkinson's is that everything in the body shrinks, from movements, to hand writing, to the volume of the voice, each action you will attempt to perform can only be executed 50%. What you will probably discover is that if you had the desire to accomplish a large movement, such as sitting down on the floor, and if you commit to doing all these steps to each individual part of a movement that needs to happen to accomplish the larger movement, you will have to renegotiate all your movement as you go and you will probably find yourself remapping your pathway and arriving somewhere different from your first intention.

One of the inspirations for creating this score was understanding how, for some people with Parkinson's, the level of thought that needs to go into accomplishing a movement can actually be very exhausting and labor intensive. Often the desired action is blocked somewhere between the thought to move and the actual movement. Mia and I would sometimes engage in these tasks for up to an hour at a time. What arose ranged from nausea to empathy to new questions for our scientific and Parkinsonian partners. Our prior experiences with improvisation had been towards creating new qualities, states or textures in the body to perform movement, as well as to look for meaning in movement that could contribute to a larger performance context. For the purpose of this project, the movement score generated content for inter-field and inter-population reflection and discussion. We brought the experiences and questions that arose in the studio while doing these *symptom scores* into our theoretical meetings with physicians and philosophers, and we brought the physical experiences with us to each encounter we had with our Parkinson's group, which transformed our connection with them and our view on motor control after having gone through such a practice.

DANCERS AS MEDIATORS

Within *BrainDance*, another outcome of our physical thinking material, specifically the slowness task, was to show our physical thinking actions in public during the regular open practice sessions at Theater Freiburg and to hopefully foster a type of community think tank on such topics as disease and research itself. These events, which also included the Parkinson's dance group, opened up a whole new layer of projection space and societal discourse for us. By putting our bodies through the constructed tasks of the symptoms, we were able to create a distance to the disease by making it less personally connected to someone who actually has it. We observed people being able to comment on Parkinson's more easily after seeing it performed via the movement score on our bodies. It became a type of role change for everyone present, which seemed to generate a freer and more open discussion about the experience of dealing with the disease itself. Most importantly, the people with Parkinson's quickly became experts of movement rather than people to have pity for or to keep an awkward and uninformed distance from. They were able to speak freely and openly about what we had performed and share experiences about living and dealing with the movement disorder. Eventually the public grew in courage to ask the people with Parkinson's questions directly. The scientists present also saw their research from another angle as they were no longer looking at *patients*.

From these sessions with the public, I began to wonder if the score was also teachable. In the last year, I have now taught this task in several settings and have been inspired by the discussions that follow once people have dealt with the concept of a movement disorder directly in their own body rather than on a theoretical or abstract level. Without a doubt, the questions and comments following the movement task involve a deeper level of empathy, curiosity and understanding than the discussions about the disease and our project prior to the physical involvement. Involving the body in one's thinking process opens up new ways of seeing.

MIRROR, TOPIC, QUESTION – MOVING AND THINKING IN PARTNERSHIP

Another task that came from an artistic residency in the context of *Störung/ Hafra'ah* is one I developed in collaboration with the dancer and choreographer Clint Lutes. Interested to bring the research of the scientists more into the studio, we worked in private sessions with some of them, searching for ways to try to pour ideas from their various fields into the studio space and to hopefully set up an interplay between their movements and thoughts. After much trial and error, we arrived at a task we later called *Mirror, Topic, Question (MTQ)*. As a base for movement, we utilized *mirroring*, which is an improvisation task common in many performing art forms and a tool often used in dance classes for people with Parkinson's worldwide. It involves two people facing each other, often beginning with the hands forward, mirroring each other's movements. The idea is not to have a single leader, but rather to co-create the movement together without verbally agreeing upon it beforehand or during. For our *MTQ* task, once two people are engaged in the mirroring activity, one person gives a topic relevant to the project content (such as disorder, identity or tremor), and either participant can respond to the topic with questions about that topic. No statements are allowed, only questions. What often unfolds are questions ranging from serious to banal to playful, but regardless the tone, or maybe specifically because of the range of tones, there is a journey that occurs where the body and mind are active in moving and thinking together in partnership with another person. The participants often find themselves in new territories of their topics, which they had not previously thought of.

When we use the mirroring task in the dance classes for the people with Parkinson's, we have witnessed how much the interactivity with another person and co-creation of movement can bring some of them out of a more internal or *blocked* moment. We often witness them opening up, increasing range of motion and a transformation of mood. Clint and I were curious to see if these same outcomes could be found and used as a context for discussion with the other interdisciplinary participants in the project. To try to not only unblock movement and the body, but also the way of thinking, we created the rule of being able to respond to the given topic with questions only, removing the possibility to answer. We had found in our private sessions, that when the scientists began to speak about their research while moving, it often became a well-prepared monologue and the movement became very reduced and tight. Hence, the togetherness, the joint physical thinking with a partner, opened up not only the body, but also new angles to view topics that prior to the physical actions had felt familiar and *known*.

A Researcher's Perspective on Physical Thinking and Researching

In the following part of this essay, I, Stefanie Pietsch, as one of the young scientists in this project, would like to focus on the following question with a qualitative approach: What might dance as an embodied artistic form give to researchers and what could they give to dance? For us, as young scientists from various fields, the possibilities to engage in the project were to meet on a *physical thinking level* while joining the two weekly classes for scientists and people with Parkinson's, to conduct our *own research project* and to generate new questions through exchange with one another. This meant we were observers and participants, researchers and dancers at the same time. Coming from a qualitative point of view, Lisa Klingelhöfer (another young scientist) and I conducted narrative interviews with each of the groups (dancers, people with Parkinson's and young scientists) to examine how all of the participants in the project perceive themselves in relation to dance, illness, research and movement disorder as well as in how far these experiences of physical thinking influence their professional and daily lives. The use of the qualitative interviews opened a deeper understanding of the environments the participants live in and served as a *tool for understanding* and as a research method at the same time.

The diverse experiences and tasks offered by the different dancers in the dance classes for scientists combined movement, thinking, performing, writing, etc. and fed various artistic and scientific questions (e.g.: Does disorder exist in dance? How are movements related to our human identity and emotions? How does our specific understanding of movement disorder affect our understanding of disease?). Combining research questions with body-oriented tasks challenged and broadened my research focus helped me to understand the topic of movement disorder in a more holistic way, introduced me to the role of interaction/collaboration within research and confronted me with my personal and bodily attitude as a researcher. This left me with five main themes that I want to elaborate on.

1. The (Invisible) Body of the Researcher

What meaning does the body hold for the researcher and research? The body of the researcher is imbedded in a paradoxical relationship: Firstly, the researcher has his or her own body, which is (desired or not) present with all senses in the research process. Secondly, the body of the researcher is negated, it's existence is being rejected (Gugutzer 2015: 137; Schnicke 2013: 212). Franz Breuer wrote that, »The body is seen as irrelevant and, programmatically, is a non-problem in scientific self-reflection, which is simultaneously an articulation and aspect of the problem.« (2005: 101) The dissociation of human beings in the natural sciences has it's analogy partially in the social sciences and humanities: »The ideal aim is to gain *disembodied* insights.« (Breuer 2005: 104f.)[3] I was particularly struck by Breuer's description of researchers attempting to act like non-persons or how they take on a presence that acts as if covered in a cloak that renders them invisible. He states that the tendency for objects of research to react to the researcher's presence as so undeniable that it renders this act of disembodied knowledge production problematic. He describes the researcher's general attempt to deal with the problem is to try to control or minimize the disturbance, or to simply ignore their impact (Breuer 2005: 111).

2. The Role of the Scientist's Body as a Source of Perception, or: Can I be a More Holistic Researcher when I Integrate a Physical Approach?

I wonder what it means for researchers to involve their bodies in their specific research context. Does it open new perceptions concerning their own thinking process and research? Does it enable new analytical possibilities? In scientific research, we often think in variables (data) and sometimes lose focus on the actual people. Dance, which is in my point of view closely associated with a qualitative approach, allows me as a researcher to analyze with the whole body and contribute to greater understanding of the complexity of human existence, people's perceptions and actions. What could it mean at a university level to allow our research questions to be body-led as opposed to primarily thought-led, process-oriented and not goal-oriented? How can there be a shift from the seen-only body to the perceived body and how can the analytical description be broadened by a perceived introspection? How can we learn to not only include content and logic in an interview on a cognitive level, but also on a physical level? This means, is it possible to observe oneself in the research process and to feel what is initiated within oneself while interviewing someone? (see

---

3 | See also von Braun 2008; Breuer 2000; Biagioli 1995; Knorr Cetina 2002; Schnicke 2013; for natural sciences see Kutschmann 1986.

Abraham 2002: 188) In a nutshell, including body-affected aspects could be used as an additional factor of analysis, which could create a new relationship to the generated data. The use of the body as a source of knowledge would mean to observe the body in the daily research process and to reflect upon the meaning the corporal-affected resonance could have. For the epistemological, methodological and methodical field, this would mean the following: to promote key tasks about reflections on bodily recognition and understanding on a theoretical level, to identify and discuss advantages and disadvantages, opportunities and restrictions of the body as mediums for knowledge, to analyze the relationship between body and speech, to create concrete instructions of how the body can be used as a research subject in a controlled way and design practical workshops for this matter (see Gugutzer 2015: 141ff.).

3. First and Third Person Perspective in the Research Process, or: The Dance of Distance and Proximity within Research

I have been wondering why researchers emphasize their distance to their subject in order to stress the credibility of their studies. Sometimes it seems that behind research results there are no people, but only cases. Why is it that sometimes the researcher and his or her individuality and body are invisible in their research, and why does academia teach that it is a setback to use the word *me* in a scientific paper? What does it mean to research when researchers do not hide themselves in objective bubbles, but use the word *I* while presenting research results? Siri Hustvedt has commented on this issue in her book *living, thinking, looking*:

My use of the first person represents a philosophical position, which maintains that the idea of third-person objectivity is, at best, a working fiction. Third-person, ›objective‹ research and writing is the result of a collective consensus – an agreement about method, as well as shared underlying assumptions about how the world works, be it in neuroscience or journalism. No one can truly escape her or his subjectivity. There is always an I or a we hiding somewhere in a text, even when it does not appear as a pronoun. I want to implicate myself. I do not want to hide behind the conventions of an academic paper, because recourse to my own subjective experience can and, I think, does illuminate the problems I hope to untangle. (Hustvedt 2012: 11)

Anke Abraham adds that research is subjective in the first place, because every perceiver has their own biographic pilling of experiences, which leads the objective research repertoire (see Abraham 2002: 186).

We always think of the other in terms of our Selves. There is no contact without such affinities and fusions – regardless of whether the particular subject/object intents it, whether he/she concentrates his/her attention on it, or whether he/she realizes it. (Breuer 2005: 106)

This is not necessarily a disadvantage, but rather means that the more comprehensive the experience of the interpreter, the more sophisticated will the analysis of the subject matter be.

4. Presenting Research with Performative Methods

How can artistic tools be used more within scientific research and influence the methods and the way of presenting thoughts? Currently in my field there are two articulated artistic formats, which follow different aims: Firstly, formats which focus on the public understanding of science in an entertainment way (like Science Slams), secondly, formats which focus more on emotional and practical aspects of knowledge (like Lecture Performances or Action Teaching) (see Gauß/Hannken-Illjes 2013; Lange 2006). There is a recent stream in social sciences, the so called *performative social science* or *Auto/ethnography*, in which the researcher reflects on their own practice and accompanying emotions and attitudes during the research process. This approach is discussed controversially (Gauß/Hannken-Illjes 2013).

›Performative‹ in the widest sense of the word, has become a ›working title‹ for the efforts of social science researchers who are exploring the use of tools from the arts in research itself and/or using them to enhance, or move beyond, PowerPoint conference presentations or traditional journal submissions in their dissemination efforts. (Guiney Yallop/Lopez de Vallejo/Wright 2008)

With mostly social-constructivist meta-theories as a basis, this approach defies forms of realistic representations, and rather experiments with formats which can be useful and relevant for a construction of socio-scientific worlds (see Gergen/Gergen 2011). It could be interesting to focus more on the creation of new performative formats for presenting research results in academia (which can be influenced by the arts) as well as to focus more on the question of how to develop a more performative presence on a bodily level as a researcher.

5. The Use of Scientific Research Methods in Dance Classes

This last aspect evolves around the question of how far it would make sense to integrate research methods into artistic and dance pedagogic practice. How can scientific research paradigms and theories be implemented in artistic research processes? Or, to what extent may actual artistic research benefit from scientific research methods? For example, is it possible to use, like in my case, narrative interviews for performing tasks to substantiate one important moment from the interview and transfer it into movement? Meaning, that research methods not only focus to produce results, but also use different research approaches and impulses for cognitive reflection and also take it to a movement level; that means to experiment, play, reverse, test or to specify these personal (not objective) self-reflection insights from interviews in the body.

Photo 2

Conclusion – Body Led Discovery

A major contribution from these projects to the field of dance for people with Parkinson's was the use of improvisation. The type of improvisation used, which had a strong impact on discovering new movement pathways and confidence in the Parkinson's dancers, can be distinguished as *movement research* where they themselves, through physical exploration, could find new possibilities in their bodies. A parallel could be drawn with the scientists who also found new pathways in their thinking through exploring movement in their own bodies. By offering movement proposals to each group to physically explore with, their bodies could lead the way to new discoveries of movement and thought. Often the same tasks and movement proposals were offered to both groups, but sometimes with a different intent. Whether it was to access new movement possibilities or approaches in thinking, making the body the *search engine* revealed endless potential.

The use of the body in the research process also created a unifying effect as each participant had the same tool (a body) and could create a unique language together which spanned disciplines and disorders. If the concept of a rehearsal is to search for new movements to create a choreography and to repeat the movements to make them ready for the stage, then in this project, the search for movement and it's repetition were used to create comfort in the uncomfortable – comfort to exist in the unknown. We rehearsed the stamina to be unstable, to step out of our comfort zones, to invest in the process rather than the product, to be both the subject and the observer and to challenge our thinking through movement.

REFERENCES

Abraham, Anke (2002): *Der Körper im biographischen Kontext. Ein wissenssoziologischer Beitrag*, Wiesbaden: Westdeutscher.

Biagioli, Mario (1995): Tacit Knowledge, Courtliness, and the Scientist's Body, in: Susan Leigh Foster (Hg.), *Choreographing History*, Bloomington: Indiana University Press, pp. 69-81.

Breuer, Franz (2000): Wissenschaftliche Erfahrung und der Körper/Leib des Wissenschaftlers. Sozialwissenschaftliche Überlegungen, in: Clemens Wischermann/Stefan Haas (Hg.), *Körper mit Geschichte. Der menschliche Körper als Ort der Selbst- und Weltdeutung*, Stuttgart: Steiner, pp. 33-50.

Breuer, Franz (2005): Scientific Experience and the Researcher's Body, in: Wolff-Michael Roth (Hg.), *Auto/biography and Auto/ethnography: Praxis of Research Method*, Rotterdam: Sense, pp. 99-118.

Gauß, Eva Maria/Hannken-Illjes, Kati (2013): *Vermittlung von wissenschaftlichen Erkenntnissen in künstlerischer Form*. Retrieved from: https://www.kubi-on line.de/artikel/vermittlung-wissenschaftlichen-erkenntnissen-kuenstlerischer-form (last access: 20.2.2016).

Gergen, Mary/Gergen, Kenneth J. (2011): Performative social science and psychology, in: *Forum: Qualitative Social Research*, 12 (1). Retrieved from:

http://www.qualitative-research.net/index.php/fqs/article/view/1595/3105 (last access: 20.2.2016).

Guiney Yallop, John J./Lopez de Vallejo/Wright, Peter (2008): Editorial: Overview of the Performative Social Science Special Issue, in: *Forum: Qualitative Social Research*, 9 (2). Retrieved from: http://www.qualitative-research.net/index.php/fqs/article/view/375/818 (last access: 20.2.2016).

Gugutzer, Robert (2015): *Soziologie des Körpers* (5., vollständig überarbeitete Auflage), Bielefeld: transcript.

Hustvedt, Siri (2012): *Living, Thinking, Looking*, London: Hodder & Stoughton.

Knorr Cetina, Karin (2002): Der 'blackboxierte' Körper der Forschenden, in: Karin Knorr Cetina (Hg.), *Wissenskulturen. Ein Vergleich naturwissenschaftlicher Wissensformen*, Frankfurt a.M.: Suhrkamp, pp. 138-144.

Kutschmann, Werner (1986): *Der Naturwissenschaftler und sein Körper*, Frankfurt a.M.: Suhrkamp.

Lange, Marie-Luise (2006): *Performativität erfahren. Aktionskunst lehren – Aktionskunst lernen*, Berlin: Schibri.

Leventhal, David (2015): Lincoln Center Global Exchange, Capturing Grace: Dance and Neurodegeneration & Dance for PD. Retrieved from: https://www.youtube.com/watch?v=7RCKx9__xXs (last access: 20.2.2016).

Mark Morris Dance Group (o. J.). *Dance for PD®*. Retrieved from: http://danceforparkinsons.org (last access: 20.2.2016).

Quinn, Pamela (2013): Dancing With Outliers: Let's Study the Best-Case Scenarios in Managing Parkinson's Disease, in: *Neurology Now*, 9 (2), 40. Retrieved from: http://journals.lww.com/neurologynow/Fulltext/2013/09020/Dancing_With_Outliers__Let_s_Study_the_Best_Case.37.aspx (last access: 20.2.2016.).

Schnicke, Falko (2013): Körper des Wissenschaftlers/der Wissenschaftlerin, in: Ute Frietsch/Jörg Rogge (Hg.), *Über die Praxis des kulturwissenschaftlichen Arbeitens. Ein Handwörterbuch*, Bielefeld: transcript, p. 212-221.

Von Braun, Christina (2008): Der Körper des Wissenschaftlers, in: Jenny Haase/Janett Reinstädler/Susanne Schlünder (Hg.), *El andar tieras, deseos y memorias*, Madrid: Iberoamericana, pp. 437-446.

FURTHER INTERNET REFERENCE

Projectblog Hafra'ah: https://hafraah.wordpress.com/ (last access: 20.2.2016).

PHOTO CREDIT

Rainer Muranyi

Über Archive und heterotopische Orte
Einblicke in eine körper- und
bewegungsbasierte Biographieforschung

Lea Spahn

> Bei manchen Themen, [...] man redet da auch viel drüber, aber es ist was anderes ob man nur redet oder ob man in sich körperlich reinhorcht oder reinspürt und den Raum würde man sich ja sonst nicht nehmen. Das ist ein Unterschied, ob man nur den Ist-Zustand hat oder ob man auch versucht das auszudrücken, was man empfindet durch seine Bewegungen. (Anina 2015).[1]

Der Beitrag widmet sich der Frage, wie eine körper- und bewegungsbasierte Biographiearbeit als methodischer Zugang zu einer tänzerisch grundierten Forschung Anwendung finden kann und welche Arten von Wissen in diesem Prozess freigelegt werden können. Körperlichkeit und Bewegung als eine forschungspraktische Methode zu nutzen heißt, sich auf das Prozessgeschehen selbst im »Modus des ästhetischen Erlebens« einzulassen, in dem »Wahrnehmung sich selbst präsent, opak und fühlbar« (Klein 2011: 2) wird und daraus Erkenntnis zu generieren. Im Folgenden finden die Forschungspraxis selbst wie auch Ausschnitte des empirischen Materials Darstellung und werden entlang eines leibphänomenologischen Zugangs theoretisch gerahmt,[2] wie es bereits in dem Zitat anklingt: Für die Teilnehmerin in dem Projekt macht es einen Unterschied, über etwas *nur* zu sprechen oder (auch) *körperlich in sich reinzuhorchen*, um *Empfindungen durch Bewegung(en) Ausdruck zu verleihen*. Entsprechend soll die körper- und bewegungsbasierte Forschungspraxis auf ihre Erkenntnismöglichkeiten hin untersucht werden.

---

1 | Alle Zitate, die nur durch Namen und Jahr markiert sind, sind Anonyme aus der bisher erhobenen Datenmenge.
2 | *Grounded TheoryGrounded Theory*

1. Das Forschungsprojekt: Narben als Körperarchiv

Von der These ausgehend, dass individuelles Erleben, kollektive Geschichte(n) und Erinnerungen sich in Körper einschreiben und als verkörperte Biographie wirksam werden, galt zu klären: Was geschieht durch und in Biographiearbeit in Bewegung – auf individueller Ebene und als kollektiver Prozess?

Die Forschungspraxis begann mit einem wöchentlichen Workshop mit einer Improvisationstanzgruppe, in der *Narben* als biographische Körperspuren thematisiert wurden. Nach einer gemeinsamen Phase des Aufwärmens am Anfang der Stunde hatte bei jedem Treffen eine Teilnehmende die Möglichkeit, die Geschichte ihrer Narbe mit der Gruppe zu teilen, die dieser ganzkörperlichen Erzählung lauschte und das Erzählte wahrnahm. In diesem Rahmen wurde der Körper der Teilnehmenden metaphorisch mit dem Begriff des *Archivs* adressiert und damit als ein Erinnerungsort eigener Art rekonstruiert. Im zweiten Schritt, der praktischen (Bewegungs-)Erfahrung der Teilnehmer, wurde diese *archivarische Spur* in Bewegung erforscht, um daran anschließend aus der forschenden Bewegung einzelne Bewegungsabläufe zu extrahieren und diese in Kleingruppen zu zeigen. In diesem Teil konnte die Erzählerin zur Beobachterin ihrer Narben-Geschichte werden und die Bewegungen *von außen* wahrnehmen. Den Abschluss des Prozesses bildete eine Bewegungsimprovisation der gesamten Gruppe, in der die Erzählerin wieder involviert war und die Begegnung der Bewegung in ihrer Eigendynamik aufging.

In den praxis-begleitenden Reflexionen schildern die Teilnehmenden differenziert, dass ihr Körper ein eigenes Gedächtnis hat. In diesem (Körper-)Gedächtnis ist die eigene Biographie in den Körper eingeschrieben, sodass Personen schließlich ihre Biographie verkörpern:

> You can say the body has its own memory, a memory which is not necessarily the memory that we have in our head. So it has its own kind of memory. So in this memory, there are all the … which are included are the happiness, the suffering, the pain, all this kind of the memory. And then in theater and dance, this is one of the things which is interesting to work (with), which I try to explore, exactly how to access this memory. And how we can work, with the other, to just access this memory, the memory which is not necessarily the memory of what we remember with our head, but the memory which we remember with our body, with our movement, with our expression. (Khaled 2014).

Das Gedächtnis des Körpers, so wird hier differenziert, zeigt sich in Bewegungen und im Ausdruck einer Person; betont werden Erfahrungen mit affektiver Qualität, die sich in den Körper einschreiben und ihren eigenen, körperlichen Ausdruck finden. Um gerade dieses *eigene* Gedächtnis des Körpers – auch im Sinne eines Speichermediums – zu konturieren, wird die Metapher des *Archivs* verwendet. In Anlehnung an Horstmann und Kopp symbolisiert der Archivbegriff eine Trias von Institution, Raum und Bestand (Horstmann/Kopp 2010). Den Autoren zufolge bilden *Archive* die Basis der Wirklichkeitskonstruktion. Ein Archiv ist demnach als eine Datenmenge zu verstehen, die je nach Belieben und Können umgeformt oder anders gelesen werden kann, um neue Sinnzusammenhänge zu kreieren oder sich neuen Begebenheiten anzupassen (vgl. Horstmann/Kopp 2010: 10).[3] Damit ist das *Archiv* als ein Netz zu verstehen, in dem die Materialität des Bestands und der handelnde Umgang damit aufeinander bezogen sind und sich gegenseitig hervorbringen. Jede Gesellschaft, so bündeln die Autoren, konstruiert sich ihre spezifischen Archivformen, in denen sie sich spiegelt, im Anblick derer sie sich wiederfindet und sich für die Zukunft archiviert (ebd. 13). Neben *klassischen* Archivformen, in denen Dokumente und Artefakte gesammelt, geordnet und bewahrt werden, können auch Körper als materielles und lebendiges *Archiv* verstanden werden, in denen sozialisatorisch erworbene Wissensbestände gelagert sind und auf die situationsbedingt zugegriffen wird. Hierdurch wird deutlich, dass Erinnerungen oder (Speicher-)Medien wandelbar und anpassungsfähig sind. Gleichermaßen erfahren jedoch auch Gesellschaft und Individuen durch die Interaktion mit *Archiven* Veränderung; ein *Archiv* strukturiert somit Gegenwart und Zukunft zugleich.

Wie können die subjektiven Erinnerungen und archivarischen Spuren jedoch zugänglich und erforschbar werden? Und in Bezug auf biographische Arbeit: Wie ist ein Zugreifen und eine Auseinandersetzung mit diesen im Körper eingelassenen Spuren möglich? Forschungsleitende Annahme ist, dass Körper sedimentierte Geschichte und biographische Spur zugleich sind und damit nicht nur als Speichermedium gelten können, sondern darüber hinaus als Vollzugsmedium und Akteur aktiv auf jene Geschichte zurückgreifen und diese aktualisieren bzw. variieren (Abraham 2002 und 2006; Gugutzer 2004).[4] Diese Gleichzeitigkeit von Gewordensein und handelndem Vollzug wird in der Habitustheorie Pierre Bourdieus anschaulich, in welcher die praktische Auseinandersetzung eines Organismus mit Welt in Denk-, Wahrnehmungs- und Handlungsschemata mündet (Bourdieu 1987/2003: 101). Bourdieu benennt die Praxis als »Ort der Dialektik [...] von objektivierten und einverleibten Ergebnissen der historischen Praxis, von Strukturen und Habitusformen« (ebd. 98).

Bezogen auf das Forschungsprojekt ist eine Narbe einerseits materieller Ausdruck eines spezifischen Ereignisses und zugleich als eine von vielen Mar-

---

3 | Insbesondere die Abwesenheit von Informationen ist ein immanentes Merkmal von Archiven, denn jedes Archiv besteht aus der Datenmenge, die aufgrund einer Ordnungsstruktur für archivierungswürdig befunden und inkludiert wurden. Damit wird zugleich offenbar, dass An- bzw. Abwesenheit eine machtvolle Entscheidung voraussetzt.

4 | Bei Gugutzer (2012) wird im vierten Kapitel in Bezug auf Bourdieu die leib-körperliche Verfasstheit von Menschen als Mittel und Quelle (wissenschaftlicher) Erkenntnisproduktion markiert.

kierungen auf/in Körper, ein Punkt innerhalb eines historisch-nachvollziehbaren Gewordenseins. Ausgehend von dieser Annahme gilt es im praktischen Forschungsprozess die eben konturierte Körperlichkeit zu adressieren und die Besonderheit körperbasierter Biographiearbeit zu eruieren.

2. LEIBLICHKEIT UND SPÜREN

Einen ersten Zugang bietet Villa, in dem sie Körper als fortlaufende Transformationen definiert: »Verkörperung ist immer Verkörperung als sozialer Prozess, der sich über Zeit und Raum erstreckt und zahlreiche Schichten der individuellen sozialen Existenz in je spezifischen Schattierungen in sich einschließt.« (Villa 2013: 236) Soziales Handeln – und das ist der Rahmen, innerhalb dessen auch die biographische Arbeit in Bewegung stattfindet – ist demnach konstituiert und gerahmt durch biographische Erfahrungen. Zugleich werden diese im sozialen Handeln aktualisiert, (re-)produziert und (neu) gestaltet. Im Anschluss an Herrmann Schmitz‹ Leibphänomenologie kann dies vertieft werden: Der Leib als lebendiger, spürender Körper ermöglicht eine genauere Beschreibung der Begegnung und Bezugnahme zwischen Mensch und – in diesem Fall – sozialer Umwelt. Das leiblich affektive Betroffensein bewirkt, dass eine Person merkt, dass es um sie geht und dadurch aufgefordert ist, sich (situationsgemäß) zu verhalten (vgl. Gugutzer 2002: 92). Diese analytische Unterscheidung zwischen dem Körpers als kulturell und sozial geformtes Objekt und zugleich *meinem* Körper als eigene, leibliche Erfahrungsdimension, eröffnet die Möglichkeit, Körper in ihrer Materialität, aber auch diskursiven Bestimmtheit als Forschungsperspektive fruchtbar zu machen (vgl. Jäger 2004: 47). In der Analyse des Prozesses ist zentral, *wie* sich die Teilnehmerinnen in dieser Situation sozialen Handelns in Bewegung und als Körper aufeinander beziehen und was diesen Bezug auszeichnet.

Ich glaube so funktioniert sozialer Kontakt zwischen menschenartigen Wesen, ich glaub, ich glaub das ist so eine ganz ganz tiefe Ebene, die weit unter dem Intellektuellen drunter liegt, und viel, also unheimlich mächtig und wirksam ist und ganze, ein Fokus der Wahrnehmung ist. Manchmal läufst du hinter jemandem her und spürst, was da ist, und du kennst den gar nicht. Und manchmal [...] Oder kommst du in einen Raum rein und uhh überträgt sich irgendwas, aber du weißt gar nicht, was da eigentlich los ist, aber es ist sofort zu spüren. Also das sind ja Ebenen, wo ich gar nicht weiß, woran hab ich denn dann, woran nehme ich das denn wahr. (Aki 2015)

Was hier in besonderer Weise heraustritt, ist die Rekonstruktion von Sozialität über eine spürende Wahrnehmung. Spüren ist in diesem Moment ein unmittelbares Wissen, das *unter* einem reflexiv-zugänglichen Wissen in Akteuren selbst verankert ist. Spürende Interaktion, so beschreibt es die Teilnehmerin, basiert auf Wahrnehmung und ist ein wechselseitiger Austausch von Informationen, die *sofort gespürt* werden, also unmittelbar leiblich-affektives Betroffensein markieren. Im Anschluss an leibphänomenologische Systematisierungen wird Spüren im Weiteren als fundamentaler Zugang zur (Um-)Welt verstanden und die Beobachtungen und Erfahrungen des Projekts aus dieser Perspektive beleuchtet.[5] Der Leib bezeichnet das, was Menschen in der Gegend ihres Körpers von sich spüren können. (Schmitz 2007: 15f.) Während Körper in Lage- und Abstandsverhältnissen räumlich verortet werden (können), bedeutet Leiblichkeit eine absolute Örtlichkeit und fungiert als Bezugsstelle der menschlichen Orientierung zur Welt hin. Personen oder soziale Akteure sind ein leibliches Selbst, welches sich, so Lindemann, hier/jetzt als von den Ereignissen in der Umgebung betroffen erlebt (Lindemann 2016). Ein leibliches Selbst zeichnet sich zudem durch ein konstantes Werden aus, d.h. ihr anthropologischer Wesenszug ist das unabgeschlossene, in der Gegenwart verankerte Da-Sein. Dieses Selbstbewusstsein ist demnach unmittelbar an leiblich-affektives Betroffensein geknüpft. So bilden gespürter Leib und Lebenswelt eine Einheit. Die Bedeutung dieser Relation für bewegte Biographiearbeit wird hervorgehoben durch die folgende Aussage: »Leiblichkeit ist die *Bewegung*, in der Innen und Außen ineinander übergehen« (Fuchs 2000: 25; Hervorhebungen im Original).

3. BEWEGUNGSPRAXIS ALS ATMOSPHÄRISCHER RAUM

Durch die leibphänomenologische Einbettung der Forschungspraxis ist leibliches Spüren in der biographischen Arbeit Ausgangspunkt der Interaktionen. Leibliche Kommunikation bedeutet das wechselseitige Berührtsein leiblicher Akteure, »indem sie sich auf einander richten und selbst erleben, dass sich andere auf sie richten – etwa durch Blicke, Gesten oder Worte« (Lindemann 2016 [unpaginiert, im Ersch.]). Demnach stehen leibliche Akteure in ständigem Austausch mit ihrer Umwelt, d.h. in einem kollektiven Prozess der Selbst-Verortung und Selbst-Vergegenwärtigung. Innerhalb diesem sind sie nicht nur auf andere leibliche Akteure bezogen, sondern gleichermaßen von Artefakten, Räumen oder Vorstellungen affiziert. Insbesondere diese Beziehungsdimension wird im Folgenden weiter fokussiert, um die Forschungspraxis vertieft analysieren zu können. Die Eigentümlichkeit des Spürens in der Begegnung und Interaktion mit *Anderem* erweitert die Perspektive auf das praktische Geschehen um den Begriff der Atmosphäre:

---

5 | Vgl. exemplarisch Schmitz 2007; Gugutzer 2012; Fuchs 2008. Aus kulturwissenschaftlicher Perspektive widmet sich Schulze (2014: 51-59) dem leiblich gespürten Sinn.

Während die Gefühle räumlich ergossene Atmosphären sind, ist das Fühlen der Gefühle, soweit es sich um Ergriffenheit von ihnen und nicht um bloßes Wahrnehmen der Atmosphäre handelt [...], stets ein leibliches Betroffensein von ihnen. Dieses kann in teilheitlichen oder in ganzheitlichen leiblichen Regungen bestehen, besonders aber in der Suggestion oder Vorzeichnung ausgeführter oder unausgeführter Bewegungen, wobei diese Suggestion vom Ergriffenen am eigenen Leibe gespürt wird. Daraus erklärt sich die eigentümliche Gebärdensicherheit des Ergriffenen. (Schmitz 2007: 26)

Wie eingangs beschrieben, war der Ablauf der Forschungspraxis ein Teilen der Narbengeschichte, gefolgt von einer Phase, in der die Teilnehmenden das, was sie von dieser Geschichte für sich aufgenommen hatten, für sich in Bewegung erforschten.[6] Im Anschluss an die forschende Bewegungsphase, stellten die Teilnehmerinnen in Kleingruppen der Erzählenden ihre bewegten Erfahrungen performativ dar.

Ja, Körpergefühl ist Gefühl, das ist da viel näher dran als die Gedanken im Kopf. Und das ist magisch, dass das so, dass man diese Brücke so schlagen kann. Dass ich dich angucken kann, wie du dich bewegst und über das Angucken kann ich das fühlen, wie sich das anfühlt, wie du dich bewegst. Auch wenn du dich vielleicht ganz anders fühlst, aber ich hab, da passiert was in mir, wenn ich dir zugucke beim dich Bewegen. Und wenn das dann so fokussiert ist auf mein Thema und wenn dann da so Aspekte auftauchen, dann ist das wie so eine, wie soll ich sagen, das erweitert das Fühlen um das, was du dem so hinzufügst wie ich es gar nicht könnte. (Aki 2015)

Was hier aus Teilnehmerperspektive beschrieben wird, positioniert das Fühlen bzw. Spüren als zentrale Möglichkeit, biographisch zu forschen. Leibliche Akteure stehen in Verbindung; in der Begegnung entstehen affektive Resonanzen, die, wie hier ausgeführt, die Beteiligten unmittelbar berühren (Gugutzer 2012). Die kollektiv-performative Praxis der Vergegenwärtigung der *Narbe* lässt aus einer individuellen Geschichte einen Raum der gemeinsamen Verkörperung entstehen, in der die Erzählung als eigenleibliche, somatische Erfahrung zugänglich wird. Das Besondere dieser Situation ist das kollektive Sich-mit-der-Geschichte-Bewegen. Daher interessiert abschließend, was in dieser Praxis mit den individuellen biographischen Erfahrungen – körperlich markiert durch die *Narbe*, leiblich als spürbare Erinnerung – geschieht?

---

6 | An diesem Punkt wurde bewusst nicht reflektiert oder spezifiziert, welche Wahrnehmungsarten oder -ebenen gewählt werden können. Im Vordergrund stand der direkte Übergang in Bewegung über das eigenleibliche Spüren jedes Teilnehmenden.

4. Kollektive Bewegungspraxis als *Heterotopie*

Durch die Gleichzeitigkeit von Empfinden und kollektiver Bewegung entsteht, so die These, ein heterotopischer Raum. *Heterotopie* ist ein von Foucault (2005) eingeführter Begriff, der gesellschaftliche Gegenräume oder lokalisierte Utopien beschreibt, die einer Eigenlogik folgen, sowohl in ihrer räumlichen als auch zeitlichen Struktur. Besonders ist, dass diese Räume, gleichwohl sie in jeder Gesellschaft existieren, gesellschaftlich normierte Räume infrage stellen (Foucault 2005). *Heterotopien* vereinen an einem Ort mehrere Räume und führen unterschiedliche Zeiten zu einem »Raum aller Zeiten« (ebd. 14-16) zusammen. Somit wäre körperbasierte Biographieforschung im Sinne einer kollektiven Verkörperung ein Weg, vergangene verkörperte Erfahrungen zugänglich zu machen und diese Erzählungen in Bewegung zu nutzen, um Geschichte(n) mitzuteilen und zu transformieren. Die so gewonnenen Erkenntnisse können als bewegte Erkenntnis potenziell auch im öffentlichen (Macht-)Raum sichtbar werden und so politische Wirksamkeit entfalten.

When a body is in motion, it does not coincide with itself. It coincides with its own transition: its own variation. [...] In motion, a body is in an immediate, unfolding relation to its own non-present potential to vary. [This also implies that if a body moves, it is] in becoming, absorbed in occupying its field of potential. For when it comes to a stop in the target, it will have undergone a qualitative change. (Massumi 2002: 4)

Was Massumi hier expliziert, ist das der Bewegung innewohnende Potenzial des *Werdens* und damit der Transformation. Er begreift dies als unmittelbare Verbindung des Körpers zu dem Potenzial der Variation in der sich entfaltenden Bewegung, an deren Ende der Körper eine qualitative Veränderung erfahren hat. In Bezug auf die hier adressierte Bewegungspraxis lässt sich hinzufügen, dass diese Erfahrung des Körpers in Bewegung gespürt wird. Leibliche Resonanz, im Sinne affektiven Berührtseins, zusammen mit Bewegung als (potenziellem) Vermögen bedeutet, mit Massumi gesprochen, »we are back at self-multiplication. And we are back at emergence, because the sensation is the first glimmer of a determinate experience, in the act of registering itself as itself across its own event« (Massumi 2002: 15f.). Aus der Erfahrung der Teilnehmenden lässt sich dies konkretisieren:

Und dadurch, dass es in Bewegung ist, habe ich nicht nachgedacht. Und hab einfach so nach dem Gefühl mich bewegt und war dann gerade beim ersten Mal absolut verwundert, was da auch kommt. Das war wie so ein Spiegel, dass da von außen was kommt, was mir was zeigt, was zu mir gehört, irgendwie so. Also ich habs rausgesetzt, das entwickelt dann so ein Eigenleben und kommt dann wieder zu mir zurück. (Ruken 2015)

Das Wahrgenommen- und Gesehenwerden von der Gruppe, die Resonanz auf Bewegung(en), aber auch die der anderen, selbst aufzunehmen und damit in einen kollektiven Gruppenkörper zu finden, ist die besondere Erfahrung. Leibliches Erleben ist vermittelt über Muster, aber nicht notwendigerweise identisch mit diesen (vgl. Jäger 2004).[7] Daher können sich Abweichungen ereignen und Differenzerfahrungen gemacht werden. Hier wäre diese Differenzerfahrung als positiv erfahrene Vervielfältigung der eigenen Situationserfahrung und der somatischen Erinnerungsspur zu deuten.

5. Schlussbetrachtung

Ich möchte vorschlagen, bewegungsbasierte Biographiearbeit als einen heterotopischen Raum zu verstehen – im Sinne einer materialisierten Utopie – und in zweierlei Hinsicht zu deuten: Zum einen als kollektiven Raum, in dem individuelle Geschichten in ihrer subjektiv erinnerten und archivierten Form kollektiv geteilt werden und darüber aus der Vergangenheit heraus in die Gegenwart geholt werden und in diesem Resonanzraum vervielfältigt werden. Zum anderen auf individueller leib-körperlicher Ebene, dadurch, dass der Körper als Leibkörper agiert und durch seine Fähigkeit leiblich-affektiven Betroffenseins selbst zu einem kreativ-tätigen Raum wird.[8] So werden individuelle *Narben* als abgeschlossene (Erinnerungs-)Geschichte als Materialisierung zugänglich und verlebendigt – in und durch Bewegung.

Literatur

Abraham, Anke (2002): *Der Körper im biographischen Kontext. Ein wissenssoziologischer Beitrag*, Wiesbaden: Westdeutscher Verlag.

Abraham, Anke (2006): Der Körper als Speicher von Erfahrung. Anmerkungen zu übersehenen Tiefendimensionen von Leiblichkeit und Identität, in: Robert Gugutzer (Hg.): *Body turn. Perspektiven der Soziologie des Körpers und des Sports*, Bielefeld: transcript, S. 119-140.

---

7 | Jäger (2004: 216-224) hebt in Anlehnung an Lindemann hervor, dass auch der gespürte körperliche Leib gesellschaftlich und sozial konstruiert ist, aber auch potentiell zu einem Ort von Abweichung werden kann.

8 | An dieser Stelle möchte ich nicht unerwähnt lassen, dass auch diese Prozesse machtdurchwirkt sind: Leiblichkeit ist auch kulturell und sozialisatorisch geprägt; das Empfinden von Schmerz, Trauer oder Freude wirkt subjektiv, ist zugleich jedoch auch kollektiv geteiltes, vermitteltes und erlebtes Wissen.

Bryant, Antony/Charmaz, Kathy (Hg.) (2008): *The Sage Handbook of Grounded Theory*, London et al.: Sage Publications.

Bourdieu, Pierre (1987/2003): *Sozialer Sinn. Kritik der theoretischen Vernunft* (Nachdruck 1. Auflage), Frankfurt a.M.: Suhrkamp.

Corbin, Juliet/Strauss, Anselm L. (2008): *Basics of Qualitative Research. Techniques and Procedures for Developing Grounded Theory*, Los Angeles et al.: Sage Publications.

Foucault, Michel (2005): *Die Heterotopien. Der utopische Körper. Zwei Radiovorträge*, Frankfurt a.M.: Suhrkamp.

Fuchs, Thomas (2000): *Leib, Raum, Person. Entwurf einer phänomenologischen Anthropologie*, Stuttgart: Klett-Cotta.

Fuchs, Thomas (2008): *Leib und Lebenswelt. Neue philosophisch-psychiatrische Essays*, Kusterdingen: Die Graue Edition.

Gugutzer, Robert (2002): *Leib, Körper und Identität. Eine phänomenologisch-soziologische Untersuchung zur personalen Identität*, Wiesbaden: VS.

Gugutzer, Robert (2004): *Soziologie des Körpers*, Bielefeld: transcript.

Gugutzer, Robert (2012): *Verkörperungen des Sozialen. Neophänomenologische Grundlagen und soziologische Analysen*, Bielefeld: transcript.

Horstmann, Anja/Kopp, Vanina (Hg.) (2010): *Archiv – Macht – Wissen. Organisation und Konstruktion von Wissen und Wirklichkeiten in Archive*, Frankfurt a.M.: Campus Verlag.

Jäger, Ulle (2004): *Der Körper, der Leib und die Soziologie. Entwurf einer Theorie der Inkoporierung*, Königstein: Ulrike Helmer Verlag.

Klein, Julian (2011): *Was ist künstlerische Forschung?* Vgl. http://edoc.hu-berlin.de/kunsttexte/2011-2/klein-julian-1/PDF/klein.pdf (letzter Zugriff: 5.5.2016).

Lindemann, Gesa (2016): Leiblichkeit und Körper, in: Robert Gugutzer, Gabriele Klein,

Michael Meuser (Hg.): *Handbuch Körpersoziologie*, Wiesbaden: Springer.

Massumi, Brian (2002): *Parables for the Virtual. Movement, Affect, Sensation*, Durham, London: Duke University Press.

Schmitz, Herrmann (2007): *Der Leib, der Raum und die Gefühle*, Bielefeld u.a.: Ed. Sirius.

Schulze, Holger (2014): *Gespür. Ein kleiner Stimmungsatlas in Einzelbänden*, Hamburg: textem Verlag.

Villa, Paula-Irene (2013): Verkörperung ist immer mehr. Intersektionalität, Subjektivierung und der Körper, in: Helma Lutz/Maria Teresa Herrera Vivar/Linda Supik (Hg.), *Fokus Intersektionalität. Bewegungen und Verortungen eines vielschichtigen Konzeptes*, Wiesbaden: VS Verlag für Sozialwissenschaften, S. 223-242.

Teil IV: Disziplinenüberschreitende Praxisforschung

Moving Musicians
Verkörperung von Musik als kreative Interpretation in dem
Practice as Research Projekt »Creative Embodiment of Music«

Sara Hubrich

Seit Beginn des 20. Jahrhunderts lässt sich in Werken von John Cage, Mauricio Kagel, Laurie Anderson, Georges Aphergis oder Michael Nyman ein gesteigertes Interesse an der musikalischen Aufführung selbst feststellen. Im Zuge dieser Entwicklung wurden Interpretationen als *Performances* bezeichnet. Damit wird nicht nur ihr Ereignischarakter akzentuiert, sondern auch ihr Wert als eine spezifische Aufführung mit einem individuellen Ausdruck bzw. als einmalige Realisation eines Musikstücks unterstrichen. Theatrale und tänzerische Mittel und Darstellungsformen werden dabei in die musikalische Gestaltung integriert, eine Vorgehensweise, die Marianne Kesting als »Theatralisierung von Musik« bezeichnete (Kesting 1969: 103). Die hier vorgestellte Studie *Creative Embodiment of Music* (Hubrich 2015) untersuchte künstlerische Praktiken interdisziplinär ausgerichteter Arbeiten, die einer ähnlichen Entwicklung zuzuordnen sind. Diese Arbeiten wurden jedoch nicht von einem Komponisten oder einer Komponistin, sondern in diesem Fall von mir als Interpretin oder Performerin – als kreativer Ausdruck meiner individuellen Perspektive auf das jeweilige Musikstück – initiiert und durchgeführt. Dabei entwickelte ich gemeinsam mit den Mitwirkenden Interpretationen von Musikstücken in Kombination mit Tanz, Theater und Künsten anderer Sparten. Äquivalent zum Tanztheater konnte so der Aktionsrahmen aller Beteiligten auf einen selbstbestimmten und kreativen Gebrauch von Körperlichkeit, Gesten und Bewegungen, Stimme, Präsenz oder biographischen Aspekten im Sinne einer kreativen Mitwirkung erweitert werden (Schneider 2004; Fernandes 2001; Servos/Weigelt 1984). Im Mittelpunkt des Forschungsinteresses stand die Frage: Wie können Instrumentalisten über die Realisation einer Partitur hinaus kreativ sein, wenn man von der Interpretation als einer Form der Verkörperung von Musik ausgeht?

MODI DER INTERPRETATION

Im Gegensatz zum Schauspiel und Tanz ist das Konzertleben der westlichen klassischen Musik überwiegend von einem historischen Kanon bestimmt. Die Reproduktionen dieses Repertoires sind oft an Konventionen gebunden, die auf das im 19. Jahrhundert entstandene Format des Konzertes zurückgehen. Diese Konventionen gewähren den Interpreten zwar einen mannigfaltigen kreativen Spielraum, der aber ausschließlich auf die musikalischen Parameter beschränkt bleibt. Denn eine Aufführung hat ganz im Dienste einer Partitur zu stehen und die Ausführenden begreifen sich vor allem als Medium für die gestalterischen Ideen, die im Werk selbst verankert sind. Dies gilt im Wesentlichen für Interpretationen von Musik im *traditionellen* oder *historisch-rekonstruktiven* Modus der Interpretation (Danuser 1997: 13), wie das folgende Zitat veranschaulicht:

> The cook, however, usually remains unseen, and also a good waiter (actor/musician) is best when virtually invisible; present only as a transparent provider and medium for the food (work of art). This idea has a history in the classical music world. (Roesner 2014: 46)

Seit der Entwicklung der technischen Reproduzierbarkeit ist man zudem darum bemüht, interpretationsbedingte Makel wie Ansatzgeräusche, kleine Ungenauigkeiten im Zusammenspiel und materialbedingte Nebengeräusche so weit wie möglich zu reduzieren, wodurch es zu einer Vereinheitlichung und Glättung individueller Unterschiede kommt, was man auch als Tendenz zur Entmenschlichung von Musik bezeichnen könnte. Andererseits aber werden im Bestreben nach einem musikalischen Ausdruck auf höchstem Niveau im Sinne von »perfection itself is imperfection« auch Interpretationen akzeptiert, die im Dienste des Ausdrucks graduelle Abweichungen enthalten (Vladimir Horrowitz 1965). Damit ist gemeint, dass eine Darbietung durch Perfektion allein nicht vollkommen oder *komplett* sein kann. Erst wenn sie, gewissermaßen als goldener Schnitt oder Einwirken von etwas Genialem wie Menschlichem, eine Unvollkommenheit in sich trägt, kann man von Vollkommenheit sprechen. Im *aktualisierenden Modus* der Interpretation, so die Argumentation der hier präsentierten Studie, kann darüber hinaus zwischen dem Musikverständnis zur Zeit der Komposition, den Auffassungen der Urheber sowie zeitgenössischem Denken und Rezipieren vermittelt werden, woraus individuelle Ausdeutungen resultieren (Danuser 1997: 13). Aus diesem Ansatz entwickelt sich ein wandelbarer Raum erweiterter Interpretation (Hubrich 2015; Brüstle 2014; Tröndle 2009), der das kreative Terrain der Ausführenden durch mitschöpferische Tätigkeiten ausdehnt.

EMBODIMENT OF MUSIC

In dem Projekt *Creative Embodiment of Music* ging ich bei der Erkundung dieses Spielraums von der Perspektive der Performer aus. Im Zentrum meines Interesses stand die Frage, welchen Einfluss die kreativen Beiträge der Musiker und kollaborierenden Künstler auf die Performance haben. Am Ausgangspunkt meiner Betrachtungen standen somit die Individualität und Kreativität der spielenden Personen in ihrer Gesamtheit von körperlichen, mentalen und affektiven Qualitäten, ihre spürbare Gegenwart und ihre Zugänge zu einer Komposition. David Roesner bezeichnet diese Perspektive als die sowohl buchstäbliche als auch symbolische »embodied quality of music« (Roesner 2014: 14 [verkörpernde Qualität von Musik]), die zum Verständnis und zur Erfahrung von Musik auf vielfältige Weise beiträgt (Leonhardmaier 2014: 17). Für die praxis-basierte Forschung ist dabei die These leitend, dass dieser verkörpernde Zugang zur Musik auf der Bühne beziehungsstiftend zur Darstellung gebracht werden kann (Globokar 1976: 107). Daher fanden alle Experimente als spartenübergreifende Zusammenarbeit statt, in denen Differenzerfahrungen zum Tragen kommen (Brandstätter 2013: 57). Die Prozesse und Produkte dieser Arbeiten wurden diskutiert, dokumentiert und zum Anlass fortwährender theoretischer Reflexion und Recherchen genommen, welche in weiteren Zyklen neue Praxisbeispiele in einem Zeitraum von zwölf Jahren hervorbrachten. Über diesen Zeitraum hinaus ist diese Praxis in meinen aktuellen Produktionen und Performances weiterhin lebendig.

Das Forschungsdesign der Studie orientierte sich an dem multi-modalen Modell von Robin Nelson, der dafür plädiert, dass Erkenntnisse in Kategorien des »Know-how«, »Know-what« und »Know-that« gesammelt und überprüft werden (Nelson 2013: 37). Während sich »Know-that« auf bestehende Konzepte und Kontextualisierungen bezieht, die trotz des zyklischen Verlaufes der Forschung in einem Kapitel der Abschlussdokumentation zusammengefasst wurden, erwachsen Erkenntnisse in den Modi des »Know-how« und des »Know-what« aus der Dokumentation und Reflexion der erfahrungsgeleiteten, haptischen und performativen Praxis, die als Vorform des allgemein zugänglichen Wissens verstanden wird (Nelson 2013: 7). Die Erkenntnisse meiner Studie, die sich dem »Know-how« und »Know-what« zuordnen lassen, wurden aus einer Analyse der Praxisbeispiele generiert, die sich an den Kategorien »Aspekte der Interdisziplinarität«, »Konsequenzen der Theatralisierung« und »Techniken der Verkörperung« orientierten (Hubrich 2015: 133ff). Diese Analyse stützte sich auf Prozessbeschreibungen, Berichte der beteiligten Künstler sowie auf Videodokumentationen der künstlerischen Produktionen, die der Publikation beilagen.

Relationale Ereignisse auf der Bühne

Für die Ausarbeitung des »Know-that« waren folgende Erkenntnisse bedeutungsvoll: Vinko Globokar weist in seinem Aufsatz »Der kreative Interpret« darauf hin, dass *Interpreten* durch ihre Beziehungen zum Werk und seinem Urheber, zu den Mitmusikern und zum Publikum eine für die Musik selbst bedeutsame und wertzuschätzende Schnittstelle sind, die sich auf der Bühne in Form von Beziehungen äußert (Globokar 1976: 107). Im Sinne der eingangs erwähnten Akzentuierung der Performance selbst spielen diese spürbaren Phänomene der *Ko-Präsenz* eine wesentliche Rolle zur Hervorbringung des Ereignischarakters von live gespielter Musik, durch welche das Mit- und Nachempfinden bei den *Rezipienten* intensiviert werden kann (Fischer-Lichte 2008: 99). Diese Vermutung liegt angesichts der noch weiter zu erforschenden Funktionsweisen der Spiegelneuronen nahe, denen zufolge eine beobachtende Person Geschehnisse nahezu genauso empfindet, als würde sie diese tatsächlich selbst ausführen (Stamenov und Gallese 2002 u.a.). Des Weiteren ist anzunehmen, dass diese Intensivierungen verstärkt auftreten, wenn das Geschehen auf der Bühne persönlich akzentuierte Züge annimmt, die sich beispielsweise in kreativen Freiräumen in Form von Improvisationen äußern können. In einer neurowissenschaftlichen Studie haben David Dolan und John Sloboda nachweisen können, dass im Vergleich zu Versionen mit einer präzisionsorientierten Haltung improvisatorische Elemente in einer Musikaufführung zu signifikant erhöhten und synchronisierten Gehirnaktivitäten bei Spielern und Publikum führen können (Dolan/Sloboda/Jensen/Crüts/Feygelson 2013). Swanwick bezeichnet den Raum, der zwischen einem Menschen und seiner Begegnung mit Musik entfaltet, als »the space between«, den Raum dazwischen (1999: 31). Dieser Raum gesteht den *Performern* einen Gestaltungsspielraum zu. Darüber hinaus wird er von jedem *Rezipienten* ein Stück weit mitgeschaffen und lässt damit im Sinne Hentigs für die Betrachter Rückschlüsse auf die »Gestaltbarkeit der Welt« und damit auf die Erfahrung einer gewissen Mitbestimmung und Selbstwirksamkeit zu (Hentig 1969: 26). Eric Clarke argumentiert, dass in diesem erfahrbaren Gestaltungsspielraum musikalische Bedeutung nicht nur aus der Musik selbst, sondern auch durch die Perspektive auf sie entsteht: »Musical meaning can encompass both what is specified and the perspective of what is specified.« (Clarke 2005: 126)

Diese Perspektiven können, so hat meine Studie gezeigt, in interdisziplinären, aktualisierenden Interpretationen von Musik kreativ gestaltend umgesetzt werden. Eine besondere Rolle spielten dabei die Produktionen, in denen die Musikerin mit den Tänzern kooperierte und die Körperlichkeit der Musik durch spezifisch tänzerische Bewegungsqualitäten unterstrichen wurde. Insbesondere in der Interpretation von *Nu Pavane* (2001), die auch im Rahmen des Projekts *Creative Embodiment of Music* entstand, wurde Folgendes deutlich: »[...] the choreography of a performers‹ movements represents a potentially powerful and persuasive way to communicate with an audience.« (Clarke 2012: 25)

Die Choreographie, die sich durch die Bewegungen der *Performer* beim Musizieren, und im Falle von *Nu Pavane* durch das Tanzen *und* Musizieren einstellt, repräsentiert, so Clarke, eine potentiell kraftvolle und überzeugende Art und Weise der Kommunikation mit einem Publikum.

ERKENNTNISSE DURCH DIE AKZENTUIERUNG DER KÖRPERLICHKEIT UND KREATIVITÄT BEI INTERPRETATIONEN

Zu den aus »Know-how« und »Know-what« generierten Erkenntnissen zählen die Rückmeldungen der an den Projekten mitwirkenden *Künstler* und aus dem Publikum: Viele *Rezipienten* fühlten sich von den kreativ erweiterten Interpretationen in vielfältiger Weise angesprochen, angeregt und auch herausgefordert. Die *Tänzer*, die bei *Nu Pavane* mitwirkten, haben nach ihren Worten von der intensiven Auseinandersetzung mit der Musik, die sie körperlich nachvollziehen konnten, in hohem Maße profitiert. Sie konnten Erkenntnisse und Erfahrungen über und mit Musik sammeln, die sich von ihrer Beziehung zur Musik in anderen Arbeitsweisen deutlich unterschieden, weil sich die Choreographien und Gesten aus der Musik und ihren Details entwickelten. Ferner berichteten sie, dass die intensive Beschäftigung mit den Noten und Klängen zu einem veränderten Musikerlebnis geführt habe, das sich sowohl auf ihr Bewegungsrepertoire als auch auf die Reflexion ihres Tanzes auswirkte.

Die an der Produktion *Sleeping Beauty's last three* days (2003) beteiligten *Musiker* erklärten, dass der intensivierte Einbezug von Körperlichkeit, der unter anderem in gemeinsamen körperlichen Warm-ups und vielen Übungen stattfand, ihr Spielgefühl veränderte und oftmals zu einer sichereren Ausführung technisch anspruchsvoller Passagen führte als in herkömmlichen Aufführungen. Sie gelangten zu Spielversionen, in denen sie eine erhöhte Individualität erlebten und sich zu einer intensiveren Kommunikation mit dem Publikum befähigt fühlten als in gewohnten Musiziersituationen. Als Spielleiterin in dieser Produktion hatte ich die Möglichkeit, die Präsenz der beteiligten Musiker zu spüren und ihre hohe Eigenmotivation zu erkennen.

Da eine verkörpernde und die Kreativität anregende Einbindung von Instrumentalisten in den künstlerischen Prozess als überaus positiv aufgenommen wurde, drängte sich die Frage auf, warum nicht mehr Musiker eine derartige Arbeitsweise verfolgen. Darauf gibt es eine Reihe von Antworten, zu denen folgende Aspekte zählen:

- Sie neigen dazu, sich dem Körper erst dann mit mehr Aufmerksamkeit zuzuwenden, wenn sie spielbedingte Schmerzen verspüren, aber nicht etwa

um technische Probleme der musikalischen Realisation oder ausdrucksbedingte Herausforderungen zu meistern.
- Im Gegensatz zu Theater- und Tanzproduktionen, bei denen oft sechs bis zehn Wochen für die Entwicklung einer Arbeit zur Verfügung stehen, sind Probenzeiten für Musikaufführungen zumeist auf nur wenige Tage beschränkt. Zudem erfordern interdisziplinäre Interpretationen eine umfangreichere Infrastruktur wie Beleuchtung und Ausstattung.

Diese Aspekte verdeutlichen, welche Vorbehalte gegenüber der Arbeit mit kreativen Interpretationen bestehen können und mit welchen Hindernissen mitunter bei der Durchführung zu rechnen ist. In der hier vorgestellten künstlerischen Praxis waren die agierenden *Musiker* körpergeschult, d.h. sie hatten Vorerfahrungen in Tanz- und Bewegungstechniken und waren bereit, diese über ihre musikalische Expertise hinaus in die Experimente einzubringen. Dieser Umstand war eine wichtige Voraussetzung für das Gelingen der Projekte, die sowohl zu weiterer künstlerischer Praxis anregen, als auch Rückschlüsse auf weiterführende Lehrangebote in der Instrumentalausbildung und der Tanzausbildung zulassen.

Ausblick

Zu den besonders wertvollen Erfahrungen, die ich in meiner Arbeit sammeln durfte, zählen die vielfältigen Anregungen, welche ich in der Zusammenarbeit mit dem Ensemble *A Rose Is*, dem *Moving Musician*-Projekt, dem *Map-Making New Landscapes of Performance*-Projekt, dem Komponisten Ruedi Häusermann, in Produktionen u.a. am Schauspielhaus Zürich und mit dem Butoh-Tanztheater *Tadashi Endos* erhielt. Sie konnten in meine weiterführende Forschung einfließen. Zudem wäre denkbar, ähnliche Experimente in einer komparatistischen Forschung zu vertiefen, um Ergebnisse von größerer Reichweite zu erhalten. Darüber hinaus wäre auch die Einbeziehung des Publikums wünschenswert, weil sich das kreative Terrain nicht zuletzt auch im Kontext seiner Rezeption entfaltet und dort weiterentwickeln kann. Es zeigte sich deutlich, dass Interpretationen von Musik, die durch theatrale und tänzerische Gestaltungsmittel erweitert werden, neue Konzertformate hervorbringen, die ein breiteres Publikum ansprechen. In Umkehrung des gewählten Forschungsansatzes wäre in künftigen Forschungsprojekten der Fokus auf den Entstehungsprozess von Tanz und Choreographie denkbar, in denen sich Musik durch Kompositionen, Arrangements oder Improvisation auf körperlichen wie akustischen Ebenen mitentwickelnd einbringen kann. Diese wiederum könnten sich auf Lehrangebote zum kreativen Umgang mit Musik und Musikern in der Tanzausbildung auswirken. Darüber hinaus lassen sich aus der Studie

Perspektiven für die Aus- und Weiterbildung von Musikern ableiten, die nicht nur weitere inter- und transdisziplinäre Projekte beflügeln, sondern sich auch auf die Entwicklung herkömmlicher wie innovativer Aufführungsformate und Konzepte positiv auswirken könnte.

Auch wenn die beschriebene interdisziplinären Praxis Grenzüberschreitungen zwischen unterschiedlichen Disziplinen vorsahen und ermöglichten, so lag ihr Reiz doch vor allem in der musikalischen, bewegungsorientierten und kreativen Auseinandersetzung mit Gestaltungsformen und Gestaltungsprozessen, in denen sich die Künste annähern, aber auch aneinander reiben, um zu einer Erweiterung des kreativen Spielraums beizutragen. Im Sinne ästhetischer Erfahrung sind es insbesondere die daraus entstehenden Irritationen, die für kulturelles Leben und Mitgestalten bedeutsam sind. Hierzu will die beschriebene Forschung einen Beitrag leisten.

Literatur

Brandstätter, Ursula (2013): *Bildende Kunst und Musik im Dialog*, Augsburg: Wißner.

Brüstle, Christa (2014): *Konzert-Szenen. Bewegung, Performance, Medien. Musik zwischen performativer Expansion und medialer Integration 1950-2000*, Bad Tölz: Franz Steiner.

Clarke, Eric (2005): *Ways of Listening. An Ecological Approach to the Perception of Musical Meaning*, Oxford: Oxford University Press.

Clarke, Eric (2012): Creativity in Performance, in: David Hargreaves/Dorothy Miell/Raymond MacDonald (Hg.), *Musical Imaginations. Multidisciplinary Perspectives on Creativity, Performance and Perception*. Oxford: Oxford University Press, S. 17-30.

Danuser, Hermann (1997): Musikalische Interpretation, in: ders. (Hg.), *Neues Handbuch der Musikwissenschaft* (Band 11), Laaber: Laaber, S. 1-68.

Dolan, David/Sloboda, John/Jeldtoft Jensen, Henrik/Crüts, Björn/Feygelson, Eugene (2013): The improvisatory approach to classical music performance: An empirical investigation into its characteristics and impact, in: *Music Performance Research*, 6/2013, S. 1-38.

Fernandes, Ciane (2001): *Pina Bausch and the Wuppertaler Tanztheater. The Aesthetics of Repetition and Transformation*, New York: Peter Lang.

Fischer-Lichte, Erika (2008): *The Transformative Power of Performance. A New Aesthetics*, London: Routledge.

Globokar, Vinko (1976): Der kreative Interpret, in: *Melos und Neue Zeitschrift für Musik*, 2/1976, S. 105-108.

Hentig, Hartmut von (1969): *Das Leben mit der Aisthesis*, in: Gunter Otto (Hg.) (1975), *Texte zur Ästhetischen Erziehung*, Braunschweig: Westermann, S. 25-26.

Horrowitz, Vladmir (1965) Defending false notes, in: *Newsweek* 17.

Hubrich, Sara (2015): *The Creative Embodiment of Music – Practice-Based investigations into staged and embodied interpretations of instrumental music*, Birmingham City University.

Kesting, Marianne (1969): Musikalisierung des Theaters, Theatralisierung der Musik, in: *Melos* 36, 3/1969, S. 101-109.

Leonhardmair, Teresa (2014): *Bewegung in der Musik. Eine transdisziplinäre Perspektive auf ein musikimmanentes Phänomen*, Bielefeld: transcript.

Nelson, Robin (2013): *Practice-as-Research in the Arts. Principles, Protocols, Pedagogies, Resistances*, Basingstoke: Macmillan.

Roesner, David (2014): *Musicality in Theatre*, Farnham: Ashgate.

Schneider, Katja (2004): Der Tanz wird erwachsen. Was die Choreograhin bewegt – Montage und Repetition bei Pina Bausch, in: Frieder Reininghaus/Katja Schneider, *Experimentelles Musik- und Tanztheater. Handbuch der Musik im 20. Jahrhundert* (Volume 7), Laaber: Laaber, S. 236-242.

Servos, Norbert/Weigelt, Gert (1984): *Pina Bausch, Wuppertal Tanztheater and The art of Training a Goldfish: Excursions into Dance*, Cologne: Ballet-Bühnen-Verlag.

Stamenov, Maxim/Gallese, Vittorio (2002): *Mirror Neurons and the Evolution of Brain and Language*. Amsterdam: John Benjamins.

Swanwick, Keith (1999): *Teaching Music musically*, London: Routledge.

Tröndle, Martin (2009): *Das Konzert. Neue Aufführungskonzepte für eine klassische Form*, Bielefeld: transcript.

INTERNETQUELLEN

Hubrich, Sara (2015): *The Creative Embodiment of Music — Practice-Based investigations into staged and embodied interpretations of instrumental music*, Birmingham City University, http://ethos.bl.uk/OrderDetails.do?did=1&uin=uk.bl.ethos.680195 (letzter Zugriff: 22.5.2016)

VIDEOBEISPIEL

Nu Pavane (2001) https://vimeo.com/170263118 (letzter Zugriff: 18.6.2016)

Mutual Composing
Practice-led Research: Improvisation in Dance and Music

Simon Rose

What is the relation between improvisation in dance and music? This question prompted the collaborative practice-led research project described in this article. The project followed on from the findings of *Improvisation, music and learning: An interpretive phenomenological analysis* (Rose 2013) that described improvisation, in addition to being found within individual disciplines, as a human capability that is apparent across different spheres of activity, in arts and beyond. The use of the term *practice* here denotes ongoing professional activity in two different fields: Andrew Wass in dance and Simon Rose in music. Practice and research have been designed and carried out with the aim to not artificially separate the two – research assists the ongoing development of practice. This article offers an initial reflective perspective of this ongoing research. Although constraints of time have led to my solely authoring the article, in keeping with the project's aim, research activity is equally shared between Andrew Wass and myself. The shared practice leads to a form of *mutual composition* – a term coined by saxophonist John Butcher (Rose 2013).

Both music and dance have respective histories of improvisation but how do these relate to one another, if at all? Our shared research interest is in more fully understanding and thereby acknowledging the potential of improvisation within our respective disciplines – creating at the point of performance. The project explores the relation of practices by means of non-hierarchical performance. Real-time composition, or improvisation also effectively becomes an interdisciplinary research tool (that is *fit-for-purpose*) with the capability to embrace practices, offering adaptability, mutability, privileging not-pre-determined events as they occur and develop. Research is led by practice (Smith/Dean 2009) that seeks emergence.

Improvisation is a social, collaborative process (Sawyer 2007; Rose 2016) and in order to explore the phenomenon of improvisation and how respective practices may be shared collaboration is requisite. Experience of both watching and participating in group improvisation in simultaneous dance and music with five or more participants, indicated how the complexity arising from the infinite possibilities can easily *muddy the waters* (and this multi-dimensional, interdisciplinary complexity is one of the reasons improvisation in simultaneous music and dance practice remains, beyond the tacit, not well understood and little researched). For these reasons the idea of exploring improvisation in music and dance in the form of a *duo* held appeal – simplifying while retaining the important relational aspect of such practice allows it to become more coherently understood. An aim in practice is to be open to temporal possibilities that will continuously change and the parameters of the duo means that, for research purposes, the flow of shared information may become better understood.

But how is understanding of this shared practice achieved? In studio sessions and public performances the precept of phenomenology, to »return to the things themselves« (Husserl 2001: 168), informs the performance-research practice, allowing for the *not-pre-determined* rather than the pre-planned. There is a synergetic relation between the study of experience, phenomenology, and open improvisation that explores the not-pre-determined (Rose 2016).[1] Improvisation is enacted and regular studio sessions began in January 2013 – not prefaced by discussion of content or a way of approaching. From the outset a video camera would be set to record in vision and sound. Having improvised together for an approximate set time we would subsequently describe to the other what we had been doing, our intentions, decisions, references, what has been suggested, particular feelings associated with the piece, what we liked, where things *worked*, reflections on the relational aspect, ideas that could be further explored and so on. Subsequently video files were shared, viewed and notes made independently. In this way an iterative practice led *research cycle* (Reason/Bradbury 2007) was established that has proved to have longevity, sustaining the shared phenomenological practice-led research approach. The professional partnership is, for me, directly analogous to a *working band* in music, for example, leading to public performances including: *Formations* (Berlin 2013); *Formations Extended* (Berlin 2014); *Libet's Lag* (Berlin 2014); *Lateralized Readiness Project* (Berlin 2014); *The Fourth Wall* (Berlin 2015). In this way, the research is situated within the lived-experience of ongoing professional practice.

Our research interest and outcomes are only made available by means of knowledge gained through experience of what is there in dance and sound. Research and performance has been guided by the notion of *body first*, of how the »body is faster than the mind« (Pauline Oliveros, quoted in: Rose 2013: 191). The practice-led research collaboration presents an order of things, that is: *doing, discussing and writing*. With an emphasis on the first of these, *doing*

---

1 | Rose (2016) offers an extensive account of improvisation and phenomenology.

– discussion and writing are supportive of action. In general, the academic desire for written outcomes may easily lead to an anxiety that reprioritises more cerebral activity and our shared practice has worked with awareness of this.

With the overarching research question – *What is the relation of improvisation between music and improvisation in dance?* – after doing and its reflection, a rich way of gaining knowledge of each other's field has been through sharing: histories, philosophies, pedagogies, important developments, key players, different schools and sub-genres, the nuance carried by variations in local and international forms, as well as the tacit understandings within these variations of practice. In this way practical sessions have been supported by extensive subsequent discussion. Awareness of our use of embodied metaphors (Lakoff/Johnson 1980) describing practice has aided the processes – for example, the spatial terms/metaphors used to describe both dance and music.

In this article I have limited the focus of discussion to the *sharing* of our practices. I haven't discussed the *substrata* of research that is our reflection, thought and activity that furthers our separate music and dance activity and indeed other research. We both also work independently in a variety of performing contexts and this shared research has, in different ways, influenced day-to-day practices elsewhere. For myself, for example, the dance/music collaboration holds similarities and significant differences to performing solo – musical choices are informed by the dance collaboration in compositional ways. Developing awareness of spatiality and the extra-musical has, to some extent, extended my thinking in other performance contexts. Individual concerns include Andrew Wass' current doctoral study *Exploration and experimentation: the fractal and rhizomatic nature of improvised dance* at the University of Chichester, United Kingdom. Reflections upon our separate practices as they relate to this collaboration form an important dimension for future documentation.

Exploring this complex relational question of how our shared work is developed together, two notable points of reference arose from ideas found in the work of composer, musician and theorist John Cage (Cage/Cunningham 1981) and artist, philosopher Marcel Duchamp (1957). These aligned with an intuition that improvisation in music and dance need not begin from the premise that there is a simplistic one-to-one relation between the two – the infinite creative possibilities suggest the sharing of practices can go far beyond that. There can be presumptions in discussions of improvisation leading largely from associations with styles of improvising found, for example, in Jazz and Contact Improvisation and their strong links to *given* ideas such as *spontaneity* and *call and response*. However, the phenomenon of improvisation is not *defined* by any style – to presume that a style of improvisation in any sphere is defining can foreshorten potential.

John Cage and Merce Cunningham (1981) explain how they discovered, as a way of working together, that their respective practices could simultaneously co-exist with awareness of the other and not seeking to impose a new structural relationship. This thinking reflects Cage's (1995) ideas elsewhere, of all sound being available to the musician, as potentially musical, allowing sound and action within the world rather than seeking to control or »glue« practices together as he puts it (Cage/Cunningham 1981). This inter-disciplinary perspective may also further reflect Cage's experience at Black Mountain College (Asheville, North Carolina, USA) visiting on a number of occasions between 1948 and 1953 as composer, performer and teacher during which time multi-disciplinary performances took place in a highly improvisatory manner – the ethos of the college being to seek to embrace thinking regardless of the discipline (Goldberg 1998). Rather than seeking to externally guide or choreograph, our duo performance practice takes place by seeking the emergent – in a manner that is not dependent upon a one-to-one relation (although this, of course, does not preclude a one-to-one relation should it arise).

A second reference, for me, that supported the intuition of simultaneous yet *not co-dependant* action in practice comes from Marcel Duchamp's (1957) idea of the *coefficient*. Although very different, in this context it in many ways supports the previous idea of *allowing* relations to develop. Put simply, Duchamp proposed that art's meaning occurs in the space between the object (in this case dance, music) and the spectator – the coefficient of art and its reception. As well as allowing our practice to emerge simultaneously, for each other, we work with awareness of how the spectator is also part of the developing process – this is directly reflected by the consideration of spatiality that includes the audience. Through the sharing of experience, creating a coefficient axis of potential meaning, the understanding of the piece is shared between audience and performer or, put in another way, is developed by performers and audience. This particular connection to the coefficient arises via the *not-pre-determined* character of our shared improvisation through which dance and music develop at the point of performance. Taken together the ideas of not-pre-determined improvisation and the shared construction of meaning support Jacques Rancière's (2011) socio-political descriptions of the more active, *Emancipated Spectator*, or audience.

There can be a tension between the need for research that is rigorous and the contingencies of artistic practice – they don't necessarily complement one another, why should they? While research demands findings and results, creativity is not necessarily amenable to quantifiable measurability and the agile, multi-faceted nature of improvisation may compound such tension. How do you research such a thing and remain true to the spirit of improvisation – allowing for creative development as it occurs? The practice-led approach described here has suggested some approaches and strategies that speak to such questions, principally by aiming to allow for action that guides the desire for research.

References

Cage, John (1995): *Silence*, London: Marion Boyars.
Cage, John/Cunningham, Merce (1981). *Chance Conversations: An Interview with Merce Cunningham and John Cage*, Walker art Centre.
Duchamp, Marcel (1957): *The creative act*. Retrieved from: https://soundcloud.com/brainpicker/marcel-duchamp-the-creative-act (last access: 6.2.2016)
Goldberg, Rose Lee (1998): *Performance: Live art since 1960*, New York: Abrams Books.
Husserl, Edmund (2001): *Logical investigations*, London: Routledge.
Lakoff, George/Johnson, Mark (1980): *Metaphors we live by*, Chicago: University of Chicago Press.
Rancière, Jacques (2011): *The emancipated spectator*, London: Verso.
Reason, Peter/Bradbury Hilary (2007): *Handbook of Action Research*, London: Sage.
Rose, Simon (2013): *Improvisation, music and learning: An Interpretive phenomenological analysis*, PhD thesis, Glasgow Caledonian University.
Rose, Simon (2016): *The lived experience of improvisation: in music, learning and life*, Bristol: Intellect.
Sawyer, Keith R. (2007): *Group genius: The creative power of collaboration*, New York: Basic Books.
Smith, Hazel/Dean, Roger (2009): *Practice-led research, research-led practice in the creative arts*, Edinburgh: Edinburgh University Press.

Further Internet References

Chance Conversations: *An Interview with Merce Cunningham and John Cage*. Retrieved from https://www.youtube.com/watch?v=ZNGpjXZovgk&list=PLacx9oazWDkewaVQjldqrW4usdovqSug4 (last access: 12.4.2016)
Wass, Andrew/Rose, Simon (2014). *Formations Extended* and *Libet's Lag*. Retrieved from https://vimeo.com/album/3220792 (last access: 12.4.2016)

Musikchoreographische Forschungspraxis
Eine Fallstudie zur Historiographie des Experimentellen im Zusammenspiel von Tanz, Musik/Klang und Bildender Kunst

Stephanie Schroedter

In der Fülle der in den letzten Jahren exponenzial angewachsenen Literatur zu möglichen Themenfeldern und Methoden von *Artistic Research* (als einem Teilbereich von *Practice as Research*) bleiben Beiträge zu einer spezifisch tänzerisch-choreographischen *Künstlerischen Forschung* weiterhin eine Randerscheinung.[1] Sie überschneiden sich häufig mit Ausführungen zu einem spezifisch tänzerischen Wissen bzw. Körperwissen und mit Erörterungen zu prozessorientierten choreographischen Arbeitsweisen, darunter auch praxeologisch ausgerichtete Untersuchungen tänzerischer Kreativität. Dabei können sie unmittelbar zu Fragen der Vermittlung von Tanz als einer Kunstform bzw. kulturellen Praxis überleiten und gewinnen an wissenschafts- und kulturpolitischer Brisanz, wenn sie tradierte Formen tänzerischer Wissens- bzw. Kulturvermittlung kritisch hinterfragen, in weiterer Konsequenz ökonomische Ressourcen für eine Neuorientierung (im Hochschulsektor oder Kulturbetrieb) beanspruchen. Vor allem an diesem Punkt kann (tanz-)künstlerische Forschung zu einem Problem zu werden, zu einer – zumindest im deutschen Sprachraum – vergleichsweise neuen Herausforderung für politische Entscheidungsträger. Doch, sieht man von solchen Kontexten ab und konzentriert man sich stattdessen auf die Frage, welche Ausprägungen Künstlerische Forschung im Tanz annehmen kann, so zeigt sich sehr bald, dass choreographische Arbeit ohne Forschung kaum möglich ist, immer mit einer forschenden Neugier verbunden sein muss – vorausgesetzt, sie will kreativ und innovativ sein, d.h. eine kritisch

---

1 | Vgl. hierzu neben dem sich dieser Thematik sehr ausgiebig widmenden Band von Gehm/Husemann/von Wilcke (Hg.) 2007, in jüngerer Zeit die Artikel von u.a. Goroncy und Petraccaro-Goertsches 2015; Jeschke 2015; Klein 2014 und 2015, zudem die in dem vorliegenden Band abgedruckten Beiträge.

operierende ästhetische Intelligenz anregen.² Neu ist an diesem Phänomen die zunehmend breitgefächerte Reflexion über Besonderheiten einer dezidiert praxisorientierten Tanzforschung bzw. von der Tanzpraxis ausgehenden Forschung, die – so die Intention dieses Beitrages – auch historische Facetten nicht ausblenden sollte, um Verfahren und Tendenzen in ihrer Vielfalt zu eruieren und im besten Fall auch auf dieser Basis profunde Argumente zu den einschlägigen (kultur- und wissenschaftspolitischen) Diskussionen liefern zu können.

Im Folgenden möchte ich solche Facetten am Spezialfall des Experimentellen[3] – jenseits von Improvisationen, die ebenso als eine genuin experimentelle Kunstpraxis begriffen werden können[4] – exemplifizieren. Als ein meines Erachtens besonders eindrucksvolles Beispiel hierfür wählte ich Gerhard Bohners (1936-1992)[5] Trilogie *Im (Goldenen) Schnitt* aus, die er 1989 als Produktion der Akademie der Künste in Berlin uraufführte. Auf Pakes Erörterungen (2009) zu einem spezifisch choreographischen Wissen bezugnehmend soll dargelegt werden, inwiefern Bohners Soli als eine spezifische tänzerisch-choreographische Künstlerische Forschung *avant la lettre* umschrieben werden können, d.h. als Beispiele für eine Künstlerische Forschung vor ihrer diskursi-

---

2 | Intelligenz wird hier im ursprünglichen Sinn von *einsehen* und *erkennen* (lat. intellegere) verstanden, die jedoch nicht einer ausschließlich rationalen Einsicht und Erkenntnis verpflichtet ist. Zum Begriff der ästhetischen Intelligenz (im Kontext von Theorien zu multiplen Intelligenzen bzw. der Spezifizierung unterschiedlicher Gedächtnisformen) vgl. insb. Selle 1998 sowie Hagenbuechle 2006, der sie auch als kulturelle Intelligenz umschreibt. Diskussionen um eine ästhetische bzw. kulturelle Intelligenz führen unmittelbar zu Fragen eines spezifisch künstlerischen Wissens. Hierzu finden sich besonders aufschlussreiche Hinweise, die einen aktuellen Forschungsstand repräsentieren, in Jung 2016.
3 | Mit Bezug auf Rheinberger 1992 formuliert Rickli in dem jüngst erschienen Handbuch zur Künstlerischen Forschung zu dem Begriff des »Experimentierens«: »Experimentalsysteme, bestehend aus Bündeln menschlicher und nichtmenschlicher Akteure, können ‚als kleinste funktionale Einheiten der Forschung angesehen werden; sie werden eingerichtet, um Antworten auf Fragen zu geben, die wir noch nicht klar zu stellen in der Lage sind. Ein Experimentalsystem [...] erlaubt überhaupt erst, die Fragen zu formulieren, die man beantworten kann. Es ist eine Materialisierung von Fragen.‹ [...] Im Unterschied zu den (Natur-)Wissenschaften, die Unsicherheiten klären möchten, verweisen allerdings die experimentierenden Künste in ihrer Arbeit besonders auf die möglichen Vagheiten vermeintlicher Sicherheiten. [...]« Rickli 2015: 137f. Auf den experimentellen Aspekt Künstlerischer Forschung geht auch Brandstetter 2013 näher ein.
4 | Vgl. hierzu auch den Beitrag von Rose in dem vorliegenden Band bzw. Rose 2016; weiters zur Improvisation im Schnittfeld von Tanz und Musik Gagel/Schwabe (Hg.) 2016.
5 | Zu der eher spärlichen Forschungsliteratur zu Gerhard Bohner vgl. die Vorbemerkung im Literaturverzeichnis.

ven Etablierung gelten dürfen[6] – und gleichzeitig deren Inszenierung bieten, Künstlerische Forschung also auch als solche explizit ausstellen. Um diesen Sachverhalt darlegen zu können, muss zunächst das Stück selbst in seiner Genese (soweit sie aus heutiger Perspektive nachvollziehbar ist) und seiner Struktur vorgestellt werden.[7]

MUSIKALISIERTE BEWEGUNGSRECHERCHEN »DURCH DEN KÖRPER, DURCH DEN RAUM«

Folgt man einem Bericht Gerhard Bohners zu dem Entstehungsprozess seiner Choreographie,[8] so baten ihn offensichtlich sehr zeitnah drei Künstler um eine Choreographie für ihre jeweils sehr unterschiedlich gestalteten Rauminstallationen: Es handelte sich dabei um die Bildhauerin Vera Röhm, die an einer Werkgruppe arbeitete, in der durch die Addition von Einzelobjekten eine begehbare Konstellation entstehen sollte, die den Zusammenhang von Raum und Zeit veranschaulicht. Anstelle der eher zufälligen Bewegungen eines Betrachters wünschte sie sich »geordnete«[9] Bewegungen eines Choreographen. Zudem war der Freiburger Plastiker Robert Schad an einer intermedialen Zusammenarbeit mit Bohner interessiert. Er wollte eine »Urbewegung«[10] des

---

6 | Bohners Zugang zu einer Künstlerischen Forschung ist zweifellos der historischen Avantgarde des frühen 20. Jahrhunderts verpflichtet, deren tänzerisch-choreographischen Forschungsambitionen auch von Fleischle-Braun in dem vorliegenden Band thematisiert werden. Für Bohner sollte sich allerdings vor allem die Bauhaus-Bewegung um Oskar Schlemmer, insbesondere dessen *Triadisches Ballett* (1916/1922), mit dem er sich künstlerisch eingehend auseinandersetzte (1977), als besonders einflussreich erweisen. Es stellt sich die Frage, ob sich Bohner für die Dreiteilung seines *(Goldenen) Schnitts* nicht sogar in direkter Anlehnung an Schlemmers *Triadischem Ballett* entschied. Eine weitere Parallele zeigt sich in dem Einsatz einer elektronischen Orgel für eine Neukomposition Paul Hindemiths im dritten Teil des *Triadischen Balletts*, während Bohner Roland Pfrengle als künstlerischen Partner für eine elektroakustische Neukomposition im dritten Teil seines *(Goldenen) Schnitts* heranzog (vgl. hierzu weiter unten).
7 | Die folgenden Ausführungen geben einen ersten Einblick in ein größeres Forschungsprojekt zu Bach-Choreographien, die markante Stationen der Choreographiegeschichte des 20. Jahrhunderts abstecken (ohne hiermit teleologische Entwicklungslinien nachzeichnen zu wollen).
8 | Vgl. hierzu das mit »Drei Ja« überschriebene, maschr. Dokument Nr. 340 im Gerhard Bohner-Archiv der Akademie der Künste Berlin (im Folgenden abgekürzt als GB-Archiv der AdK Berlin).
9 | Ebd.
10 | Ebd.

Tänzer-Choreographen zu einer Raumskulptur aus Baustahl, einem von ihm bevorzugten Material, künstlerisch verarbeiten. Die in dieser Plastik erstarrte Bewegung sollte dann zu einem Partner von Bohners choreographierten Bewegungen werden. Schließlich beabsichtigte der Berliner Komponist Roland Pfrengle in einer Zusammenarbeit mit Bohner das Verhältis von Musik und Tanz auf der Basis einer elektroakustischen Rauminstallation neu zu reflektieren, wobei er erstaunlicherweise (bedenkt man die Entstehungszeit dieser Produktion) vor allem an dem Aspekt der Synchronität interessiert war – wie er auch in einem Gespräch, das ich vor kurzem mit ihm führte, nochmals sehr nachdrücklich betonte.[11] Pfrengle wollte ein *Experiment* erarbeiten, bei dem die Bewegung die Musik auslöst, so dass das Ausgangsmaterial für den Klangraum weitgehend im Bewegungsraum verortet ist.

Durch Einladungen von John Cage und Merce Cunningham an die Berliner Akademie der Künste waren ihm vergleichbar kritische Ansätze zu einer Hinterfragung gängiger Verfahren der Musikalisierung von Bewegung (im Zuge postmoderner Ästhetiken) nicht unbekannt, wie er mir versicherte. Nicht zuletzt wurden die *Variations V* von 1965, eine frühe interaktive Echtzeitkomposition mit John Cage, David Tudor und Gordan Mumma bzw. Merce Cunningham und seiner Dance Company bereits 1966 vom NDR in Hamburg aufgezeichnet und deutschlandweit ausgestrahlt.[12] Doch Roland Pfrengle ging es gerade nicht um eine weitgehende Unabhängigkeit von Musik und Tanz, weil er davon ausging, dass eine Synchronität der beiden Künste ohnehin nicht erreicht werden könne. Stattdessen sah er seine Herausforderung darin, das scheinbar Unerreichbare (mit Hilfe jüngster Technologien) doch möglich zu machen.

Bohners Notizen zur Konzeption seiner Trilogie ist zu entnehmen, dass er den Anfragen der Künstlerkollegin und Kollegen zunächst durchaus »skeptisch« gegenüberstand. Er fragte sich »wie der Tanz, die Bewegung, sich in diesen Räumen behaupten kann, ob er sich nicht zusehr unterordnen muss?«[13] Erst nachdem ihm klar wurde, dass er für die sehr divergierenden Interessenslagen seiner künstlerischen Kollaborateure ein in seiner Konstruktion ebenso »elementares« wie in seinem Ausdruck »grundsätzliches« Material entwickeln müsse, ließ er sich auf die Produktion ein und entwarf eine *Experimentalanordnung* zur Beantwortung seiner Ausgangsfragestellung:

---

11 | Dieses Gespräch fand im November 2015 statt. Ich möchte Roland Pfrengle auch an dieser Stelle nochmals sehr ausdrücklich für seine Gesprächsbereitschaft danken, die mir wertvolle Einblicke in seine Zusammenarbeit mit Gerhard Bohner eröffnete.

12 | Büscher 2007 bzw. zum weiteren Kontext: Salter 2010: 235-239. Diese Produktion wurde vor kurzem auch auf DVD veröffentlich, vertrieben von mode records New York (2013).

13 | Vgl. Dok. Nr. 340 im GB-Archiv der AdK Berlin.

Die Choreographie sollte keinesfalls nur auf das Umfeld reagieren, sollte ihre eigene Notwendigkeit haben und trotzdem nicht nur zufällig neben den Arbeiten der Künstler stehen. Auf der Suche das zu finden schaute ich mich um nach allen die Bewegungen ordneten, systematisierten. [sic] Ich nahm aus der Tanzschrift die Richtungszeichen, machte für jedes eine Studie, ging wie Bach in seinem Wohltemperierten Klavier durch die Tonarten ging, durch meinen Körper. [sic] Vom Kopf bis zu den Füßen. Ging durch den Raum, zunächst mal auf allereinfachsten Wegen. – Das war das Konzept, manche Kompromisse musste ich machen. Doch das ist auch das Stück. Ich möchte mit seinen 24 Teilen so etwas wie einen Baukasten haben, aus kleinen Strukturen, die gegebenenfalls zu größeren zusammengefügt werden können, mit denen ich dann so beweglich bin, daß ich reagieren kann, wenn z.B. ein mir nicht zur Verfügung stehender Raum nur die Breite von 2m hat, dafür entsprechend lang ist.[14]

Bei dieser künstlerischen Intention wird sogleich verständlich, warum sich Bohner für seine ebenso künstlerisch-kreativ wie analytisch ausgerichtete Bewegungsrecherche eine Komposition von Johann Sebastian Bach und zwar just dessen *Wohltemperiertes Klavier* auswählte (im Folgenden abgekürzt als WTK), eben jenem Zyklus, mit dem Bach systematisch den Quintenzirkel abschritt, um den Ton-Raum der seinerzeit neuartigen, gleichschwebenden Stimmung zu erforschen – wobei Bohner im ersten Teil seines *(Goldenen) Schnitts* (im Folgenden abgekürzt als GS) auf eine Einspielung des Jazz-Pianisten Keith Jarrett zurückgriff und sich im zweiten Teil von der auf klassisches Repertoire spezialisierten Pianistin Heidrun Holtmann live begleiten ließ. Auch hierbei dürfte es sich um eine sehr bewusste Entscheidung gehandelt haben, die der experimentellen Versuchsanordnung der Choreographie Nachdruck verleiht: Unter dieser Voraussetzung mussten seine Bewegungen nicht nur den unterschiedlichen Tempi der Interpreten, sondern auch sehr divergierenden Ausdrucksgestaltungen der Bach'schen Komposition standhalten. In der filmischen Dokumentation von Bohners GS wird dieses Phänomen sehr deutlich nachvollziehbar: Während die Einspielung von Keith Jarrett naturgemäß nicht auf Bohners Choreographie reagieren kann und eine vergleichsweise neutrale, sich dezent zurückhaltende Tonspur bildet, geht Holtmann sehr direkt auf die Choreographie ein und unterstützt die tänzerische Bewegungsdynamik durch entsprechende musikalische Phrasierungen. Zudem fällt ihre Interpretation generell wesentlich virtuoser und expressiver aus, während bei Jarrett der ursprüngliche Übungscharakter der Komposition stärker gewichtet wird.

Schließlich ordnete Bohner die insgesamt 14 aus Bachs WTK ausgewählten Präludien und Fugen[15] in den drei Teilen seiner Trilogie immer wieder neu

---

14 | Ebd.

15 | Es handelt sich hierbei um die ersten 12 Präludien und Fugen aus dem ersten Band des WTK (BWV 846-857), im zweiten Teil des GS ergänzt durch Präludium und Fuge Nr. 13

an. Eine nähere Analyse dieser Arrangements belegt ein auch in diesem Punkt äußerst planvolles, konzeptionelles Vorgehen, dem jene Zahlensymbolik innewohnt, die auch zahlreichen Kompositionen von Bach zugrundeliegt: In einem ersten Großabschnitt des ersten Teils des GS, der acht Nummern (zu BWV 854-857) umfasst, schreitet Bohner zunächst in unterschiedlichen Richtungen durch den Raum (auf einer Geraden, Diagonalen, in einem Winkel, einer Kurve und einem Kreis, im Quadrat etc.). Das sich daran anschließende C-Dur Präludium (BWV 846) als Nr. 9 der 24 Nummern des ersten Teils des GS markiert einen dramaturgischen Wendepunkt: Bohner verharrt im Stillstand und lässt nun gleichsam der Musik den Vortritt, während sich das Licht allmählich aufhellt. In den darauffolgenden 15 Musiknummern werden den Präludien und Fugen (BWV 847-853) jeweils einzelne Körperteile zugeordnet (Kopf, Schulter, Arme, Brust, Ellebogen, Hand, Taille, Knie, Hüfte, Becken, Fuß bzw. Füße, Bein), die in Hinblick auf ihr Bewegungspotenzial analytisch untersucht werden.

Im Gegensatz zu dieser noch vergleichsweise blockartig statischen Disposition der Bewegungsbausteine im ersten Teil des GS – durchaus der statischen Anordnung der Holzpfähle in der Installation von Vera Röhm vergleichbar –, wechseln in der zweiten Fassung des GS jeweils zwei Körperbewegungselemente mit jeweils zwei Raumwegen ab, wobei die Zuordnung der Raumwege und Köperteile zu den einzelnen Präludien und Fugen erhalten bleibt, allein ihre Abfolge geändert wird. In Analogie zu den dynamischen Raumskulpturen von Robert Schad wird somit auch die Choreographie in ihrem formalen Aufbau aufgelockert. Schließlich ähnelt die Anordnung der einzelnen Präludien und Fugen im zweiten Teil des GS durch die Ineinander-Schachtelung von zwei absteigenden Zahlenreihen geradezu einem Zickzacklauf oder im übertragenem Sinn: einem Kreuzweg. Das bereits im ersten Teil des GS bedeutungsträchtig aufgeladene Präludium mit Fuge in C-Dur steht nun am Schluss und scheint das Geschehen zu transzendieren.[16]

---

aus dem ersten Band (BWV 858) und Nr. 20 aus dem zweiten Band des WTK (BWV 889). In einem Interview mit Johannes Odenthal erwähnt Bohner, dass er bei der Entwicklung seiner Choreographie zunächst – offensichtlich in Analogie zu den zunächst 12 ausgewählten Präludien und Fugen – von 120 Metronom-Schlägen ausging (vgl. hierzu Odenthal 1989: 14).

16 | Nach einer unchoreographierten Einleitung des zweiten Teils des GS mit BWV 889 werden die Präludien und Fugen Nr. 7-2 aus dem ersten Band von Bachs WTK, also in absteigender Reihenfolge angeordnet, jeweils durchbrochen von den Präludien und Fugen Nr. 13-8 (ebs. aus dem ersten Bd. und ebenfalls in umgekehrter Reihenfolge). Aus der Ineinanderschachtelung der Abfolgen Nr. 7 – x – 6 – x – 5 – x – 4 – x – 3 – x – 2 – x – 1 und 13 – x – 12 – x – 11 – x – 10 – x – 9 – x – 8 resultiert folgende Reihe: 7 – 13 – 6 – 12 – 5 – 11 – 4 – 10 – 3 – 9 – 2 – 8 – 1, bei der jeweils ein aufeinanderfolgendes Zahlenpaar in Subtraktion 7 ergibt: (13 – 6 = 7), (12 – 5 = 7), (11 – 4 = 7), (10 – 3 = 7), (9 – 2 = 7), (8 – 1 = 7).

Musikchoreographische Forschungspraxis 229

Abb. 1 und 2:

Bohner neben einer pfahlähnlichen Skulptur aus der Installation von Vera Röhm im ersten Teil seines *Goldenen Schnitts* und vor dem »rhythmischen Weg« aus Stahl von Robert Schad im zweiten Teil. Foto: Gert Weigelt

Im Verbund mit den sehr konträren Raumplastiken von Röhm und Schad führte dieses experimentell entwickelte choreographische Konzept dazu, dass trotz gleicher Bewegungselemente, die in allen drei Teilen – wenngleich in unterschiedlicher Anordnung – zur Aufführung kommen, letztlich der Eindruck von drei zwar miteinander verwandten, dennoch sehr unterschiedlichen Choreographien entsteht. Jene Ars inveniendi und Ars combinatoria als Kunst einer ebenso vielseitigen wie komplexen Verarbeitung eines (vorzugsweise ökonomisch reduzierten) thematischen Materials, die Bach gleichsam zum Inbegriff kontrapunktischen Komponierens avancieren ließ, überträgt Bohner somit sehr behutsam, permanent neu und kritisch reflektierend in sein Medium, den Tanz. Stellenweise entwirft Bohner dabei für die unterschiedlichen Körperteile Themen, die kontrapunktisch miteinander verflochten werden.

Die Begrenztheit einer filmischen Aufzeichnung – und sei es auch eine künstlerisch so wertvolle wie jene von Cosima Santoro – wird gerade bei dieser multiperspektivisch angelegten Choreographie besonders offensichtlich und potenziert sich nochmals im dritten Teil des GS zu der elektroakustischen Rauminstallation von Pfrengle. In diesem Schlussteil wurden mit Hilfe von drei (aus heutiger Perspektive beeindruckend überdimensionierten) Ultraschallsensoren von zwei Seiten der Bühne Bohners Bewegungen in Signale umgewandelt und an einen Computer weitergeleitet – was freilich nur geschehen konnte, wenn ihn seine zuvor festgelegten Bewegungsabfolgen in den sensiblen Aufnahmebereich führten. Mit einem Programm, dessen Code einen stattlichen Papierstapel umfasst, der eindrucksvoll vor Augen führt, mit welchem (rechnerischen) Aufwand Ende der 1980er Jahre die Produktion elektronischer Musik verbunden war,[17] wurden die live aufgenommenen Signale mit zuvor digitalisierten, konkreten Klängen[18] von Bohner beim Tanz (z.B. Atemgeräusche oder durch die Bewegungen hervorgerufene Geräusche seines Mantels) gemischt und auf der Basis von Reihen- und Variationsverfahren zu synthetischen Klangstrukturen weiterverarbeitet, um sie anschließend über vier Lautsprecher zurück in den Bühnen- und Zuschauerraum auszustrahlen. Auf diese Weise wurde die Bühne bis hinter das Auditorium akustisch verlängert, so dass den Zuschauern/Zuhörern zumindest partiell suggeriert werden konnte, sich *mitten im* (auditiven) Geschehen zu befinden. Zudem saß vorne an der Bühnenrampe Pfrengle selbst, der als Musiker – live am Keyboard improvisierend – stellenweise in die Bewegungs-Klang-Interaktionen eingriff. Aus dieser Konstellation resultierte eine Klanginstallation, bei der durch die choreographierten Bewegungen im Raum Klänge generiert und manipuliert wurden, die sich ebenso im Raum bewegten – wobei nicht vergessen werden

---

17 | Er wird ebs. im GB-Archiv der AdK Berlin aufbewahrt.
18 | Der Begriff der konkreten Klänge versteht sich in Anlehnung an Pierre Schaeffers Konzept einer Musique concrète.

darf, dass Klang als solcher bereits einen musikalischen Raum impliziert. In Bezug auf das Zusammenspiel der hör- und sichtbaren Bewegungsereignisse zeigten sich bei dieser Versuchsanordnung sowohl von den choreographierten Bewegung total abhängige als auch völlig unabhängige Klangstrukturen.

Dennoch hat die Musik ohne Bohners Choreographie keinen Bestand, wie Pfrengle mehrfach betonte, ohne diesen Umstand, der für das wenig ruhmvolle Image von Tanzkompositionen bzw. ihrem Missverständnis als minderwertige Konzertmusik verantwortlich ist, auch nur ansatzweise zu bedauern. Denn genau diesem Punkt galt Pfrengles experimentelle Neugier, die bei der Suche nach einer maximalen Synchronität von Bewegung und Klang »ein enges Netz selbständiger Partner [anstrebte], die gerade durch ihre gewisse Unabhängigkeit auf einer auch geistigen Ebene dialektische Prozesse erlauben.«[19] Zentral war hierbei die Frage nach der *Körperlichkeit* von Musik bis hin zu ihrer *Entkörperung* in elektroakustischer Musik, die gerade durch die körperlosen Klängen eine differenziertere Gestaltung musikalischer Räumlichkeit in der Interaktion mit den Tanzbewegungen erlaube, wie Pfrengle betont:

> Gewiss trägt Musik auch eine starke Körperlichkeit in sich, die sich aber nicht unbedingt in äußerer Bewegung, sondern im Innern zeigt (Atem, Anspannung, Entspannung usw.), ein wichtiger Faktor, dessen Akzentuierung es mir erleichtert, die Gefahr eines simplen Gleichlaufs der Partner zu umgehen. Instrumentale Musik als auch sichtbare körperliche Aktion fördert eine Thematisierung der verschiedenen Körperlichkeiten von Tanz und in sich bewegtem Klang. Elektroakustische Musik andererseits eröffnet Möglichkeiten, die Raumbezüge der beiden Ebenen in unmittelbar verständliche Schnittpunkte zu bringen und die Abhängigkeiten der akustischen Seite vom Tanz und umgekehrt über technische Zwischenglieder zu einer großen Differenziertheit und Unmittelbarkeit auszudehnen. Zudem vermag sie durch Miteinbeziehen von konkreten Klängen, die ihrerseits wieder musikalischen Prinzipien unterworfen werden, die Realität des menschlichen Körpers in einem musikalischen Raum zu spiegeln, der ihn entmaterialisierend in Klang überführt.
>
> Steht bei instrumentaler Musik dem präsenten Tänzer der präsente Musiker gegenüber, so fehlt dies bei Musik, die ausschließlich aus Lautsprechern tönt. Authentisches wird hier nicht durch unmittelbare Anwesenheit erreicht, sondern durch die sehr spezifische Anordnung des Beziehungssystems Körper – Raum – Computer – Klang.[20]

Der Unterschied zu der Cage/Cunningham-Kollaboration mit ihrem Interesse an Emergenzeffekten, die aus einem (weitgehend) zufälligen Aufeinandertreffen von Bewegung und Klang resultierten, könnte kaum größer sein – gleichwohl bei der Suche nach neuen Bewegungs-Klang-Relationen durch ein

---

19 | Vgl. hierzu Pfrengle 2004: 36.
20 | Ebd.

erweitertes, dezentriertes Raumverständnis (anstelle der zuvor generell überbewerteten Zeitkategorie bzw. rhythmischen Parameter) auch Berührungspunkte unverkennbar sind.

Paradox und frappierend zugleich ist an diesem dritten Teil des GS, dass einerseits Bachs Musik nun nicht mehr hörbar, aber (durch die zu seiner Komposition entwickelten Bewegungsmotive) sichtbar ist, und andererseits die Körperbewegungen als Auslöser der Klangstrukturen nicht nur sichtbar, sondern auch deutlich hörbar sind. Auf der Basis des technischen Bauplanes[21] in Kombination mit Skizzen und Notizen von Bohner[22] gelang es mir, die Abfolge der Bach'schen Präludien und Fugen auch in diesem Teil zu rekonstruieren. Dabei zeigte sich, dass Bohner bei ihrer Neukombination im dritten Teil des GS sehr häufig jeweils zwei Präludien und zwei Fugen miteinander wechseln ließ, so dass nicht nur die ursprüngliche Abfolge der Präludien und Fugen-Paare durchbrochen wird, sondern auch die Paare selbst vielfach getrennt werden. Zudem ließen sich nun zwei aufsteigende Zahlenreihen ermitteln – das transzendierende C-Dur Präludium fehlt jedoch in dieser Fassung. Trotzdem oder auch gerade weil sich Bohner in diesem Teil noch entschiedener als in den vorangegangenen Fassungen von der ursprünglichen Anordnung der Präludien und Fugen im WTK löste, erscheint die Proportionierung der Körperbewegungen und Raumwege zum Abschluss seiner Trilogie besonders ausbalanciert, einen im übertragenen Sinn Goldenen Schnitt zu erreichen.

Schließlich war im dritten Teil der Choreographie eine *Farbton-Komposition* von Paul Uwe Dreyer[23] zu sehen, der als einer konkreten Malerei (in Analogie zu den konkreten Klängen Pfrengles) das Prinzip des Goldenen Schnitts[24] (in Analogie zu Bohners Choreographie) zugrunde lag. Sie wies daher sowohl zum Klangraum als auch zum Bewegungsraum Bezugspunkte auf und konnte neben dem kinästhetischen Erleben des Auditiven ein synästhetisches Erleben des Audiovisuellen befördern, bei dem die Bewegungen und Klänge im Raum mit farblichen Kolorierungen verbunden werden.

---

21 | Ein Abdruck dieses Bauplanes findet sich – zusammen mit einem kurzen, prägnanten Statement des Komponisten zu seiner musikalischen Versuchsanordnung – in Pfrengle 1991.

22 | Zum dritten Teil des GS liegen besonders umfangreiche Notizen Bohners vor, die belegen, dass er hier einen choreographischen Komplexitätsgrad suchte (und fand!), der auf die Erfahrungen, die er in den vorangegangenen Teilen gewonnen hatte, aufbaute, um die Choreographie nochmals zu verdichten. Vgl. hierzu insb. das mit der Signatur 227 versehene Notizbuch Bohners im GB-Archiv der AdK Berlin.

23 | Zu seinem künstlerischen Œuvre vgl. [Dreyer] 1985 und 2001.

24 | Die einfachste Definition des Goldenen Schnitts verweist auf ein ausgeglichen proportioniertes Verhältnis von Höhe (a) und Breite (b) auf der Basis der Formel $a : b = [a + b] : a$.

Körpergedächtnis und *Embodied Music Cognition* im (und durch) Tanz

»What does choreography have to do with knowledge?«, fragt Anna Pakes zu Beginn ihrer anregenden Erörterungen zu einer spezifisch tänzerisch-choreographischen Künstlerischen Forschung (Pakes 2009: 10), deren Beginn sie – im englischsprachigen Raum – bis in die späten 1970er Jahre zurückverfolgt. Frühen kognitionswissenschaftlichen Forschungen folgend konstatiert sie, dass choreographisches Wissen vor allem auf praktische Erfahrungen zurückgehe (»embedded in the doing«, ebd. 12), dabei insbesondere daran interessiert sei, *wie* etwas gemacht sei, weniger auf Tatsachen (*was* gemacht wurde) fixiert sei. Gleichzeitig stelle es ein körperlich grundiertes Wissen dar (*embodied knowledge/embodied cognition*), das zunächst keiner rationalen Überlegungen bedürfe, letztere jedoch nicht ausschließe: »Thought and knowledge are embodied in the activity of those *who know how* [Herv. St. Sch. – im Gegensatz zu: *who know that*]. That intelligent action is not – as often assumed – a twostage process of thinking, then acting in accordance with the thoughts.« (Ebd.) Zudem handele es sich hierbei um ein prozessorientiertes Wissen, das die künstlerischen Intentionen immer wieder mit aktuellen Bedingungen und Umständen der choreographischen *Exploration* abgleiche. Von (bewussten oder unbewussten) Intentionen oder auch Fragen ausgehend sei es daher auch in einem ständigen Wandel begriffen, anstatt primär ein vorgefasstes Ziel zu verfolgen. Schließlich sei tänzerisch-choreographische Kreativität weniger an generellen, verallgemeinerbaren Ergebnissen, stattdessen vielmehr an individuellen Lösungen bzw. Gestaltungen interessiert. Hieraus lässt sich schließen, dass einem derartigen choreographischen Wissen auch ein genuiner Hang zum Experimentellen innewohnt.[25]

Solche Sachverhalte lassen sich auf der Basis der Filmaufzeichnungen von Bohners GS (sowohl in seiner eigenen Interpretation als auch in der Neueinstudierung von Cesc Gelabert) in Kombination mit den zahlreichen Skizzen und Dokumenten zur Entwicklung seiner Choreographie in idealer Weise exemplifizieren (wie an dieser Stelle aus Platzgründen nur angedeutet werden konnte). Sie können um den Aspekt eines spezifisch tänzerischen Körpergedächtnisses[26] sowie einer spezifisch tänzerischen, körperlich grundierten

---

25 | Vgl. hierzu oben Anm. 3. Pakes Ausführungen entsprechen weitgehend jenen Sachverhalten, die Jung generell zum *Wissen der Kunst* und zur *impliziten Dimension von Wissen* festhält, sich dabei jedoch nicht explizit auf den Tanz bezieht. Vgl. Jung 2016: insb. 28ff.

26 | Vgl. hierzu Brinkmann 2013 sowie zu der essentiellen Bedeutung des Körpergedächtnisses für eine praxeologisch ausgerichtete Künstlerische Forschung im Tanz: Klein 2015: 135.

Musikalität (*Embodied Musical Cognition*) erweitert werden, deren generelle Erforschung allerdings noch weitgehend aussteht.[27] So fällt an Bohners Auseinandersetzung mit Bachs WTK sogleich auf, dass er sich bei der Gestaltung seiner Bewegungsstudien keineswegs in erster Linie an dem Rhythmus und dem ohnehin gleichbleibenden Metrum bzw. *Puls* der Musik orientierte, sondern auch die *Gangart* der Melodieverläufe, ihre diastematische Konstruktion und hieraus resultierende, charakteristische melodische Konturen choreographisch reflektierte. Neben der kompositorischen Struktur, insbesondere der kontrapunktische Anlage der Fugen (aber auch einiger Präludien), schien ihm gerade die Kinetik der Musik und ihre Plastizität[28] wesentliche Impulse zu sei-

---

27 | Obgleich insbesondere in der angloamerikanischen Musikwissenschaft schon seit längerer Zeit die Bedeutung des Körpers bzw. von physischen Bewegungen für die Wahrnehmung von Musik an Interesse gewinnt, bleiben die entsprechenden Forschungen dennoch zumeist auf den Körper bzw. die Bewegungen von Instrumentalisten bzw. deren Wirkung auf die Zuschauer/Zuhörer begrenzt. Allein die Popmusikforschung erkennt auch zunehmend den Stellenwert von Tanzbewegungen für das Verständnis von Musik an, wobei allerdings das Repertoire dieser Bewegungen tendenziell eher eng und die Analyse vor allem auf rhythmische Parameter beschränkt bleibt. Ein noch weitgehend zu erschließendes Forschungsfeld eröffnet sich mit der Fragestellung, wie Choreographen bzw. (Profi-)Tänzer, die mit komplexen Kompositionen oder Improvisationen arbeiten, Musik hören bzw. wahrnehmen. Um auf diese Problematik aufmerksam zu machen, entwickelte ich in meiner Habilitationsschrift zu Bewegungs- und Klangräumen im Paris des 19. Jahrhunderts, in der ich unterschiedliche Ebenen tänzerischer Aktivitäten vor dem Dispositiv einer aufblühenden Großstadt der Moderne untersuchte, den Begriff eines kinästhetischen Hörens, das Musik *zu Bewegung* (z.B. im Theater), *in Bewegung* (z.B. durch eigene Tanzpraxis) und ebenso *als Bewegung* (eine wenn auch nicht sichtbare, so doch hörbare Bewegung) versteht. Musik wird hier sehr essentiell mit dem Bewegungssinn begriffen, um mit ihr in einen Dialog treten bzw. Dialoge zwischen Musik und Bewegung wahrnehmen zu können. Auch dieser Sachverhalt lässt sich meines Erachtens in idealer Weise an Bohners Choreographie bzw. ihrem Verhältnis zur Musik nachzeichnen (vgl. hierzu - wenngleich nicht mit Bezug auf Bohner - Schroedter 2012 und 2015).

28 | Diesen Aspekt betont auch Steve Paxton in einem Kommentar zu seinen *Goldberg Variations*, jenen Improvisationen (zu Bachs gleichnamigen Komposition), die er zwischen 1986 und 1992 ca. 200mal zeigte und nicht zuletzt vor dem Hintergrund dieser Erfahrungen sein *Material for the Spine* entwickelte: Er umschreibt die Musik bzw. deren Interpretationen durch Glenn Gould, die nun als »unchanging recordings« verfügbar seien, als »sound sculptures, sonic paintings, acoustical architecture«. Vgl. hierzu die Aufnahme von Walter Verdin auf https://www.youtube.com/watch?v=-8iTMMKtwYQ (bei 01:35) bzw. Paxton 2008 (mit Aufnahmen seiner frühen und späten Improvisationen zu Musik von Bach).

nen Bewegungsgestaltungen geliefert haben.²⁹ Auch Cesc Gelabert betont diese essenzielle Bedeutung der Musik für das Verständnis der inneren Logik der Bewegungen im Zusammenhang seiner Wiederaufnahme der ersten beiden Teile des GS:

> The understanding of the music has been essential during the rehearsals, as the movements are musically constructed and naturally placed. When I saw the video for the first time, it seemed to me as though Gerhard was improvising freely, because of the seemingly fluid and subtle structure, and once I began the rehearsals and studied it in detail, inevitably every movement was revealed to be closely related to the music.³⁰

Schließlich fällt bei einer näheren Analyse des Bewegungsrepertoires auf, wie sehr Bohner mit dieser Choreographie seine tänzerische Laufbahn, genauer: seine *Bewegungsbiographie* reflektierte, somit bei ihrer Kreation (bewusst oder unbewusst) auf sein individuelles Körpergedächtnis zurückgriff, mit dem er neuralgische Punkte der (west-)deutschen Choreographiegeschichte des 20. Jahrhunderts abzustecken vermochte.³¹ Nicht zuletzt dieser Umstand macht eine *Rekonstruktion* seiner Soli, die über strukturelle Aspekte hinausgehen will, unmöglich – wie auch bei der Gegenüberstellung des Filmmaterials zur Bohners Aufführungen mit der Wiederaufnahme der ersten beiden Teile des GS durch Gelabert sogleich ins Auge springt. Letztere bietet zweifellos wertvolle Annäherungen an Bohners Interpretation, bedarf jedoch einer eigenen Reflexion über unterschiedliche Dimensionen tanzpraktischer Forschungen, d.h. direkt von der tänzerischen Praxis ausgehender Recherchen bzw. sich im Medium Tanz vollziehender Erkenntnisse.

Abgesehen davon, dass den Raumwegen der Trilogie Proportionen des Goldenen Schnitts zugrunde lagen,³² suchte Bohner offensichtlich auch auf der Ebene der Körperbewegungen nach einem (im übertragenen Sinn) Goldenen Schnitt, um die ungleichen Elemente seiner sehr divergierenden Bewegungserfahrungen in ein ausgewogen proportioniertes Verhältnis zueinander zu bringen, gleichzeitig mit seinen Bewegungen »durch den Körper, durch den Raum« zu einer quasi gleichschwebenden, wohltemperierten Kör-

---

29 | Diesen Sachverhalt im Detail zu belegen muss einer weiteren Studie vorbehalten bleiben, die sich auf eine musikchoreographische Analyse konzentriert. Sie soll im Kontext eines größeren Forschungsprojekts zu Bach-Choreographien erarbeitet werden (s. oben Anm. 7).
30 | Dieses Zitat findet sich auf der Homepage Gelaberts: http://gelabertazzopardi.com/en/portfolio/im-goldenen-schnitt-i/
31 | Vgl. hierzu die Ausführungen weiter unten.
32 | Vgl. hierzu die Skizze zur Aufteilung der Tanzfläche Dok. Nr. 228 im GB-Archiv der AdK Berlin.

perstimmung (in der Bedeutung von Körperspannung) zu gelangen. Bei dem hierbei deutlich zutage tretenden Bestreben nach einer Abstraktion seiner Bewegungskreationen, um (durchaus Bachs Kompositionsverständnis vergleichbar) über Subjektives hinausgehend allgemeingültige Formen zu schaffen, die letztlich auf Metaphysisches verweisen, präsentiert Bohner gerade durch seine dezidierte Zurückhaltung in Bezug auf expressive Ausdrucksgestaltungen einen hochgradig emotional aufgeladenen Querschnitt durch seine künstlerische Laufbahn, in der so gegensätzliche Tanzströmungen wie die seiner Lehrerinnen Mary Wigman, der Ikone des deutschen Ausdruckstanzes, und Tatjana Gsovsky, der in den Nachkriegsjahren an der Deutschen Oper Berlin wirkenden russischen Ballettexpressionistin, auf gleicher Höhe nebeneinander stehen. Mit minimalistischen Bewegungsabläufen balanciert er dabei an der Schwelle von »Mechanischem«[33] und »Inhaltlichem«, wie er die alttradierte Diskrepanz von »Abstraktion« und »Expression« umschreibt, und im Zuge seiner Bewegungsrecherchen feststellt, dass eine »mechanische Bewegung« bereits durch »eine Energie von Außen, ein[en] Anstoß [...]« schon wieder »inhaltlich« werden kann. Mit einem geradezu resignierenden Unterton resümiert er über seine künstlerische Forschungsarbeit: »[...] und so ist es [doch] wieder eine Geschichte, wenn auch nur die banale Geschichte eines alternden Tänzers«.[34]

Der Versuch, zwei Seiten einer Medaille strikt zu trennen, um nicht immer wieder Geschichten zu erzählen – seien es die ausgedienten Handlungen des Klassischen Balletts, die überlebten Geschichten des Ausdruckstanzes oder die nicht weniger zeitgebundenen Narrationen des Tanztheaters seiner Zeit –, dieser Versuch scheint auf dem ersten Blick gescheitert und ist dennoch – so meine ich – durch die neugefundene Synthese, die auf postmoderne Erzählstrategien im Tanz verweist, geglückt.

Literatur

Vorbemerkung: Übersieht man die einschlägige Fachliteratur zu Gerhard Bohner so wird rasch offensichtlich, dass sie in keinem Verhältnis zu seinem außergewöhnlich facettenreichen künstlerischen Schaffen steht, gerade auch in Hinblick auf dessen analytische Erschließung (hervorzuheben sind hier insbesondere der unten angegebene, 1991 von der Berliner Akademie der Künste hg. Sammelband *Gerhard Bohner. Tänzer und Choreograph* mit Beiträgen von

---

33 | Der Begriff des *Mechanischen* ist hier – ebenso wie jener der *Abstraktion* – in Anlehnung an Oskar Schlemmers Tanzästhetik zu verstehen, die er in seinem Artikel zu *Mensch und Kunstfigur* besonders konzentriert darlegt. Vgl. Schlemmer 1925.
34 | Odenthal 1989: 14.

Nele Hertling, Irene Sieben, Dirk Scheper, Hedwig Müller, Johannes Odenthal und Eva-Elisabeth Fischer, zudem Brandstetter 1991 und 2014 sowie die 2014/2015 von Blume et al. für die Stiftung Bauhaus Dessau herausgegebene Dokumentation *Das Bauhaus tanzt* mit begleitender DVD *Bühne und Tanz. Oskar Schlemmer*).

Dennoch setzte in letzter Zeit verstärkt eine überaus erfreuliche, künstlerisch-kreative Auseinandersetzung mit seinen Choreographien ein – es bleibt zu hoffen, dass diese Neuentdeckung seines für die tänzerisch-choreographischen Entwicklungen im Nachkriegsdeutschland höchst aufschlussreichen Schaffens nicht so rasch abbricht. Vgl. hierzu Cesc Gelaberts sogenannten »Rekonstruktionen« der ersten beiden Teile des *Goldenen Schnitts* (1989) von 1996 sowie von Bohners *Schwarz weiß zeigen. Übungen für einen Choreographen* (1983) von 2010, zudem die »Rekonstruktion und Neuproduktion« von Bohners Fassung des auf Oskar Schlemmer zurückgehenden *Triadischen Ballett* (1977), die 2014 unter der Leitung von Colleen Scott und Ivan Liška mit Mitgliedern des Bayerischen Staatsballett vorgenommen wurde, Helge Letonjas Auseinandersetzung mit Bohners *Zwei Giraffen tanzen Tango* (1980) mit dem Bremer Steptext Dance Project (2016) sowie die für 2017 geplante Neueinstudierung von Bohners *Die Folterungen der Beatrice Cenci* (1971) am Saarländischen Staatstheater unter der Leitung von Cherie Trevaskis.

Zu den von dem Tanzfond Erbe, einer Initiative der Kulturstiftung des Bundes, unterstützten Produktionen vgl.
http://tanzfonds.de/projekt/dokumentation-2013/das-triadische-ballett/
http://tanzfonds.de/projekt/dokumentation-2015/zwei-giraffen-tanzen-tango-bremer-schritte/
http://tanzfonds.de/projekt/dokumentation-12-2015/die-folterungen-der-beatrice-cenci-von-gerhard-bohner/ (letzte Zugriffe: 24.6.2016)

Akademie der Künste (Hg.) (1991): *Gerhard Bohner. Tänzer und Choreograph*, Berlin: Hentrich 1991.

Badura/Jens, Dubach/Selma, Haarmann/Anke, Mersch/Dieter, Rey/Anton, Schenker/Christoph, Toro Pérez/Germán (Hg.) (2015), *Künstlerische Forschung. Ein Handbuch*, Zürich/Bern: Diaphanes.

Blume, Torsten (Hg. im Auftrag der Stiftung Bauhaus Dessau) (2015): *Das Bauhaus tanzt*, Leipzig: Seemann.

Blume, Torsten/Hiller, Christian/Oswalt/Philipp (Hg. im Auftrag der Stiftung Bauhaus Dessau) (2014): *Bühne und Tanz. Oskar Schlemmer*, Berlin: absolut Medien.

Brandstetter, Gabriele (1991): Intervalle. Raum, Zeit und Körper im Tanz des 20. Jahrhunderts, in: Martin Bergelt und Hortensia Völkers (Hg.), *Zeit-Räume. Zeiträume – Raumzeiten – Zeitträume*, München: Carl Hanser, S. 225-269.

Brandstetter, Gabriele (2013): »On research«. Forschung in Kunst und Wissenschaft – Herausforderungen an Diskurse und Systeme des Wissens, in: Sibylle Peters (Hg.), *Das Forschen aller. Artistic Research als Wissensproduktion zwischen Kunst, Wissenschaft und Gesellschaft*, Bielefeld: transcript, S. 63-71.

Brandstetter, Gabriele (2014): »Kinetische Explorationen. Oskar Schlemmer – Gerhard Bohner – Dieter Baumann«, in: *Mensch – Raum – Maschine. Bühnenexperimente am Bauhaus*, Torsten Blume und Christian Hiller (Hg. im Auftrag der Stiftung Bauhaus Dessau), Leipzig: Spector Books (Edition Bauhaus 38), S. 52-61.

Brinkmann, Stephan (2012): *Bewegung erinnern. Gedächtnisformen im Tanz*, Bielefeld: transcript.

Büscher, Barbara (2007): Simultanität, Überlagerung und technische Kopplung zweier Performance-Systeme. Die Cunningham Dance Company und Live Electronic Music 1965-72, in: Michael Malkiewicz/Jörg Rothkamm (Hg.), *Die Beziehung von Musik und Choreographie im Ballett*, Berlin: Vorwerk 8, S. 257-269.

Cage, John/Cunningham, Merce/Mumma, Gordon/Paik, Nam June/Tudor, David/VanDerBeek, Stan (1966/1967/2013): *Variations V*, aufgezeichnet von dem Norddeutschen Rundfunk (NDR), (Vertrieb der DVD-Produktion) New York: mode records.

[Dreyer, Paul Uwe] (1985): *Sequenzen 1982-1985* (Ausstellungskatalog der Galerie Beatrix Wilhelm Stuttgart.

[Dreyer, Paul Uwe] (2001): *Malerei*, London: Quantum Books.

Gagel, Reinhard/Schwabe, Matthias (Hg.) (2016): *Improvisation erforschen – improvisierend forschen. Beiträge zur Exploration musikalischer Improvisation*, Bielefeld: transcript.

Gehm, Sabine/Husemann, Pirkko/von Wilcke, Katharina (Hg.) (2007): *Wissen in Bewegung. Perspektiven der künstlerischen und wissenschaftlichen Forschung im Tanz*, Bielefeld: transcript.

Goroncy, Pamela/Petraccaro-Goertsches, Jessica (2015): Wie tanzen Kunst und Wissenschaft. Performativ-reflexive Kunstvermittlung, in: Anna-Sophie Jürgens und Tassilo Tesche (Hg.), *LaborARTorium. Forschung im Denkraum zwischen Wissenschaft und Kunst. Eine Methodenreflexion*, Bielefeld: transcript, S. 181-198.

Jeschke, Claudia (2015): Tänzer als Forscher, in: *Frankfurt in Takt. Magazin der Hochschule für Musik und Darstellende Kunst Frankfurt a.M.*, Schwerpunktthema Künstlerische Forschung, 15. Jg./Nr. 2 (2015/16), S. 94-95.

Jung, Eva-Maria (2016): Die Kunst des Wissens und das Wissen der Kunst. Zum epistemischen Status der künstlerischen Forschung, in: Judith Siegmund (Hg.), *Wie verändert sich Kunst, wenn man sie als Forschung versteht?*, Bielefeld: transcript, S. 23-44.

Klein, Gabriele (2014): Praktiken des Tanzens und des Forschens. Bruchstücke einer praxeologischen Tanzwissenschaft, in: Margrit Bischof/Regula Nyffeler (Hg.), *Visionäre Bildungskonzepte im Tanz. Kulturpolitisch handeln – tanzkulturell bilden, forschen und reflektieren*, Zürich: Chronos, S. 103-115.

Klein, Gabriele (2015): Die Logik der Praxis. Methodologische Aspekte einer praxeologischen Produktionsanalyse am Beispiel *Das Frühlingsopfer* von Pina Bausch, in: Gabriele Brandstetter und Gabriele Klein (Hg.), *Methoden der Tanzwissenschaft. Modellanalysen zu Pina Bauschs »Le Sacre du Printemps/Das Frühlingsopfer«*, Bielefeld: transcript, S. 123-141.

Odenthal, Johannes (1989): Abstraktion im Konkreten, in: *tanz aktuell*, 4. Jg. Nr. 7/8, 13-17.

Pakes, Anna (2009): Knowing through dance-making. Choreography, practical knowledge and practice-as-research, in: Jo Butterworth/Liesbeth Wildschut (Hg.): *Contemporary Choreography. A Critical Reader*, Abingdon/Oxon: Routledge, S. 10-22.

Paxton, Steve (2008): *Material for the Spine. A Movement Study*, Brüssel: Contredanse [DVD].

Pfrengle, Roland (1991): *Im Schnitt. Raum/Zeit in einem Projekt für Tanz und elektronische Klänge*, in: Martin Bergelt und Hortensia Völkers (Hg.), *Zeit-Räume. Zeiträume – Raumzeiten – Zeitträume, München*: Carl Hanser, S. 305-309.

Pfrengle, Roland (2004): Musik und Tanz – Gegenseitiges. Notizen eines Komponisten, in: *ballet-tanz*, Heft 10 (Oktober), S. 36f.

Rheinberger, Hans-Jörg (1992). *Experiment, Differenz, Schrift: Zur Geschichte epistemischer Dinge*, Marburg: Natur & Text 1992.

Rickli, Hannes (2015): Experimentieren, in: Jens Badura/Selma Dubach/Anke Haarmann/Dieter Mersch/Anton Rey/Christoph Schenker/Germán Toro Pérez (Hg.), *Künstlerische Forschung. Ein Handbuch*, Zürich/Bern: Diaphanes, S. 135-138.

Rose, Simon (2016): *The Lived Experience of Improvisation: In Music, Learning and Life*, Bristol: Intellect.

Salter, Chris (2010): *Entangled. Technology and the Transformation of Performance*, Cambridge/Massachusetts.

Schlemmer, Oskar (1925): Mensch und Kunstfigur, in: *Die Bühne im Bauhaus*, Bauhausbuch Nr. 4, München: Albert Langen, S. 7-21.

Schroedter, Stephanie (2012): »Neues Hören für ein neues Sehen von Bewegungen. Von der Geburt eines zeitgenössischen Balletts aus dem Körper der Musik – Annäherungen an Martin Schläpfers musikchoreographische Arbeit«, in: dies. (Hg.), *Bewegungen zwischen Hören und Sehen. Denkbewegungen über Bewegungskünste*, Würzburg: Königshausen & Neumann 2012, S. 43-110.

Schroedter, Stephanie (2015): *Paris qui danse. Bewegungs- und Klangräume einer Großstadt der Moderne*, Habilitationsschrift FU Berlin.

Selle, Gert (1998): *Kunstpädagogik und ihr Subjekt. Entwurf einer Praxistheorie*, Isensee: Florian.

INTERNETQUELLEN

Gelabert, Cesc (1989): *Im (Goldenen) Schnitt I* http://gelabertazzopardi.com/en/portfolio/im-goldenen-schnitt-i/ (letzter Zugriff: 1.4.2016)

Hagenbuechle, Roland (2006): *Kulturelle Intelligenz und Vielweltentheorie*, www.hagenbuechle.ch/pdf/kultint.pdf (letzter Zugriff: 1.4.2016)

Paxton, Steve/Verdin, Walter (2008): *Steve Paxton's Introduction to the Goldberg Variations*, https://www.youtube.com/watch?v=-8iTMMKtwYQ (letzter Zugriff: 1.4.2016)

FOTORECHTE

Gert Weigelt (www.gert-weigelt.de)

Biografien

Anke Abraham ist Sportwissenschaftlerin und Soziologin und leitet als Professorin seit 2004 den Arbeitsbereich *Psychologie der Bewegung* am Institut für Sportwissenschaft und Motologie der Universität Marburg. Nach dem Studium der Sportwissenschaft (mit dem Schwerpunkt *Tanz/Tanzpädagogik*), Germanistik, Soziologie und Pädagogik promovierte sie 1991 in Sportwissenschaft und habilitierte 2001 in Soziologie. Von 1982 bis 1992 arbeitete sie als Tänzerin, Choreographin und Tanzpädagogin, danach absolvierte sie Weiterbildungen in Gruppendynamik (DAGG e.V.) und Körperpsychotherapie (DAKBT e.V.). Aktuell ist sie Akademische Leiterin des Weiterbildungsmasters *Kulturelle Bildung an Schulen* an der Universität Marburg sowie aktives Mitglied des dortigen Zentrums für Gender Studies. Ihre Arbeits- und Forschungsschwerpunkte liegen im Bereich der Soziologie des Körpers, der Biographieforschung, der Geschlechterforschung, der Entwicklungspsychologie sowie der Erforschung leiblichen Erlebens in alltagsweltlichen, künstlerischen, pädagogischen und therapeutischen Settings.

Margrit Bischof, Dozentin für Tanz, bis 2016 Studienleiterin der universitären Weiterbildungsstudiengänge Diploma of Advanced Studies (DAS) und Master of Advanced Studies (MAS) *TanzKultur* an der Universität Bern, interessiert sich speziell für die Vernetzung von Forschung, Bildung und Kunst im Tanz. Sie publiziert zu diesem Themenkreis und organisiert Tagungen. Seit November 2015 ist sie erste Vorsitzende der *Gesellschaft für Tanzforschung*.

Stephan Brinkmann, seit 2012 Professor für Zeitgenössischen Tanz an der Folkwang Universität der Künste Essen, ist Tänzer, Choreograph, Tanzpädagoge und Tanzwissenschaftler. Er absolvierte ein Tanzstudium an der Folkwang Universität, ein Studium der Theater-, Film- und Fernsehwissenschaft, Germanistik und Soziologie an der Universität zu Köln sowie ein Zusatzstudium der Tanzpädagogik an der Folkwang Universität. Er war Tänzer beim *Folkwang-Tanzstudio* und beim *Tanztheater Wuppertal Pina Bausch*. Neben der Entwicklung eigener Choreographien verfolgt er eine internationale Lehrtätigkeit für Zeitgenössischen Tanz. Er wurde am Institut für Bewegungswissenschaft der Universität Hamburg mit einer Schrift zu Gedächtnisformen im Tanz promoviert (veröffentlicht als *Bewegung erinnern. Gedächtnisformen im Tanz*, Bielefeld 2013).

Henner Drewes ist Tänzer und Tanzwissenschaftler. Seine Tätigkeiten und Forschungen konzentrieren sich auf Methoden der Repräsentation von Tanz und Bewegung (Bewegungsnotation, digitale Bewegungsrepräsentationen, Softwarelösungen). Er studierte die Notationssysteme Eshkol-Wachman Movement Notation und Kinetographie Laban und promovierte 2003 an der Universität Leipzig. 2006 wurde ihm für sein Projekt *Von Notation zu computer-generierter 3D-Animation* der *Tanzwissenschaftspreis Nordrhein-Westfalen* verliehen. Von 2008 bis 2010 arbeitete er als Forschungsassistent in dem Projekt *Visualizing (the Derra de Moroda) Dance Archives* unter der Leitung von Prof. Dr. Claudia Jeschke in der Abteilung Tanz- und Musikwissenschaft an der Universität Salzburg. Seit 2010 unterrichtet er an der Folkwang Universität der Künste das Fach Kinetographie Laban und ist verantwortlich für die Studienrichtung *Bewegungsnotation/Bewegungsanalyse* im Studiengang M.A. *Tanzkomposition*.

Dilan Ercenk-Heimann ist diplomierte Sportwissenschaftlerin, Choreographin und Tanzdozentin. Seit Ende ihres Studiums an der Deutschen Sporthochschule Köln ist sie dort als Lehrkraft für besondere Aufgaben und Lehrbeauftragte im Institut für Tanz und Bewegungskultur (Schwerpunktbereiche *Tanz und Gymnastik*) beschäftigt. Sie ist Modulleiterin und Lehrende im MA *TanzKultur V.I.E.W.* der DSHS Köln, zudem Mitbegründerin, Choreographin und Tänzerin des Tanzkollektivs *POGOensemble* (mit Denise und Tessa Temme). Das Ensemble wurde u.a. 2007 bei der Kritikerumfrage von *Ballettanz* in die Kategorie »bester Nachwuchschoreograph« eingereiht, 2008 auf dem internationalen Choreographenwettbewerb in Ludwigshafen ausgezeichnet und 2010 in das renommierte europäische Auftrittsnetzwerk für junge Künstler *aerowaves* aufgenommen.

Maya Farner studierte Tanz und vergleichende Religionswissenschaft in Zürich. Später absolvierte sie den Master of Advanced Studies (MAS) *TanzKultur* an der Universität Bern. Sowohl in ihren wissenschaftlichen Arbeiten wie in ihren Bühnenstücken befasst sie sich mit dem interkulturellen Austausch zwischen Orient und Okzident.

Ciane Fernandes absolvierte Studium und Promotion in Art and Humanities for Performing Artists an der New York University und habilitierte in Contemporary Culture and Communication an der Federal University of Bahia (UFBA). Am Laban/Bartenieff Institute of Movement Studies, an dem sie auch als freie Mitarbeiterin forscht, erwarb sie zusätzlich ein Zertifikat in Bewegungsanalyse. Seit 1998 ist sie Professorin an der Theaterschule und dem Graduiertenprogramm für Darstellende Künste der UFBA. Sie ist Gründerin und Direktorin des A-FETO Dance Theater Collective und Autorin von Pina Bausch and the Wuppertal Dance Theater: The Aesthetics of Repetition and Transformation (2001) sowie The Moving Researcher: Laban/Bartenieff Movement Analysis in Performing Arts Education and Creative Arts Therapy (2014). Mit ihrer Lehre, ihren Publikationen und Aufführungen tritt sie auf internationaler Ebene in Erscheinung.

Claudia Fleischle-Braun arbeitete von 1978 bis 2006 als wissenschaftliche Mitarbeiterin und Dozentin für *Gymnastik und Tanz* am Institut für Bewegungs- und Sportwissenschaft der Universität Stuttgart. 1999 promovierte sie über die Geschichte und Vermittlungskonzepte des Modernen Tanzes. Von 2005 bis 2015 war sie als Vorstandsmitglied bei der *Gesellschaft für Tanzforschung* aktiv. Ihr generelles Forschungsinteresse gilt den Entwicklungen und Strömungen der zeitgenössischen Tanzkultur im Zusammenhang mit tanzpädagogischen Fragestellungen. Sie engagiert sich vor allem für eine stärkere Etablierung des Tanzes im Bildungswesen sowie für Angelegenheiten der Professionalisierung und Weiterentwicklung der Lehre und Forschung im Fachgebiet der Tanzpädagogik.

Monica Gillette ist Tänzerin, Choreografin und Projektentwicklerin für interdisziplinäre Forschung. Nach einer Ausbildung in klassischem Ballett arbeitete sie in Los Angeles und New York mit verschiedenen internationalen Choreografen im Bereich des zeitgenössischen Tanzes, bevor sie 2007 durch ein DanceWeb Stipendium zu Impulstanz nach Wien kam. Seitdem ist sie in diversen künstlerischen Projekten unterschiedlicher Formate und Medien tätig. Sie wirkte an der inhaltlichen Konzeption von BrainDance (2014) und Störung/Hafr'ah (2015) mit, einem interdisziplinären Forschungsprojekt, das sie am Theater Freiburg leitete und in dem Tänzer, Neurowissenschaftler, Mediziner, Philosophen, junge Wissenschaftler*innen und Menschen mit Parkinson gemeinsam über die vielen Facetten menschlicher Bewegung und möglichen Bedeutungshorizonten ihres Kontrollverlustes forschten.

Rosalind Goldberg (Berlin/Stockholm) ist Tänzerin und Choreographin. Sie arbeitet in verschiedenen Kollaborationen wie auch alleine. Seit 2008 arbeitet sie mit Stina Nyberg und Sandra Lolax zusammen. Der Fokus dieser Zusammenarbeit liegt auf dem sozial, politisch und physisch konstruierten Körper, so etwa in dem choreographischen Projekt *Fake Somatic Practice*. Ihre derzeitige gemeinsame Arbeit verfolgt das Thema weiter: *Body Building* befragt Choreographie, indem verschiedene Lernpraktiken parallel erprobt werden.

Goldbergs Einzelarbeit wurde u.a. bei *Impulstanz* in Wien gezeigt und auf der *Biennale 2015* in Venedig innerhalb der Künstlerinitiative *PPP* bei Teatro Marinoni präsentiert.

Yvonne Hardt ist seit 2009 Professorin für Tanzwissenschaft und Choreographie an der Hochschule für Musik und Tanz Köln. Zuvor war sie Assistant Professor am Department for Theater, Dance and Performance Studies der University of California Berkeley. Sie hat zudem als Choreographin und Tänzerin gearbeitet und zahlreiche Produktionen mit ihrer Kompanie *BodyAttacksWord* realisiert. Ihr Interesse gilt derzeit der methodologischen Weiterentwicklung der Tanzwissenschaft als interdisziplinäre Wissenschaft, insbesondere historiographische Methoden an der Schnittstelle von Theorie und Praxis. Weitere Schwerpunkte ihrer Forschung und Lehre sind Körper- und Gendertheorien, Tanz und Medien sowie Dimensionen kultureller Bildung im Feld des zeitgenössischen Tanzes. Publikationen u.a.: *Politische Körper* (Münster 2004), Herausgeberin u.a. von *Choreographie und Institution* (mit Martin Stern, Bielefeld 2011) und von *Choreographie – Medien – Gender*, (mit Marie-Luise Angerer und Anna Weber, Zürich 2013).

Nicole Hartmann arbeitet als Wissenschaftliche Mitarbeiterin im Studiengang *Tanz- und Bewegungstherapie*, SRH Hochschule Heidelberg. Sie studierte *Choreographie* (BA) und an der Universität Hamburg *Performance Studies* (MA). Zudem ist sie Tanztherapeutin (BTD). Seit 2010 hat sie einen Lehrauftrag für Aikido/Bewegung am Hochschulübergreifenden Zentrum Tanz (HZT) Berlin, in dem sie sich mit dem Dialog von Aikido und zeitgenössischem Tanz auseinandersetzt. 2013 entstand die interaktive Kunstaktion im öffentlichen Raum *Ich vergaß den Klang deiner Stimme, unmerklich*, die den Umgang mit dem Tod thematisierte, 2012 die Performance *Die leichte Mattigkeit eines azurblauen Himmels*, eine Auseinandersetzung mit der Langeweile, zu der ein Text in dem Jahrbuch *Tanz Spiel Kreativität* (2013) der *Gesellschaft für Tanzforschung* erschienen ist.

Sara Hubrich verbindet in ihren Konzerten Tanz und Theater mit Musik. Ihre Dissertation mit dem Titel *Creative Embodiment of Music* thematisiert diese Performance-Praxis an der Schnittstelle zu künstlerischer Forschung. Als Violinistin und Bratschistin mit einem Schwerpunkt im Bereich der alten und neuen Musik wurde sie maßgeblich durch ihre Arbeit mit dem Ensemble *A Rose*, der *Spiral Arts Dance Company* und dem Butoh-Tanztheater *Tadashi Endos* sowie durch die enge Zusammenarbeit mit dem im Bereich des Musiktheaters tätigen Schweizer Musiker, Komponisten und Regisseur Ruedi Häusermann geprägt. Ihr Werk *We lay safe and sound in free fall*, eine Kombination von Rockmusik, Tanz und klassischem Streichtrio, wurde von der *Society for the Promo-*

tion of New Music für ein Feature ausgewählt. Neben ihrer Performancetätigkeit forscht und lehrt sie an der Universität zu Köln und an der Fachhochschule Nordwestschweiz.

Sabine Karoß, Diplom-Sportlehrerin, hat an der Deutschen Sporthochschule Köln studiert u.a. mit dem Schwerpunkt *Elementarer Tanz*. Seit 1997 arbeitet sie als Akademische Mitarbeiterin an der Pädagogischen Hochschule Freiburg in der Fachrichtung *Sportwissenschaft und Sport*. Sie bildet dort Sportlehrkräfte für die Primar- und Sekundarstufe I in den Bewegungsfeldern Gymnastik, Tanzen und Turnen aus. In der Theorie leitet sie Veranstaltungen z.b. zur motorischen Entwicklung im Kindesalter. Darüber hinaus unterrichtet sie bilinguale und fächerübergreifende Veranstaltungen. Seit vielen Jahren engagiert sie sich in der *Gesellschaft für Tanzforschung* und hat dort immer wieder verschiedene Aufgaben und Funktionen übernommen.

Einav Katan-Schmid ist eine Post-Doc-Wissenschaftlerin in dem Exzellenzcluster Bild Wissen Gestaltung der Humboldt Universität Berlin und arbeitet in diesem Kontext mit der Forschungsgruppe Bildakt und Körperwissen zusammen. Als Tänzerin gilt ihr hauptsächliches Forschungsinteresse der Tanzphilosophie. Nach ihrer Ausbildung als Tanzlehrerin an der Wingate Academy of Sport in Israel (2006) promovierte sie 2014 an der School of Philosophy der Tel-Aviv University. Sie war Gastdozentin am Zentrum für Wissenschaftsphilosophie der Boston University (2007-2008) sowie am Hochschulübergreifenden Zentrum Tanz (HZT) Berlin (2013) für Praxis und Theorie im Masterstudiengang Choreografie. 2016 wurde ihr Buch Embodied Philosophy in Dance: Gaga and Ohad Naharin's Movement Research im Palgrave Macmillan Verlag veröffentlicht

Katarina Kleinschmidt forscht und lehrt als wissenschaftliche Mitarbeiterin am Zentrum für Zeitgenössischen Tanz an der Hochschule für Musik und Tanz Köln zu choreographischer Forschung, Dramaturgie und Tanzanalyse. Sie studierte Zeitgenössischen und Klassischen Tanz an der Hochschule für Musik und Darstellende Kunst Frankfurt a.M. sowie Tanzwissenschaft an der Freien Universität Berlin (M.A.). Als Tänzerin und Dramaturgin arbeitete sie mit José Biondi, *Ensemble 9.November*, *Theater der Klänge*, Martin Nachbar, Sebastian Matthias und Antje Velsinger zusammen. Gemeinsam mit Yvonne Hardt gab sie die Publikation *Crossover 55/2 – Internationally Mixed: Reflections, Tasks, (F)Acts* heraus (Köln 2012), und veröffentlichte zudem den Artikel Blickstrategien im zeitgenössischen Tanz. Eine plurale »Logik der Praxis«, in: *Choreographie – Medien – Gender*, hg. von Marie-Luise Angerer, Yvonne Hardt und Anna Weber (Zürich 2013).

Evfa Lilja ist Künstlerin und Forscherin und arbeitet mit Choreografie, Bildender Kunst, Film und Schreibprozessen. Von 1985 bis 2005 war sie künstlerische Direktorin der E.L.D. Company und erhielt für ihre Arbeiten in mehr als 35 Ländern zahlreiche Auszeichnungen und Preise. 2003 wurde sie Professorin für Choreographie am DOCH, The University of Dance and Circus in Stockholm, deren Vize-Kanzlerin sie von 2006-2013 war. Seit Ende der 1990er Jahre befasst sie sich mit künstlerischer Forschung und ist national wie international eine treibende Kraft für die Verbesserung der Bedingungen für Künstler*innen, die über ihre künstlerischen Praktiken forschen. 2014 war sie Sachverständige Beraterin für Künstlerische Forschung am Ministerium für Bildung und Forschung in Schweden. Seit Januar 2016 ist sie Direktorin der ›Danshallerne‹ in Kopenhagen. Für weitere Informationen: www.efvalilja.se

Stefanie Pietsch promoviert in Pädagogik und Psychologie an der Freien Universität Berlin. Ihr Forschungsinteresse richtet sich zum einen auf eine Analyse der Bedeutung von Tanz in universitären Lehr-/Lernarrangements sowie anderseits auf Kompetenzerwerb und -entwicklung von Studierenden in pädagogischer Bildung. Ergänzend zu ihrem M.A. in Sozialarbeit erwarb sie eine Zusatzqualifikation in Tanzpädagogik. Zurzeit arbeitet sie im Forschungsbüro der Evangelischen Hochschule Freiburg. Darüber hinaus war sie als Nachwuchswissenschaftlerin in dem interkulturellen und interdisziplinären Tanz-Forschungsprojekt Störung/Hafra'ah tätig. In diesem Projekt führte sie narrative Interviews mit Tänzern, Wissenschaftlern und Menschen mit Parkinson durch.

Susanne Quinten ist diplomierte Sportwissenschaftlerin, Tanztherapeutin (DGT, BTD) und seit 2013 Vertretungsprofessorin in der Fakultät für Rehabilitationswissenschaften an der TU Dortmund. Dort lehrt und forscht sie mit den Schwerpunkten Tanz, Bewegung und kulturelle Bildung im Kontext von Behinderung, Teilhabe und Inklusion, insbesondere zu Einstellungsänderung, kinästhetischer Kommunikation und fähigkeitsgemischtem Co-Teaching unter sozialpsychologischer und bewegungswissenschaftlicher Perspektive. Sie promovierte 1994 in Sportpsychologie zum Thema *Bewegungslernen im Tanz in Verbindung mit identitätsdynamischen Prozessen* und war von 1986 bis 1991 Mitglied in der Tanzgruppe *Maja Lex* (Köln). Nach langjähriger freiberuflicher Tätigkeit als Ausbilderin, Supervisorin, Lehrtherapeutin und Therapeutin für Tanztherapie übernahm sie 2010 die Tanzausbildung am Institut für Sportwissenschaften der Universität Gießen. Sie ist Mitherausgeberin der Zeitschrift *Forum Tanztherapie* und seit vielen Jahren in der *Gesellschaft für Tanzforschung* engagiert.

Simon Rose trat als ausgebildeter Saxophonist in Europa, Canada und den USA auf. Er forscht über kreative Prozesse der Improvisation (Best Practice Research Scholarship, 2003), wobei er verstärkt sowohl mit Tänzern, als auch mit anderen Künstlern arbeitet, um der Breite des Gegenstandes gerecht zu werden. Zwischen 1985 und 2003 unterrichtete er Theater und Musik in London, darunter dauerhaft von Exklusion betroffene Studierende und Studierende mit sonderpädagogischem Förderbedarf. Er publiziert u.a. Beiträge über »Free improvisation in education« (in: Investigating Musical Performance, Ashgate, 2012), »Improvisation as real-time composition« (in: The act of musical composition, Ashgate, 2014) und »The Process of Improvisation« (in: Organising and Music, Cambridge, 2014). In seiner jüngsten Monographie The Lived-Experience of Improvisation in music, learning and life (Intellect UK, 2016), die auf seinem Promotionsprojekt basiert, geht er davon aus, dass über alle Erfahrungen hinweg Improvisation eine allgegenwärtige, wenn auch unterschätzte menschliche Fähigkeit ist. Improvisation ist sowohl für das breite Spektrum künstlerischer Aktivitäten, als auch für einen großen Teil unserer alltäglichen Erfahrungen zentral und sollte daher im Zentrum unseres Verständnisses von der Welt und unserem Lehren stehen. Für weitere Informationen: www.simonrose.org/

Christiana Rosenberg-Ahlhaus erhielt ihre Ausbildung an der Deutschen Sporthochschule (DSHS) in Köln unter anderem bei Anne und Wolfgang Tiedt, Herbert Langhans und Graziella Padilla. Sie unterrichtete nach dem Studium drei Jahre an der DSHS und wechselte anschließend an die Universität Konstanz, wo sie promoviert wurde und noch heute als wissenschaftliche Mitarbeiterin tätig ist. Ihre Arbeitsschwerpunkte liegen im Bereich Pädagogik und Didaktik, hier insbesondere in den Fächern *Gymnastik und Tanz*. Sie ist Autorin und Herausgeberin mehrerer Fachbücher. Zudem leitet sie die Tanzcompagnie der Universität. Sie ist seit 1988 Mitglied der *Gesellschaft für Tanzforschung* und war von 2012 bis 2015 erste Vorsitzende.

Stephanie Schroedter wurde am Salzburger Institut für Musikwissenschaft, Abteilung *Tanz und Musiktheater* mit einer Arbeit zum Wandel der Tanzpoetik um 1700 promoviert (2001, im gleichen Jahr Auszeichnung der Dissertation mit dem *Tanzwissenschaftspreis Nordrhein-Westfalen*) und arbeitete anschließend als Journalistin und (Produktions-)Dramaturgin in den Bereichen Musik-/Tanztheater und Konzert (u.a. *Salzburger Festspiele*). Der Konzeption und Durchführung eines DFG-geförderten Projekts zu Tanz-/Musikkulturen im Paris des 19. Jahrhunderts am Forschungsinstitut für Musiktheater der Universität Bayreuth folgten mehrere Vertretungs- und Gastprofessuren in den Bereichen Tanz, Theater und Medien (Berlin, Bayreuth, Bern) sowie weitere Beteiligungen an Forschungsprojekten (DFG- und SNF gefördert). 2015 habilitierte sie sich mit der Monographie *Paris qui danse: Bewegungs- und Klangräume einer Großstadt der Moderne* an der Freien Universität Berlin und erhielt die Lehrbefähigung für Tanz- und Musikwissenschaft.

Anne Schuh ist Tanzwissenschaftlerin. Sie arbeitet als Wissenschaftliche Mitarbeitern im DFG-Projekt *Synchronisierung körperlicher Eigenzeiten und choreographische Ästhetik* bei Prof. Dr. Gabriele Brandstetter an der Freien Universität Berlin. Sie hat u.a. mit der Choreographin An Kaler und der *Weld Company Stockholm* zusammengearbeitet sowie die Veranstaltungsreihe *Looking for the Dancing. Praxis, Probe, Training* in der Halle für Kunst, Lüneburg mitverantwortet.

Lea Spahn (M.A. Erziehungs- und Bildungswissenschaft) ist Wissenschaftliche Mitarbeiterin am Institut für Sportwissenschaft und Motologie der Philipps-Universität Marburg. Zudem gehört sie zu dem Kernteam des Weiterbildungsmasters *Kulturelle Bildung an Schulen*. Ihre Schwerpunkte in Forschung und Lehre sind Körperlichkeit, Tanz und Bewegung sowie Dimensionen sozialer Ungleichheit aus biographietheoretischen, leibphänomenologischen und soziologischen Perspektiven. In ihrer Dissertation verbindet sie raumtheoretische und neu-materialistische Ansätze in Bezug auf Biographiearbeit in Bewegung. Sie arbeitet freiberuflich als Tanzpädagogin.